WERNER GITT

SCHATZFINDER

HIMMLISCHES UND ERLEBTES

clv

Christliche Literatur-Verbreitung e.V.
Postfach 11 01 35 · 33661 Bielefeld

Soweit nicht anders vermerkt, sind die Bibelzitate der Lutherbibel in der revidierten Fassung von 1984 entnommen. Hervorhebungen in den jeweiligen Bibelzitaten sind in der Regel hinzugefügt worden.

Homepage des Autors: www.wernergitt.de
Dort sind zu finden:
- Liste der aktuellen Vortragstermine des Autors
- Aufsätze und Bücher in verschiedenen Sprachen zum Herunterladen
- Traktate (z. B. »Wie komme ich in den Himmel?«, »Wer ist der Schöpfer?«, »Wunder der Bibel«, »Was Darwin noch nicht wissen konnte«, »… und er existiert doch!«, »Krippe, Kreuz und Krone«, »Reise ohne Rückkehr«, »Die größte Einladung«) zum Herunterladen in über 65 Sprachen.

Die Zeichnungen wurden dankenswerterweise von Doris Daubertshäuser angefertigt.
Homepage der Illustratorin Doris Daubertshäuser:
www.doris-made-to-create.de

Bis auf wenige Ausnahmen stammen alle in diesem Buch vorkommenden Fotos aus dem Archiv von Werner Gitt.

1. Auflage 2014

© by CLV · Christliche Literatur-Verbreitung
Postfach 11 01 35 · 33661 Bielefeld
Internet: www.clv.de

Umschlaggestaltung: typtop, Andreas Fett, Meinerzhagen
Satz: CLV
Druck und Bindung: CPI – Ebner & Spiegel, Ulm

Bestell-Nr. 256.246
ISBN 978-3-86699-246-7

Der Autor: Dir. und Prof. a. D. Dr.-Ing. Werner Gitt, 1937 in Raineck/Ostpreußen geboren. Von 1963 bis 1968 absolvierte er ein Ingenieurstudium an der Technischen Hochschule Hannover, das er als Dipl.-Ing. abschloss. Von 1968 bis 1971 war er Assistent am Institut für Regelungstechnik der Technischen Hochschule Aachen. Nach zweijähriger Forschungsarbeit promovierte er zum Dr.-Ing. Von 1971 bis 2002 leitete er den Fachbereich Informationstechnologie bei der Physikalisch-Technischen Bundesanstalt (PTB) in Braunschweig. 1978 wurde er zum Direktor und Professor bei der PTB ernannt. Er hat sich mit wissenschaftlichen Fragestellungen aus den Bereichen Informatik, numerische Mathematik und Regelungstechnik beschäftigt und die Ergebnisse in zahlreichen wissenschaftlichen Zeitschriften publiziert. 1990 gründete er die »Fachtagung Informatik«, zu der jährlich etwa 150 Teilnehmer anreisen. Ziel ist es, biblische Leitlinien mit wissenschaftlichen Fragestellungen (besonders Informationswissenschaften) zu verbinden. Seit 1984 vertritt er das Gebiet »Bibel und Naturwissenschaft« als Gastdozent an der »Staatsunabhängigen Theologischen Hochschule Basel« (STH Basel). Seit 1966 ist er mit seiner Frau Marion verheiratet. Im September 1967 wurde Carsten und im April 1969 Rona geboren.

INHALT

Vorwort   11

TEIL I   14

**1. Wie man vom Schatzsucher zum Schatzbesitzer
und dann zum Schätzesammler wird**   14

1.1   Jesu Rede in Gleichnissen   14

1.2   Hauptthema der Gleichnisse   15

1.3   Das Gleichnis vom Kaufmann
und der kostbaren Perle   17

1.4   »Sammelt euch aber Schätze im Himmel«   26

1.5   Der Sohn   29

TEIL II   34

2. Der Himmel – der größte Schatz   34

2.1   Der Himmel – ein Ort des Willkommenseins
und des Genießens   37

2.2   Der Himmel – ein Ort bereichernder
Kommunikation   49

2.3   Der Himmel – ein Ort erfüllter Träume   53

2.4   Der Himmel – ein Ort des Wiedersehens   62

TEIL III   67

**3. Selbst erlebte Geschichten,
moderne Gleichnisse, lehrhafte Beispiele**   67

3.1   »Lass dein Brot über das Wasser fahren«   70

3.2.1   Werden wir Mensulu einmal im Himmel
sehen?   76

3.2.2   Eine unerwartete »Begegnung«   81

3.3   »Des vielen Büchermachens ist kein Ende«   86

3.3.1   Ein Buch kippte mein altes Weltbild   88

3.4 Bei Tiffany (in New York) 90
3.5 Evangelium im Zug 92
3.6 Wie kann ich »entlernen«? 93
3.7 Der »Sonnenkönig« 94
3.8 Mein ungewöhnlichstes Gebet 95
3.9 »Was werden meine Ahnen sagen?« 98
3.10 Das banalisierte Christentum 102
3.11 Die größte Brücke der Welt 105
3.12 Deutschlands größtes Risiko 106
3.13 Gottes Saat und unser Säen 110
3.14 »Auch der Papst muss ins Fegefeuer« 111
3.15 Christsein, aber ohne Gott? 113
3.16 Sonderkonstruktion Giraffe 114
3.17 Erlebt in »meinem Audimax« 116
3.18 Ein nicht alltägliches Erlebnis im Krankenhaus 121
3.19 Eine Kirgisin findet zum Glauben 123
3.20 Da hob ich meine Hand im Auto 126
3.21 Wenn Gott plant – Ein besonderes Erlebnis in Kanada 128
3.22 Durchbruch zum Glauben nach 30 Jahren 134

Teil IV 137
**4. Menschen, die den Schatz fanden
Zehn Zeugnisse aus fünf Erdteilen** 137

Zeugnisse aus Europa 141
Z1: Vom Stasi-Offizier zum Mitarbeiter Christi 141
Karl-Heinz Irmer, 99089 Erfurt

Z2: Gesandt nach China 163
Sarah Overmeyer, 38114 Braunschweig

VW-Z3: Weil bei Gott kein Ding unmöglich ist (gi) 174
Z3: Aus der Gewalt der Finsternis hin zu Gott 175
Johanna

Z4: Ausprobiert 194
Dipl.-Ing. Fritz und Birgitt Hespelt, 81735 München

Z5: Ein Traktat brachte mich zurück zu Gott 214
Maria Funk, 32339 Espelkamp

Zeugnis aus Afrika 226
VW-Z6: Namibia – das frühere Deutsch-
Südwestafrika (gi) 226
Z6: Ein Vorbild mit nachhaltiger Wirkung 227
Daniela Epifanio, Windhoek (Namibia)
Debora Bosman, Windhoek (Namibia)

Zeugnisse aus Asien 245
VW-Z7: Japan – das Land der aufgehenden Sonne (gi) 245
Z7: Ich sah keinen Sinn im Leben 246
Saori Higashi, Hamura City im Raum Tokio (Japan)

Z8: Der Islam gab mir keine Antwort 258
Farida Radecke (geb. Satybekova, ursprünglich
Kirgisien), 8404 Winterthur (Schweiz)

Zeugnis aus Amerika 280
VW-Z9: Wenn Gott zwei Menschen
zusammenbringt (gi) 280
Z9a: So gaben wir uns einander das Jawort 281
Helen Kohlscheen, Blumenau (Brasilien)

Z9b: Von Brasilien in die Schweiz und wieder zurück 294
Werner Kohlscheen, Blumenau (Brasilien)

Zeugnis aus Australien 311

Z10: Eine rebellische Teenagerin wird Evangelistin 311
   Sonia Foley, Elanora Heights (NSW 2101, Australien)

TEIL V 338

5. Nachwort 338

   5.1   Wie finde ich selbst den kostbaren Schatz? 338

   5.2   Wie komme ich in den Himmel? 339

Abkürzungen 349

VORWORT

Wie der Titel schon sagt, geht es in diesem Buch um einen Schatz, aber nicht um einen Goldschatz, der auf dem Meeresgrund in einem versunkenen Schiff aus der Goldgräberzeit liegt, sondern um den größten Schatz, den man in diesem Leben überhaupt finden kann, und das ist der Himmel. Dieses Buch heißt **Schatzfinder**. Ein anderes Buch mit dem Titel **Schatzsucher** ist bereits im Verlag CLV Bielefeld erschienen. Dieses Buch ist jedoch nicht Band II oder die Fortsetzung zu jenem Buch, sondern ein eigenständiges Buch mit gleicher Struktur, aber unterschiedlichem Inhalt. Man könnte es ein Parallelwerk nennen. Wer das erste Buch gelesen und Freude daran gehabt hat, darf gewiss sein, dass er die gleiche Freude auch erleben wird, wenn er das Parallelwerk zur Hand nimmt. Nur die vorangestellten Einleitungen zu den einzelnen Buchteilen sind sehr ähnlich. Das vorliegende Werk und auch das Parallelbuch gliedern sich in fünf Teile, die hier kurz beschrieben werden:

Teil I: Zentral geht es hier um die beiden Gleichnisse vom Schatz im Acker und von der kostbaren Perle. Beide sprechen über das Himmelreich, und damit ist der Schatz schon beim Namen genannt. Wer diesen Schatz gefunden hat, wird auch anderen helfen, diesen Schatz zu finden. Nach Jesu Lehre in der Bergpredigt wird einem Schatzbesitzer, der bereits zum Glauben gekommen ist und damit den wertvollsten Schatz gefunden hat, geraten, Schätze für den Himmel zu sammeln, die ewig Bestand haben.

Teil II: Wenn der Schatz das Himmelreich ist, dann stellt sich die Frage, wie kann man sich das Wesen des Himmels vorstellen? Anhand von vier Kapiteln werden einige ausgewählte Facetten näher beschrieben. Wir beginnen mit einem markanten Kennzeichen, nämlich »Der Himmel – ein Ort des Willkommenseins und des Genießens«.

Teil III: Im Rahmen meines Vortragsdienstes im In- und Ausland habe ich mancherlei Wirkungen Gottes erlebt. In 22 Beiträgen gebe ich weiter, was ich hier und da erlebt habe, als ich Menschen auf den einzigartigen Schatz hinwies. Auch einige lehrhafte Beispiele werden hier genannt.

Teil IV: Im vierten Teil des Buches kommen verschiedene Personen (zehn Frauen und drei Männer) aus allen fünf Erdteilen in eigenen Lebenszeugnissen ausführlich zu Wort. Unter den Berichtenden befinden sich zwei Ehepaare und zwei leibliche Schwestern. Alle sind mir persönlich bekannt. Es ist allen gemeinsam, dass sie in ihrem Leben (ohne es ausdrücklich gewollt zu haben) wie der Ackermann im Gleichnis auf den Schatz stießen, ihn dann näher untersuchten und danach alles, was ihnen vorher wichtig war, hergaben, um in den Besitz des Schatzes zu gelangen. Im Gleichnis von der kostbaren Perle wusste der Kaufmann um deren unermesslichen Wert, und er gab alles her, um sie zu erlangen. In den Zeugnissen schildern die Betreffenden anhand ihres eigenen Erlebens, wie Gott durch seinen Sohn Jesus Christus in ihr Leben eingegriffen und ihrem Leben dadurch eine deutliche Wende gegeben hat.

Teil V: In diesem Nachwort geht es darum, wie Sie als Leser selbst in den Besitz des Schatzes gelangen können.

Dank: Das Buch wurde zum einen von meiner Frau und zum anderen von *Bettina Hahne-Waldscheck* lektoriert. Frau *Hahne-Waldscheck* hat sich insbesondere der Zeugnisse angenommen. *Doris Daubertshäuser* hat einige Zeichnungen gestaltet, die die Textaussagen unterstreichen und auflockern sollen. Allen danke ich sehr herzlich für die hilfreiche Mitarbeit.

Werner Gitt

TEIL I

1. Wie man vom Schatzsucher zum Schatzbesitzer und dann zum Schätzesammler wird

1.1 Jesu Rede in Gleichnissen

Jesus redete so oft in Gleichnissen, dass diese Redeweise zu einem kennzeichnenden Zug seiner Verkündigung wurde. Insgesamt hat er 29-mal in Gleichnissen gepredigt. 17 davon sind solche, bei denen es direkt um das Himmelreich geht. Aber auch die anderen zwölf haben irgendwie eine Beziehung zum Reich Gottes. Daran erkennen wir: Die Hauptbotschaft Jesu ist, dass wir den Himmel erreichen müssen, um nicht ewig in der Hölle zu sein.

Gleichnisse offenbaren den Hörern zuvor Unbekanntes, wie es Jesus seinen Jüngern erklärt hat:

> »Euch ist's gegeben, die Geheimnisse des Himmelreichs zu verstehen, diesen aber ist's nicht gegeben. Denn wer da hat, dem wird gegeben, dass er die Fülle habe; wer aber nicht hat, dem wird auch das genommen, was er hat« (Mt 13,11-12).

Gleichnisse haben somit eine doppelte Wirkung. Für die Kritiker und Gegner des Evangeliums verhüllen sie bereits Bekanntes:

> »Denn mit sehenden Augen sehen sie nicht und mit hörenden Ohren hören sie nicht; und sie verstehen es nicht. Und an ihnen wird die Weissagung Jesajas erfüllt, die da sagt (Jes 6,9-10): ›Mit den Ohren werdet ihr hören und werdet es

nicht verstehen; und mit sehenden Augen werdet ihr sehen und werdet es nicht erkennen. Denn das Herz dieses Volkes ist verstockt: Ihre Ohren hören schwer, und ihre Augen sind geschlossen, damit sie nicht etwa mit den Augen sehen und mit den Ohren hören und mit dem Herzen verstehen und sich bekehren, und ich ihnen helfe.‹ Aber selig sind eure Augen, dass sie sehen, und eure Ohren, dass sie hören« (Mt 13,13-16).

1.2 Hauptthema der Gleichnisse

Thematisch geht es bei fast allen Gleichnissen um das *Reich Gottes*. So finden wir in Matthäus 13 immer wieder die Einleitungsformel:

»Das *Himmelreich* gleicht

– einem Senfkorn, das ein Mensch nahm und auf seinen Acker säte.
– einem Sauerteig, den eine Frau nahm.
– einem Schatz, verborgen im Acker.
– einem Netz, das ins Meer geworfen ist.«

Man kann es auch so wiedergeben: »Mit dem Himmelreich verhält es sich wie mit …«

Auffallend ist, dass in den Evangelien so oft vom *Reich Gottes* die Rede ist. Nur bei Matthäus finden wir den Begriff *Himmelreich,* und zwar 31-mal. Nur an fünf anderen Stellen heißt es bei Matthäus *Reich Gottes* (Mt 6,33; 12,28; 19,24; 21,31; 21,43).

Die Ausdrücke »Himmelreich« (engl. *kingdom of heaven*; 33-mal) und »Reich Gottes« (engl. *kingdom of God*; 70-mal im NT) könnte man auf den ersten Blick für gleichbedeutende Begriffe halten. Während der Begriff »Himmelreich« eindeutig immer den Himmel Gottes meint, hat »Reich Gottes« im Neuen Testament zwei Bedeutungen, die es zu unterscheiden gilt:

1. »Reich Gottes« ist überall dort auf der Erde, wo Menschen an den Herrn Jesus glauben.
2. »Reich Gottes« ist dort, wo der Himmel ist.

Einige Bibelzitate sollen dies belegen:

Fall 1:
»Reich Gottes« bezieht sich auf Situationen auf der Erde:
In Lukas 17,21 sagte Jesus seinen Zuhörern: »Siehe, das Reich Gottes ist mitten unter euch.« Als ein Schriftgelehrter auf Jesu Fragen gute Antworten gab, sagte der Herr ihm (Mk 12,34): »Du bist nicht fern vom Reich Gottes.« Beide Aussagen beziehen sich also eindeutig auf diese Erde. Jenem Mann wollte Jesus sagen: »Wenn du dich jetzt bekehrst, dann gehörst du zum Reich Gottes, aber du lebst immer noch hier auf der Erde.«

Fall 2:
»Reich Gottes« bezieht sich auf den Himmel:
In Lukas 13,29 sagte Jesus: »Und es werden kommen von Osten und von Westen, von Norden und von Süden, die zu Tisch sitzen werden im Reich Gottes.« Und zu Nikodemus sagte Jesus: »Es sei denn, dass jemand von Neuem geboren werde, so kann er das Reich Gottes nicht sehen« (Joh 3,3). In beiden Fällen ist hier mit »Reich Gottes« das Himmelreich gemeint.

Im Folgenden betrachten wir zwei Gleichnisse, bei denen es eindeutig um den Himmel geht. Beide Gleichnisse haben zum Ziel, das besonders Wertvolle des Himmels herauszustellen.

1.3 Das Gleichnis vom Kaufmann und der kostbaren Perle[1]

44. Das Himmelreich gleicht einem Schatz, verborgen im Acker, den ein Mensch fand und verbarg; und in seiner Freude ging er hin und verkaufte alles, was er hatte, und kaufte den Acker.
45. **Wiederum gleicht das Himmelreich einem Kaufmann, der gute Perlen suchte,**
46. **und als er eine kostbare Perle fand, ging er hin und verkaufte alles, was er hatte, und kaufte sie** (Mt 13,44-46).

Beide Gleichnisse sind sehr knapp erzählt. In unserem Zusammenhang wollen wir uns besonders auf das zweite Gleichnis – dasjenige *vom Kaufmann und der kostbaren Perle* – konzentrieren. Zum besseren Verständnis stellen wir noch eine ausführlichere und frei gestaltete Fassung voran:

Es war ein aufgeweckter kleiner Junge, der die Erwachsenen immer wieder ins Staunen versetzte. Er war wie eine aufgezogene Maus,

---

1 A. d. H.: Neben der in diesem Buch vorgestellten Deutung der beiden Gleichnisse gibt es eine Auslegung, die von vielen bibeltreuen Exegeten vertreten wird und die auch William MacDonald in seinem »Kommentar zum Neuen Testament« darlegt: Der Herr Jesus ist es, der auf den Schatz im Acker stößt. In gleicher Weise ist er der Kaufmann, der die kostbare Perle findet. Diese Auslegung passt sehr gut in den Kontext, und zwar aus folgenden Gründen, die hier kurz angeführt werden sollen, ohne dass auf Einzelheiten eingegangen werden kann:
1) Da er der *Menschensohn* ist, muss er im Gleichnis vom Unkraut unter dem Weizen gemäß der von ihm selbst gegebenen Deutung mit dem *Menschen* gleichgesetzt werden (vgl. Mt 13,24.37), denn auch im Gleichnis vom Schatz im Acker ist von einem *Menschen* die Rede. Aufgrund der Parallelität der beiden hier erwähnten Gleichnisse (Schatz im Acker und kostbare Perle) können wir diese Schlussfolgerung auch auf den Kaufmann anwenden.
2) Während der Schatz im Acker den gläubigen Überrest Israels in der Endzeit verkörpert, steht die kostbare Perle für die neutestamentliche Gemeinde. Der irdischen Berufung Israels entspricht der Acker (Erde), wohingegen die himmlische Berufung der Gemeinde z. B. dadurch angezeigt wird, dass die Tore der himmlischen Stadt Jerusalem jeweils aus Perlen bestehen (vgl. Offb 21,21).
3) Der Herr Jesus hat auf Golgatha die Erlösung *erkauft* – sowohl für die gläubigen Israeliten als auch für die Angehörigen der Gemeinde.

*die unentwegt in Bewegung war; in ihm brodelte es wie in einem
aktiven Vulkan. Wenn seine Eltern abends nach dem Abend-
brot gemeinsam mit ihm in der Stube saßen, fragten sie ihn, was
er werden wolle, wenn er erwachsen ist. Die anderen Kinder wollten Lokomotivführer, Feuerwehrmann oder Pilot werden, aber der
Junge hatte kein Interesse an solchen Berufen. »Reich will ich werden!«, sagte er, »sogar steinreich will ich werden!« Die Worte kamen
aus seinem Mund mit solch einer Entschiedenheit, als trüge er die
Geheimnisse des Reichseins schon seit seiner Geburt in seinem Herzen. Dabei war er doch mit seinen fünf Jahren noch ein recht kleiner
Junge. Der Reichtum bedeutete ihm in seinem Alter nichts anderes,
als so viel Eis und Schokolade zu essen, bis es ihm schlecht wurde.
Aber jedes Mal, wenn die Erwachsenen auf das Thema kamen, was
er einmal werden wolle, wenn er groß ist, gab er immer die gleiche Antwort. Als seine Eltern sahen, dass er seine Meinung auch mit
zunehmendem Alter nicht änderte, fragten sie ihn, was er denn mit
seinem Reichtum machen wolle.*

*Der Junge begann, wie ein Vermögensverwalter aufzuzählen, was er
mit so viel Geld anstellen wollte. »Ich werde zuerst anfangen zu arbeiten. Wenn ich genug zusammengespart habe, will ich mir ein Fahrrad kaufen. Später steige ich dann auf ein Auto um. Dann will ich
ein schönes Haus bauen lassen. Wenn ich es fertig habe, lege ich mir
ein edles Pferd zu. Dann schicke ich mein Pferd zum Pferderennen.
Wenn mein Pferd gewinnt, kaufe ich mit dem Geld eine Fabrik. Mit
dem Gewinn, den ich mithilfe der Fabrik erwirtschafte, lasse ich ein
schöneres Haus bauen und verkaufe das alte.« Seine Aufzählung ging
so weiter, bis er sich schließlich auch noch ausmalte, wie er dastände,
wenn er der reichste Mann des Landes wäre. All seine Überlegungen
waren realistisch durchdacht. Es waren keine Spinnereien.*

*Schon im Kindesalter zeigte sich sein Geschäftssinn. Er spielte Mur-
mel mit anderen Kindern. Im Laufe der Zeit hatte er eine statt-*

liche Sammlung von Murmeln hinzugewonnen. Später fing er an, Briefmarken zu sammeln. Obschon der Briefträger selten bei ihm klingelte, hatte er seine Briefmarkensammlung im Murmelspiel und durch geschicktes Tauschen erheblich aufstocken können. Die Jahre flossen nur so dahin – wie das Wasser in einem Fluss. Erstaunlicherweise blieb der Junge seinem Ziel, sehr reich zu werden, treu.

Schon nach der Ausbildung sparte er konsequent alles, was er nicht zum Lebensunterhalt benötigte. Schließlich reichte es zum Kauf eines Fahrrades. Einige Monate fuhr er damit zur Arbeit. Später stieg er auf ein Moped um. Dann kaufte er sich ein kleines Auto. Sein Leben lief weiter so ab, wie er es sich in seiner Kindheit ausgemalt hatte. Es bereitete ihm eine unsagbare Freude, Dinge zu kaufen bzw. zu verkaufen und dabei Gewinne zu erzielen. Bei solchem Tun blühte der junge Mann richtig auf.

Die Jahre vergingen. Der kleine Junge von damals mit dem unstillbaren Wunsch, reich (und sogar sehr reich) zu werden, konnte inzwischen alles Mögliche sein Eigen nennen. Das Leben lief für ihn ab, wie er es sich gewünscht hatte.

Eines Tages rief sein Opa ihn zu sich. Er war ein alter gebrechlicher Mann, der nicht mehr lange zu leben hatte. So ging der junge Mann fröhlichen Herzens zu ihm, denn sein Opa war stolz auf ihn. Er hatte ihn immer spüren lassen, dass er alles in seinem Leben richtig gemacht hatte. Als sie so zusammensaßen, ließ der alte Mann es ihn merken, wie sehr er sein Enkelkind schätzte. Jedoch sagte er etwas, was den reichen jungen Mann beinahe umgehauen hätte: »Mein Junge, du bist reich, ja, sogar sehr reich geworden. Jeden Tag habe ich gehofft und gewünscht, dass du immer reicher wirst. Das bist du auch wirklich geworden, aber du bist noch nicht reich genug, denn dein Reichtum ist ausschließlich irdischer Art und reicht nicht bis zum Himmel! Geh hin und sorge dafür, dass du auch im Himmel reich wirst!«

Damit hatte der Großvater bei dem inzwischen sehr reich ge-
wordenen Mann direkt ins Schwarze getroffen, sodass dieser auf-
geregt nachfragte: »*Wie man in diesem Leben reich werden kann,*
das habe ich selbst erfahren, aber wie kann ich im Himmel reich
werden, wenn ich doch dort noch gar nicht bin?« – »*Du hast dir dei-*
nen Reichtum hart erarbeiten müssen, aber es gibt noch eine andere
Methode, um reich zu werden, nämlich, wenn du einen sehr Reichen
beerben kannst.« – »*Kann ich diese Methode etwa auch anwenden,*
wenn es um den Himmel geht?« – »*O ja, mein lieber Enkel! Um*
im Himmel reich zu sein, brauchst du dort einen, den du beerben
kannst. Wenn du Gottes Kind wirst, dann bist du automatisch sein
Erbe. Gott ist der Eigentümer des Himmels. Er hat verfügt, dass
man sein Kind nur durch den Herrn Jesus werden kann. Nimm ihn
von ganzem Herzen an, dann übertrifft dein Reichtum alle Schätze
der Welt. Reicher kannst du dann nicht mehr werden! Und dieser
Reichtum ist sogar ewig!«

Die Gleichnisse Jesu versteht schon ein Kind auf Anhieb, und
doch liegt in ihnen zugleich eine Tiefe, die kaum auslotbar ist.
Der Hörer sieht sich in die Herausforderung gestellt, das Gesagte
in die Tat umzusetzen. Jesus hat in der Bergpredigt unmiss-
verständlich gesagt: »Darum, wer diese meine Rede hört und
tut sie, der gleicht einem klugen Mann, der sein Haus auf Fels
baute« (Mt 7,24). Was aber ist zu tun, nachdem wir das Gleichnis vom Kaufmann und der kostbaren Perle gehört haben?

Erst wenn wir es uns vornehmen, so zu handeln, wie es der Kaufmann im Gleichnis tat (der alle seine Schätze verkaufte, um diese
kostbarste Perle zu erwerben), leuchtet es uns ein, dass diese
»kostbare Perle« ein uns unbekannter Schatz ist.

In dieser Welt schätzen wir all jene Dinge, die **selten** vorkommen
und gleichzeitig von vielen Menschen **begehrt** werden, als kost-

bar ein. Diese beiden Kriterien machen das Erkennen der Kostbarkeiten in unserer Zeit nicht gerade leicht. Gold und Diamanten mögen uns nach dieser Definition heute als kostbar erscheinen, aber sind sie es wirklich?

Die materiellen und immateriellen Dinge gewinnen ihren Wert durch den Mangel, sie nicht zu besitzen. So kommt unweigerlich der Wunsch hoch, den Mangel zu beseitigen. Deshalb erwächst aus dem Mangel an Essen das Begehren, genug davon zu haben. Infolgedessen wird das Brot kostbar. Aber schon mit dem Stillen des Hungers tritt die Bedeutung des Essens in den Hintergrund, wenn sich nun der Durst bemerkbar macht. Dann verdrängt der Durst den Stellenwert des Essens, das dem Betreffenden so wichtig war. Nach jeder Beseitigung eines Mangels macht sich ein neuer Mangel bemerkbar, und dann nimmt dieser sogleich den ersten Stellenwert ein. Im Laufe eines Menschenlebens reihen sich die Mängel wie eine lange Kette aneinander und lösen immer wieder neue Mängel aus. Hat der Mensch genug zu essen und zu trinken, will er ein Dach über dem Kopf haben. Bekommt er das Haus, fehlt ihm die Freiheit. Erlangt er die Freiheit, fehlt ihm plötzlich eine sinnvolle Arbeit. Hat er die Arbeit, sehnt er sich nach Freizeit. Hat er schließlich alles Mögliche erreicht, merkt er, dass seine Gesundheit schwindet. Hat er die Gesundheit wiedererlangt, will er das Familienglück erlangen. Nach dem Glück kündigen sich nun seine größten Träume an, die auch erfüllt werden wollen.

Wir stellen fest: In jeder Phase, in der wir Mangel leiden, sind wir bereit, für dessen Beseitigung den höchsten Preis zu zahlen. Auch nach viel Lebenserfahrung wissen wir noch immer nicht so recht, was die eigentliche »kostbarste Perle« unseres Lebens ist. Die schwankenden Werte machen die Sache nur noch unkalkulierbarer, und manchmal führen sie sogar zum materiellen und seelischen Bankrott.

Im Geschäftsleben sieht es nicht anders aus. Wenn eine Ware von allen begehrt wird und wenn sie zudem noch eine Rarität ist, steigt plötzlich ihr Wert ins Unermessliche. Denken wir einmal an das so heiß begehrte Gold. In Friedenszeiten ist es kostbar. Aber schon während einer Umweltkatastrophe verliert es in Verbindung mit Lebensmittelknappheit seinen Wert. Nun nehmen Lebensmittel plötzlich den ersten Rang ein. Es kann so weit kommen, dass die Menschen in schlimmen Hungerszeiten sogar bereit sind, für ein Kilo Brot 100 Gramm Gold hinzugeben. Dann denkt man: ›Hätte ich doch bloß einen Sack Mehl zu Hause gehortet.‹ Es wird allgemein hoch geschätzt, dass Immobilien bleibenden Wert besitzen, aber im Falle eines Erdbebens oder bei Ausbruch eines Krieges können die Hausbesitzer in kürzester Zeit bettelarm werden. Dennoch nehmen unzählige Menschen auf dem Karussell der irdischen Kostbarkeiten mit ihren wechselnden Werten Platz, bevor es sich zu drehen beginnt.

Ein simples Beispiel dafür ist die **Tulpenmanie**[2] im 17. Jahrhundert in den Niederlanden. Als diese Blume durch einen Österreicher von Konstantinopel über Österreich in die Niederlande importiert wurde, fand sie große Liebhaber. Innerhalb von drei Jahren kosteten die Tulpenzwiebeln mehrere Tausend Gulden, und Knollen wurden bis zum 100-Fachen ihres Gewichtes in Gold aufgewogen. Der Tulpenhandel nahm so bizarre Formen an, dass sogar ein komplettes Haus für drei Tulpenzwiebeln verkauft wurde. Der höchste Preis, der für eine Tulpensorte erzielt wurde, lag 1637 bei 10000 Gulden für eine einzige Zwiebel; das war zu einer Zeit, als ein Zimmermann rund 250 Gulden pro Jahr verdiente. Dann kam der Tulpencrash[3], und die Preise sack-

---

2   Quelle: https://de.wikipedia.org/wiki/Tulpenmanie (abgerufen am 19.11.2013).
3   Am 7. Februar 1637 platzte die Blase. Die Preise fielen um 95 Prozent. Mancher verlor sein ganzes Vermögen, wie z. B. der Landschaftsmaler Jan van Goyen, der allen Besitz in Tulpen investiert hatte.

ten in sich zusammen. Dieses historische Ereignis zeigt, dass eine gewöhnliche Ware wie eine Tulpenzwiebel durch große Nachfrage künstlich an Wert steigen und dadurch zur Kostbarkeit hochgepuscht werden kann.

Jesus hat uns gelehrt, dass wir in dieser Welt immer Mangel erleiden werden. Er verweist darauf, dass alle irdischen Werte, die uns kostbar zu sein scheinen, vergänglich sind (Mt 24,35) und keinen ewigen Bestand haben. Somit erklärt er, dass unser Bemühen, die kostbaren Schätze dieser Welt zu sammeln, uns nichts nützen wird, weil der plötzliche Wertverlust der irdischen Schätze genauso unerwartet eintreten wird wie der Tulpencrash. Es ist nur eine Frage der Zeit, wann die irdischen Schätze ihren Wert verlieren. Im Gleichnis vom reichen Kornbauern traf es diesen irdisch erfolgreichen Mann schon sehr kurzfristig: »Diese Nacht wird man deine Seele von dir fordern; und wem wird dann gehören, was du angehäuft hast?« (Lk 12,20).

Jesus hat nicht verboten, in dieser Welt mit materiellen Gütern zu handeln sowie zu wirtschaften und unser Leben damit zu gestalten. Mit großer Dringlichkeit verweist er aber immer wieder auf die Schätze, die ewig kostbar bleiben – nämlich auf die himmlischen Schätze mit ihrem Ewigkeitswert.

Jesus hat uns mit dem Gleichnis vom Kaufmann und der kostbaren Perle den Hinweis gegeben, dass nichts in dieser Welt mit dieser Perle vergleichbar ist. Sie verkörpert den ewigen Wert, wobei es sich lohnt, jeden irdischen Preis dafür zu zahlen.

Wir Menschen führen ein Leben, das fast ausschließlich diesseitsorientiert ist. Wie sonst ist es zu erklären, dass Sportler aller Disziplinen unbedingt den Sieg erringen wollen? Manche Olympiasieger haben schon seit Kindertagen mit dem Training begonnen, um dann einmal für drei Minuten vor surrenden Fernsehkameras auf dem Siegertreppchen zu stehen. Es gibt Wissenschaftler, die ihr ganzes Leben der Forschung gewidmet haben, um etwas Bahnbrechendes herauszufinden, was einmal mit ihrem Namen verknüpft ist. Politiker ringen um mehr Macht und Einfluss. Der Eintrag in die Geschichtsbücher wird zum Ziel ihres Lebens.

All diesem Streben nach Reichtum, Macht und Ehre setzte Jesus ein anderes Ziel entgegen, das bleibt und ewig Bestand hat. Es fällt auf, wie Jesus in den Gesprächen mit den Menschen sehr schnell die Brücke vom Irdischen zum Ewigen fand und ihnen das anbot, was dringend erforderlich ist.

1. Der Samariterin am Jakobsbrunnen, die gekommen war, um Wasser für den täglichen Bedarf zu schöpfen, sagte Jesus: »Wer von diesem Wasser trinkt, den wird wieder dürsten; wer aber von dem Wasser trinken wird, das ich ihm gebe, den wird in Ewigkeit nicht dürsten, sondern das Wasser, das ich ihm geben werde, das wird in ihm eine Quelle des Wassers werden, das in das ewige Leben quillt« (Joh 4,13-14). Jesus hatte damit nichts gegen das natürliche Wasser gesagt, aber er verwendet die gegebene Alltagssituation, um den Hinweis auf die »kostbare Perle« zu geben. Nachdem diese Frau diesen Reichtum gewonnen hatte, war sie so stark davon ergriffen, dass sie ihren Krug stehen ließ (vgl. Joh 4,28) und sogleich in die Stadt ging, um den Menschen von diesem Christus zu erzählen.

2. Nachdem Jesus die Fünftausend mit Brot versorgt hatte und auch die Jünger satt geworden waren, baute Jesus ihnen von hier aus wieder die entscheidende Brücke zum ewigen Leben: »Schafft euch Speise, die nicht vergänglich ist, sondern die bleibt zum ewigen Leben. Die wird euch der Menschensohn geben [...]. Ich

bin das Brot des Lebens. Wer zu mir kommt, den wird nicht hungern; und wer an mich glaubt, den wird nimmermehr dürsten« (Joh 6,27.35).

3. Der reiche junge Mann hatte es in seinem Leben weit gebracht. Er gehörte zu den Oberen in Israel und hatte sich eine ehrenvolle Stellung sowie einen stattlichen Reichtum erworben. Auch wegen seiner Frömmigkeit war er im damaligen Israel sehr angesehen und geachtet. Irdisch war er mit allem ausgestattet, wonach die Menschen sich sehnen, doch fehlte ihm die »kostbare Perle«. Jesus nannte ihm den Preis: »Verkaufe alles, was du hast, und gib's den Armen, so wirst du einen Schatz im Himmel haben, und komm und folge mir nach« (Lk 18,22). Dieser Preis war ihm zu hoch, und so blieb er leider ohne die »kostbare Perle«. Es war nicht der Reichtum an sich, der ihn hinderte, sondern seine massive Bindung daran. Alles, was einen höheren Rang in unserem Leben einnimmt als Jesus und das Reich Gottes, kann uns um die »kostbare Perle« bringen.

4. Der gaunerhafte Oberzöllner Zachäus warf in der Begegnung mit Jesus sein sündiges Verhalten über Bord und wollte vierfach zurückgeben, wo er betrogen hatte. Das war die Auswirkung der Tatsache, dass er die »kostbare Perle« gefunden hatte, und Jesus bestätigte ihm, dass er gerade den ewigen Reichtum erworben hatte: »Heute ist diesem Hause Heil widerfahren« (Lk 19,9).

Nur die wenigen, die mit aufrechtem Herzen nach der kostbaren Perle suchen und sie dann auch kaufen, kommen zum Durchbruch des Lebens und finden das ewige Leben in Jesus. Ihre Freude im Himmel wird unbeschreiblich groß sein.

Im vierten Teil des Buches kommen dreizehn Personen aus allen fünf Kontinenten zu Wort, die uns ausführlich berichten, wie sie ihre alte Lebensweise und ihre irdische Gesinnung »verkauften«, um die kostbare Perle zu »kaufen«. Mitten in einer verlorenen Welt fanden sie durch Jesus das Himmelreich und erlangten damit den größtmöglichen Reichtum.

1.4 »Sammelt euch aber Schätze im Himmel«

In der Bergpredigt ruft uns Jesus zu einer Lebensweise auf, die der natürliche Mensch nicht nachvollziehen kann: »Sammelt euch aber Schätze im Himmel« (Mt 6,20). Wer den Schatz im Acker und die kostbare Perle gefunden hat, ist zu einer neuen Sammlerleidenschaft gekommen: Statt irdischer Schätze wird er nun, nachdem er im Besitz des größten Schatzes (nämlich des Himmels) ist, »Schätze im Himmel« sammeln.

Eine gute Anleitung dazu finden wir in der Reisegeschichte der Königin von Saba (2Chr 9,1-12). In Vers 9 heißt es dort: »Und sie gab dem König hundertzwanzig Zentner Gold und sehr viel Spezerei und Edelsteine.«

Salomo war ein sehr reicher König. Hätten wir seine Goldvorräte und Kleiderkammern gesehen, es würde uns den Atem verschlagen. Diesem schon so reichen König bringt die Königin noch mehr Gold. 120 Zentner, das sind 6000 Kilogramm oder 120 000 Goldbarren zu je 50 Gramm – wie sie heute bei den Banken handelsüblich sind.

Jesus lehrt uns damit, dass wir nicht mit leeren Händen zu ihm kommen sollen. Er erwartet nicht Gold und Silber von uns. Das Wertvollste, was wir unserem König mitbringen, ist »Frucht«. Er sucht nicht die Erfolge unseres Lebens, sondern die Frucht:

»Ich habe euch erwählt und bestimmt, dass ihr hingeht und Frucht bringt und eure Frucht bleibt« (Joh 15,16).

Es ist also ein Auftrag Jesu, Schätze im Himmel zu sammeln und sie ihm bei der Ankunft im Himmel zu übergeben – so wie die Königin von Saba ihre Schätze dem König Salomo übergab. Das ist keine Werkgerechtigkeit, sondern unser Ausdruck dafür, dass wir unseren König lieben und ihm dankbar sind. Kinder sind uns in ihrer Unmittelbarkeit und in ihrem freudigen Handeln oft ein Vorbild. Eine dazu passende Geschichte aus der Schweiz hat mich sehr beeindruckt:

Das Glas Wasser: Ein kleines Mädchen konnte gerade in der Bibel lesen und fand dort das Wort Jesu:»Und wer einem dieser Geringen auch nur einen Becher kalten Wassers zu trinken gibt, … es wird ihm nicht unbelohnt bleiben« (Mt 10,42). Daraufhin ging das Mädchen in die Küche, füllte ein Glas mit Wasser und rannte damit auf die Straße, um es jemandem zu geben. Aber dort war gerade niemand, und so rannte es weiter bis an den Waldrand. Dort traf es einen jungen Mann und bot ihm das Glas mit den Worten an:»Trink das Wasser im Namen Jesu!« Der Mann war total erstaunt über diese ungewöhnliche Anrede. Weil er aber gerade Durst hatte, trank er das Wasser. Das Mädchen eilte mit dem leeren Glas nach Hause und stellte es in der Küche ab.

Es vergingen etliche Jahre. Das kleine Mädchen war inzwischen erwachsen geworden und hatte den Beruf der Krankenschwester erlernt. Eines Tages wurde in ihrer Abteilung des Krankenhauses ein Mann eingeliefert, und als Erstes packte er seine Bibel aus und legte sie auf den Beistelltisch. Da das nicht alle Tage vorkommt, sprach die Krankenschwester den Mann an, ob er gläubig sei. Nachdem er das bejaht hatte, fragte sie weiter, wie er denn zum Glauben gekommen sei. Der Mann erklärte: »Es war noch in meiner Jugend. Ich sah keinen Sinn in meinem Leben und machte mich auf zum Wald, um mir dort das Leben zu nehmen. Aber am Waldesrand kam ein kleines Mädchen mit einem Glas Wasser auf mich zu und sagte: ›Trink das im Namen Jesu!‹ Das hat mich dermaßen beeindruckt, dass ich von meinem Vorhaben abließ, mir eine Bibel kaufte und bald danach zum Glauben kam.« Darauf die Krankenschwester: »Das kleine Mädchen von damals – das war ich!«

Durch das Umsetzen nur eines einzigen Bibelverses hat das Mädchen eine Seele für den Himmel gewonnen. Wenn Jesus auf der Hochzeit zu Kana Wasser in Wein verwandelt hat, dann wird er dieses Wasser in jenem Glas in der Ewigkeit in Gold umwandeln. Und das gilt für alle Frucht, die wir in diesem Leben mit Gottes Hilfe wirken; der Herr wird sie bei unserer Ankunft im Himmel in Gold umwandeln. Das sind die »Schätze im Himmel«, von denen Jesus in der Bergpredigt sprach.

Nicht dass hier ein falscher Eindruck entsteht: Den Himmel können wir uns durch nichts verdienen, denn diesen hat Jesus uns sehr, sehr teuer am Kreuz erworben.

Im letzten Vers der erwähnten Reisegeschichte heißt es: »Und der König Salomo gab der Königin von Saba alles, … mehr als die Gastgeschenke, die sie dem König gebracht hatte« (V. 12). Was auch immer wir dem Herrn mitbringen, seine Gabe an uns wird alles nur Erdenkliche weit übertreffen. An der Ausdrucksweise in Lukas 6,38 spürt man die Unfähigkeit der menschlichen Sprache, den überfließenden Reichtum der Gabe Gottes beschreiben zu können: »Ein volles, gedrücktes, gerütteltes und überfließendes Maß wird man in euren Schoß geben.« Ja, unser König Jesus schenkt uns **alles** – den ganzen Himmel!

In der folgenden Erzählung wird der auf Jesus zutreffende Satz »Wer den Sohn nimmt, bekommt alles andere hinzu« anhand einer außergewöhnlichen Situation veranschaulicht.

1.5 Der Sohn[4]

Weitab vom Trubel aller Welt, tief im Innern Australiens, lebten auf einer einsamen Farm ein Vater und sein Sohn, die ein inniges Verhältnis zueinander hatten. Durch eine große Erbschaft in jüngeren Jahren war der Farmer zu ungewöhnlichem Reichtum gelangt. Beide besaßen eine über mehrere Jahre hinweg angelegte Kunstsammlung. Es war ihnen immer wieder ein großes Vergnügen, weitere erlesene Kunstwerke aufzuspüren und diese ihrer Kollektion hinzuzufügen. Wertvolle Gemälde von *Picasso, van Gogh, Rembrandt* und anderen namhaften Künstlern zierten inzwischen die Wände des Farmhauses. Der ältere Farmer, der inzwischen verwitwet war, beobachtete mit Zufriedenheit, wie sich sein einziges Kind mit der Zeit zu einem erfahrenen Kunstsammler entwickelte. Das geübte Auge und der gewitzte Geschäftssinn, den der Sohn bei Verhandlungen mit anderen Kunstsammlern in aller Welt bewies, erfüllten den Vater mit Stolz.

Mit dem beginnenden Winter brach ein schrecklicher Krieg über das Land herein, und der junge Mann verließ sein Vaterhaus, um seinem Volk als Soldat zu dienen. Bereits nach wenigen Wochen erhielt der Vater ein Telegramm, dass sein geliebter Sohn in einer Schlacht verschollen sei. Unruhig erwartete der Farmer weitere

---

4 Autor unbekannt. Im Originaltext stand die Bemerkung: »The message is true.« (»Die Botschaft ist wahr.«) Eine englischsprachige Variante dieser Erzählung ist z. B. zu finden unter: http://darrellcreswell.wordpress.com/2010/04/27/the-painting-the-son/ (abgerufen am 19. 11. 2013).

Nachrichten und fürchtete gleichzeitig, seinen Sohn niemals wiederzusehen. Nach einiger Zeit wurden seine Ängste bestätigt. Der junge Mann war gefallen, als er einen verwundeten Kameraden eiligst zu einem Arzt hatte tragen wollen. Dem alten Mann ging diese Nachricht durch Mark und Bein. Dem bevorstehenden Weihnachtsfest sah er nun voller Schmerz und einsamer Trauer entgegen. Das Glück jener Zeit (einer Zeit, auf die er und sein Sohn sich immer so sehr gefreut hatten) würde nie wieder in sein Haus einziehen.

Am Weihnachtsmorgen weckte ein heftiges Klopfen an der Tür den bedrückten alten Mann auf. Als er öffnete, begrüßte ihn ein Soldat, der ein großes Paket in seiner Hand trug und sich ihm mit den Worten vorstellte: »Ich war ein Freund Ihres Sohnes. Ich war derjenige, dem er das Leben rettete, bevor er starb. Könnte ich vielleicht für ein paar Minuten hereinkommen? Ich möchte Ihnen gerne etwas zeigen.« Dann berichtete der Soldat, mit welcher Begeisterung sein Freund jedem von seiner Kunstleidenschaft erzählt hatte, ganz zu schweigen von der seines Vaters. »Ich bin selbst ein Künstler – zwar unbekannt, aber doch ein leidenschaftlicher Hobbymaler«, sagte der Soldat, »und dieses hier möchte ich Ihnen schenken.« Sogleich wickelte der alte Mann das Paket aus – er traute seinen Augen nicht, es war das Porträt seines Sohnes. Obgleich die Kunstwelt es niemals als ein geniales Werk ansehen würde, stellte dieses Gemälde das Gesicht des geliebten Sohnes in eindrucksvollen Einzelheiten dar. Von Rührung überwältigt, dankte der Mann dem Soldaten und versprach, das Bild über seinem Kamin aufzuhängen. Nachdem der Soldat gegangen war, machte sich der Alte sogleich an die Arbeit. Dazu musste er einige der wertvollsten Gemälde von diesem bevorzugten Platz, auf den sein Blick sehr oft fiel, entfernen. Dann setzte er sich in seinen Lehnstuhl und verbrachte die Weihnachtszeit fast ausschließlich damit, das Bild seines Sohnes zu betrachten.

In den folgenden Wochen tröstete den Mann immer wieder der eine Gedanke: »Wenn auch mein Sohn nicht mehr am Leben ist, so bleibt er unvergessen bei all jenen Menschen, die einst näheren Kontakt mit ihm hatten.« Später erfuhr der Vater, dass sein Sohn nicht nur den in der Kunstwelt unbekannten Maler, sondern viele verletzte Soldaten gerettet hatte, bevor eine tödliche Kugel seinem Leben ein Ende setzte. Als der Alte nach und nach von dem Mut und der Hilfsbereitschaft seines Sohnes erfuhr, erfüllte ihn väterlicher Stolz, und ein Friede kam über ihn, der seinen Schmerz langsam zu lindern begann. Das Bildnis seines Sohnes wurde zu seinem wertvollsten Kleinod, und es stellte für ihn persönlich all die anderen Gemälde weit in den Schatten, obwohl sich doch weltweit alle Museen gerade um diese gerissen hätten. Auch all seinen Nachbarn erzählte er mit fortwährender Begeisterung, es sei das großartigste Geschenk, das er jemals erhalten habe.

Im darauffolgenden Frühjahr wurde der alte Mann so sehr krank, dass er bald darauf verstarb. Die Nachricht darüber versetzte die Kunstmäzene in aller Welt in Aufruhr! Nun sahen sie eine Chance, an ausgefallene Raritäten zu gelangen. Niemand von ihnen verschwendete dabei auch nur den geringsten Gedanken an die tragische Geschichte seines einzigen Sohnes, sondern nur noch an die bevorstehende Auktion. Dem Letzten Willen des Alten folgend, fand die Versteigerung aller Gemälde nicht sogleich, sondern erst am Weihnachtstag dieses Jahres statt – an jenem Tag also, an dem es ein Jahr her war, dass er sein schönstes Geschenk erhalten hatte. Endlich war es so weit, und reiche Kunstsammler aus aller Welt hofften, einige der spektakulären Kunstschätze zu ersteigern, um die sie viele beneiden würden.

Die Auktion wurde eröffnet. Es herrschte absolute Stille unter den Weitgereisten. Mit welcher Kostbarkeit mochte dieser besondere Tag wohl beginnen? Zur großen Enttäuschung aller Kunstkoryphäen stand als Erstes ein für sie absolut wertloses Bild zur Versteigerung an. Noch nie wurde dieses in irgendeiner Museumsliste geführt. Es war das Bildnis des Sohnes. Der Auktionator fragte nach einem Anfangsgebot, aber in der Versammlung blieb alles still. Darauf reagierte er mit einem ungewöhnlich niedrigen Angebot: »Wer eröffnet mit 100 Dollar?« Wieder vergingen Minuten des Schweigens. Niemand rührte sich. Endlich ertönte eine erste Stimme aus dem hinteren Teil des Raumes: »Wen kümmert schon dieses Bild? Es ist nur das laienhafte Bildnis seines Sohnes. Vergessen wir das und fangen endlich mit den richtigen Gemälden an!« Die anderen Kunstsammler stimmten ihm lautstark zu. »Nein, dieses Bild muss als Erstes verkauft werden«, entgegnete der Auktionator standhaft. »Also, wer nimmt den Sohn?« Zögernd meldete sich ein Farmarbeiter, der viele Jahre im Dienst des verstorbenen Alten gestanden hatte: »Würden Sie mir dieses Gemälde auch für 10 Dollar überlassen? Das ist alles, was ich an Bargeld habe. Ich kannte den Jungen sehr gut, und das Bild wäre mir eine schöne Erinnerung an ihn.« – »Bietet irgendjemand mehr?«, rief der Auktionator in die Menge, die nicht verstand, was hier vor sich ging. Nach Minuten der Stille setzte er zu der üblichen Formel an: »Zum Ersten, zum Zweiten, zum Dritten!« Der Hammer war gefallen und damit das Bild verkauft.

Beifall erfüllte den Raum, und eine aufgeregte Stimme forderte: »Können wir nun endlich anfangen, unsere Gebote für die eigentlichen Schätze abzugeben!« Aber der Auktionator blickte auf die Versammelten und erklärte, die Versteigerung sei bereits beendet. Ungläubiges Erstaunen erstickte jedes Geräusch im Saal. Einer der Anwesenden fand als Erster seine Sprache wieder und fragte schockiert: »Was meinen Sie mit: ›*Es ist vorbei!*‹ Wir haben die weite Reise bis in diese verlassene Einöde doch nicht wegen des Bildes von dem Sohn irgendeines alten Farmers gemacht.« Mit einer einnehmenden Handbewegung deutete er auf die Galerie: »Was geschieht nun mit all diesen hier verbliebenen Kunstwerken? Hier befinden sich doch Werte in beachtlicher Millionenhöhe! Ich fordere, dass Sie die Auktion fortsetzen!« Doch der Auktionator reagierte äußerst gelassen: »Es ist ganz einfach! Es war der Wille des Vaters: Wer auch immer den Sohn nimmt, bekommt alles andere dazu.«

Römer 8,31-32: »Ist Gott für uns, wer kann wider uns sein? Der auch seinen eigenen Sohn nicht verschont hat, sondern hat ihn für uns alle dahingegeben – **wie sollte er uns mit ihm nicht alles schenken?**«

TEIL II

2. Der Himmel – der größte Schatz

Wie kostbar ist der Schatz?
Nach einem Vortrag in Mainz kam eine Studentin zu mir zum Gespräch. Engagiert und zielbewusst sagte sie: »Sie haben heute über Zeit und Ewigkeit gesprochen. Aber sagen Sie mir, was ist die Ewigkeit ganz konkret!« Ich war etwas verwundert, von einer so jungen und gut aussehenden Frau diese Frage gestellt zu bekommen. War sie nicht voller Lebensfreude und Lebenswillen, sodass man erwartete, sie würde diese Frage weit hinausschieben – so wie es viele unserer Zeitgenossen tun? So fragte ich zurück: »Es interessiert mich, warum Sie gerade diese Frage so brennend beantwortet haben wollen.« – »Ich habe einen angeborenen Herzfehler, was aber erst vor Kurzem festgestellt wurde. Nach dem jetzigen Stand der Dinge geben mir die Ärzte nur noch einige Jahre. So **muss** ich einfach wissen, wie die Ewigkeit ist, und das ganz konkret.«

Hier spürte ich sofort: Es ging weder um eine theoretische oder spitzfindige theologische Frage, sondern um eine sehr existenzielle. Die Klarheit und Entschiedenheit, mit der sie eine Antwort auf diese grundlegende Frage suchte, bewegte mich zutiefst. Bevor ich zu antworten begann, machte sie mir sogleich klar, welche Antwort sie nicht hören wollte. Sie erklärte mir mit entschiedenen Worten:

»Wie die **Hölle** ist, kann ich mir vorstellen. Ich habe *Sartre* gelesen, und er hat das in einem Stück anschaulich beschrieben: Da sind Menschen in einem Zimmer eingesperrt, die sich nicht verstehen. Sie können das Zimmer aber nicht verlassen. Nie. Das ist die Hölle. Das kann ich mir vorstellen. Wie aber ist der **Himmel?** – Das will ich jetzt von Ihnen wissen.« Sie führte weiter aus: »Sagen Sie jetzt aber bitte nichts von ›Halleluja-Singen‹ oder ›Gott loben‹. Eine Ewigkeit lang zu singen, kann ich mir überhaupt nicht vorstellen! Es ist auch nicht meine Sehnsucht, eine ganze Ewigkeit Gott zu loben. Dennoch: Die Ewigkeit ist unser Ziel im Leben, darauf muss ich mich doch freuen können!«

Ich versuchte in meiner Antwort, den Himmel als einen Ort der Freude und der Liebe zu beschreiben. Sie unterbrach mich aber sofort: »Das ist mir nicht konkret genug. Wie kann ich überhaupt Freude verspüren an einem Ort, an dem es nur Freude gibt? Freude kann man doch nur als solche empfinden, wenn man auch den Kontrast dazu, die Traurigkeit oder den Ärger, kennt.«

So hat diese Frau mich herausgefordert, intensiver auf die Frage einzugehen und anhand der Bibel sehr konkret zu antworten. Dieses Gespräch ist mir unvergesslich geblieben, denn es hat bei meinen Vorträgen eine deutliche Akzentverschiebung zur Thematik des Himmels bewirkt. Was wäre es für ein Segen, wenn viel mehr Menschen so konkret nach der Ewigkeit fragen würden!

Zum Schluss sagte sie: »Warum wird eigentlich so wenig über die Ewigkeit gepredigt und so wenig darüber geschrieben? Warum befassen sich die meisten Predigten nur mit diesseitigen Aspekten? Den Hörern wird ja das Beste vorenthalten.« Die junge Frau hat beides angesprochen, den Himmel und die Hölle. Über beide Themen hat Jesus eindrücklich und immer wieder gepredigt.

Der Dichter *Heinrich Heine* (1797–1856) spottete über den Himmel mit den Worten (in »Deutschland. Ein Wintermärchen«): »Den Himmel überlassen wir den Engeln und den Spatzen.«

Später bereute er, dass er solche Spottverse geschrieben hatte. Im Nachwort zu seiner Gedichtsammlung »Romanzero« (30. 9. 1851) schrieb er: »Wenn man auf dem Sterbebette liegt, wird man sehr empfindsam … und möchte Frieden machen mit Gott und der Welt. … Gedichte, die nur halbweg[s] Anzüglichkeiten gegen … Gott … enthielten, habe ich mit ängstlichstem Eifer den Flammen überliefert. Es ist besser, dass die Verse brennen als der Versifex [d. h. der Versemacher]. … Ja, ich bin zurückgekehrt zu Gott wie der verlorene Sohn, nachdem ich lange Zeit bei den Hegelianern die Schweine gehütet [habe].«[5]

Für viele unserer Zeitgenossen beschränkt sich das Wissen über den Himmel auf das, was der Volksmund formuliert hat. Aber ist das alles, was es über den Himmel zu sagen gibt? So wollen wir der Frage nachgehen:

Was wissen wir über den Himmel?
Bei näherem Hinsehen wird sich deutlich zeigen, dass die Sprichwörter und Wendungen hier viel zu kurz greifen. Gott hat uns sehr viel Konkretes über den Himmel offenbart. Die Bibel ist die einzige verbindliche Informationsquelle; alles sonst Gesagte über den Himmel ist rein spekulativ und lediglich von Menschen erdacht. Die Bibel spricht oft über dieses größte Ziel, das dem Menschen gegeben ist. So gilt es, allein das offenbarte Wort Gottes und das schlussfolgernde Denken anzuwenden, um die zahlreichen Aspekte des Himmels zu beleuchten. Zum Kontrast werden wir immer wieder auf markante irdische Bezüge zurückgreifen.

Gilt für irdische Belange, die uns offenbart sind, dass wir sie im Leben nachprüfen können, so bleibt zur Erfassung der himmlischen Dinge allein der Glaube. Darum sagte Jesus: »Glaubt ihr

---

5   Quelle: http://www.zeno.org/Literatur/M/Heine,+Heinrich/Gedichte/Romanzero/Nachwort+zum+%C2%BBRomanzero%C2%AB (abgerufen am 5. 12. 2013).

nicht, wenn ich euch von irdischen Dingen sage, wie werdet ihr glauben, wenn ich euch von himmlischen Dingen sage?« (Joh 3,12).

Geradezu unfassbar ist, dass dieser ewige und allmächtige Gott mit uns im Himmel Gemeinschaft haben möchte. Daher sendet er so lange seine Boten aus, um Menschen aus allen Völkern und Nationen einzuladen, bis die volle Zahl erreicht ist: »Und der Herr sprach zu dem Knecht: Geh hinaus auf die Landstraßen und an die Zäune und nötige sie hereinzukommen, dass mein Haus voll werde« (Lk 14,23).

Damit wir Menschen dieses größte und wichtigste Ziel nicht verpassen, liefert er uns eine eindeutige und für jeden verständliche Wegbeschreibung mit. Jesus sagt in Johannes 14,6: »Niemand kommt zum Vater denn durch mich.« Im Himmel hat sich auch dieses Wort erfüllt. Es werden dort nur solche Menschen anzutreffen sein, die sich durch den Herrn Jesus haben retten lassen (Joh 3,36; 1Jo 5,13).

In einer Auswahl von vier thematischen Betrachtungen wollen wir nun auf das Wesen des Himmels eingehen. Es ist jener Schatz, nach dem das menschliche Herz sich insgeheim sehnt. Nichts Irdisches ist jenem Schatz auch nur annähernd vergleichbar.

2.1 Der Himmel – ein Ort des Willkommenseins und des Genießens

In Offenbarung 2,17 steht ein bemerkenswerter Vers über den Himmel, obwohl das Wort selbst dort gar nicht vorkommt:

»Wer überwindet, dem will ich geben von dem verborgenen Manna und will ihm geben einen weißen Stein; und auf dem

Stein ist ein neuer Name geschrieben, den niemand kennt als der, der ihn empfängt.«

Hier werden drei Begriffe genannt, die zwar in der Antike bekannt waren, uns heute aber weithin nicht mehr geläufig sind:

– das verborgene Manna;
– der weiße Stein;
– der neue Name.

1. Das verborgene Manna: Bei dem *verborgenen Manna* handelt es sich um etwas Essbares. Dieser Begriff tauchte bereits während der 40-jährigen Wüstenwanderung des Volkes Israel auf, als Gott das Volk mit Manna versorgte (2Mo 16,35). Es war eine geheimnisvolle Speise, die es nur so lange gab, bis das Volk das verheißene Land erreicht hatte. Der obige Vers aus der Offenbarung gewährt uns einen Blick in den Himmel. Das verborgene Manna ist die Speise der Ewigkeit; es ist eine *himmlische Speise*, die mit keiner irdischen vergleichbar ist. Das zeigt uns: Im Himmel wird demzufolge auch gegessen. Es wird dort allerdings nichts von dem auf den Tisch kommen, was wir hier auf Erden kennen (Gänseschenkel mit Rotkohl, Eisbein mit Sauerkraut oder Schwarzwälder Kirschtorte). Vielmehr wird es eine für uns noch völlig unbekannte Speise mit einem Wohlgeschmack sein, den wir uns gar nicht vorstellen können.

Wem der Gedanke des Genießens von Essen und Trinken im Himmel neu ist, der sei auf zwei weitere diesbezügliche Aussagen Jesu verwiesen. In Matthäus 26,29 lehrt Jesus die Jünger während des letzten Mahls vor seinem Leiden und Sterben: »Ich sage euch: Ich werde von nun an nicht mehr von diesem Gewächs des Weinstocks trinken bis an den Tag, an dem ich *von Neuem* davon trinken werde mit euch in meines Vaters Reich.«

War der Wein auf der Hochzeit zu Kana schon überwältigend, so wird dieser himmlische Wein hinsichtlich der Qualität und Güte mit keinem noch so guten irdischen Jahrgang vergleichbar sein. Da im Himmel alles vollkommen ist, gilt auch für den himmlischen Wein: Er ist weitaus edler als der beste irdische Wein. Er kann reichlich genossen werden, ohne dass man davon betrunken wird oder einen Rausch bzw. einen schweren Kopf bekommt. In Lukas 12,37 ist von Jesus, dem himmlischen Gastgeber, die Rede: »Er wird sich schürzen und wird sie zu Tisch bitten und kommen und ihnen dienen.« Was hier steht, ist für uns geradezu unvorstellbar: Wir würden erwarten, dass der Herr aller Herren, der König aller Könige sich von seinem Volk bedienen lassen wird – so wie es die Mächtigen dieser Welt tun. Hier ist es gerade umgekehrt; Jesus selbst wird sich schürzen und himmlische Delikatessen und himmlischen Wein servieren.

An der himmlischen Festtafel gilt die Devise: »Genuss ohne Reue!« Von allem ist reichlich vorhanden. Niemand muss sich zurückhalten, denn hier ist keine Diät mehr angesagt. Niemand muss mehr Sorge haben, dass sich die Pfunde mehren, die die Figur beeinträchtigen. Niemand muss Rücksicht nehmen auf Bluthochdruck oder Cholesterin. Das alles gehört längst der Vergangenheit an, denn alles ist neu geworden. Nichts wird den Genuss schmälern, weil Gott will, dass die Freude an allem vollkommen ist. Bei alledem darf die himmlische Festtafel nicht mit dem dichterischen Schlaraffenland, jenem märchenhaften Land der Schlemmer und Faulenzer, verwechselt werden.

In Bezug auf **Augen** und **Ohren** heißt es in 1. Korinther 2,9: »Was kein Auge gesehen hat und kein Ohr gehört hat und in keines Menschen Herz gekommen ist, was Gott bereitet hat denen, die ihn lieben.« Im Himmel wird etwas an unser Ohr dringen, dem kein irdischer Vergleich standhält: Kein Chor dieser Welt, kein Musikstück, keine Sinfonie, keine Oper ist auch nur von annähernder Qualität. Dann gilt dasselbe auch für unseren **Geschmack**: Was nie eine Zunge oder ein Gaumen gekostet hat und kein Feinschmecker dieser Welt gegessen hat, das hat Gott für uns vorbereitet. Gott stillt allen erdenklichen Hunger. Auch der Hunger nach erfülltem Leben wird gestillt.

2. Der weiße Stein: Der *weiße Stein* oder das weiße Marmortäfelchen trat im Altertum mehrfach auf. Drei Anwendungen sind aus der Antike bekannt:

a) Gerichtsverhandlung: Nach einer Gerichtsverhandlung wurde dem Angeklagten ein Stein überreicht. War es ein schwarzer Stein, dann war es ein Schuldspruch; mit einem weißen Stein wurde der Freispruch ausgedrückt. In diesem Bild beschreibt der erhöhte und auferstandene Herr einen wesentlichen Aspekt des Himmels. Jesus hat für uns am Kreuz den weißen Stein erworben. Wer ihn annimmt, dem ist im Gericht Gottes Freispruch garantiert (Joh 5,24). Nie mehr werden wir wegen unserer Sünde angeklagt. Das gilt in alle Ewigkeit.

b) Ehrung bei Sportwettkämpfen: In der Antike wurden demjenigen Sportler höchste Ehren zuteil, der aus einem Wettkampf als Sieger hervorging. Für seine hervorragende Leistung erhielt er als Belohnung ein weißes Täfelchen. Dieses berechtigte ihn, sein Leben lang kostenlos alle öffentlichen Veranstaltungen wie Theateraufführungen oder Wettkämpfe zu besuchen. Mit diesem Bild drückt Jesus unseren freien Zugang zum Himmel aus.

Gastgebergeschenk: Der Gastgeber überreichte in der Antike einem Gast als Geste des besonderen Willkommens einen weißen Stein. Diese Sitte wird in der Offenbarung benutzt, um uns deutlich zu machen: Jesus heißt uns im Himmel in jeder Beziehung willkommen!

3. Im Himmel erhalten wir einen neuen Namen: Wir wollen noch auf einen speziellen Satz aus Offenbarung 2,17 näher eingehen, der eine große Bedeutung hat:

»Und auf dem Stein ist ein neuer Name geschrieben.«

Manchmal sind wir erstaunt, wenn jemand, den wir schon lange nicht mehr gesehen haben, uns wiedererkennt und uns mit unserem Namen anspricht. Wir fühlen uns dadurch geehrt, weil wir mit der Namensnennung etwas Persönliches und Individuelles verbinden. Es tut uns weiterhin gut, wenn jemand seine Wertschätzung uns gegenüber zum Ausdruck bringt.

Ist damit nicht etwas Allgemeines über uns Menschen ausgedrückt? Offenbar sind wir auf Ehrung und Anerkennung angelegt. Schauen wir uns die verschiedenen Strukturen unserer Gesellschaft (z. B. Vereine, Militär, Regierung) an, so gewinnt man schnell den Eindruck, dass der Hunger nach Ehre und Anerkennung in dieser Welt nie gestillt werden kann. Wir drücken das auf mancherlei Weise aus:

- durch Orden- und Ehrenzeichen in vielen Vereinen;

- durch Tapferkeitsauszeichnungen beim Militär, wie z. B. den Orden »Pour le Mérite« (franz. »Für das Verdienst« [Ritterkreuz für besondere Tapferkeit]);

- durch Auszeichnungen in der Wissenschaft und in der Literatur;

- durch diverse Titel und Würden.

Der Bedarf an Ehrung ist groß, darum gibt es Ernennungen zum:

– Ehrenbürger;
– Ehrendoktor;
– Ehrenpräsidenten;
– Ehrenvorsitzenden.

Menschen werden auf mancherlei Weise und auf den unterschiedlichsten Gebieten geehrt:

• *Sport:* Viele Sportler absolvieren ein jahrelanges hartes Training, um dann einmal bei der Olympiade wenige Minuten auf dem Siegertreppchen zu stehen und eine Medaille zu erhalten. Im Januar 2000 wurde in der Stadt Rotenburg an der Fulda von der »International Federation of Football History and Statistics«[6] der Welt-Fußballer des Jahrhunderts gewählt. Mit 1705 Punkten gewann der Brasilianer *Pelé* diese Auszeichnung.

• In der *Wissenschaft* ist es die höchste Auszeichnung einer Laufbahn, aus der Hand des schwedischen Königs den Nobelpreis entgegenzunehmen.

• Auch die *Schönheit* kann zur Ehre gereichen. Besonders schöne Frauen werden in diversen Wettbewerben zur Schönheitskönigin gekürt. Für ein Jahr lang sind sie dann *Miss Germany*, *Miss World* oder *Miss Universum* und bekommen eine entsprechende Schärpe umgelegt. Im Dezember 1999 wählte man in den USA *Lady Diana* (1961–1997), die Prinzessin von Wales, laut einer Zeitungsmeldung als die schönste Frau des

---

6   Svw. »Internationale Föderation für Fußball-Historie und -Statistik« (IFFHS).

Jahrhunderts. Nach ihrem tödlichen Unfall in Paris schrieb eine deutsche Zeitschrift:»Die Verehrung für die schöne Prinzessin, die sich nach Jahren des Unglücks, der Seitensprünge und der Bulimie aus dem Kerker der Windsors befreit hatte, war generations- und parteiübergreifend.«[7]

- In den verschiedenen Weinanbaugebieten Deutschlands wird jährlich eine *Weinkönigin* gekürt!

- Unter den wenigen Autotypen in der früheren DDR (d. h. der Deutschen Demokratischen Republik) war der Trabant am häufigsten anzutreffen – eine äußerst simple Konstruktion mit Kunststoff-Karosserie. Nach der Wiedervereinigung Deutschlands (1990) verschwand dieser Autotyp fast völlig aus dem Straßenbild. Dennoch gibt es aus nostalgischen Gründen noch eine stattliche Anzahl von Besitzern. Einmal im Jahr gibt es ein großes Treffen der »Trabi«[8]-Besitzer in Zwickau, also in jener Stadt, in der dieser Pkw-Typ zu sozialistischer Zeit gebaut wurde. Sie reisen dorthin mit ihren umgebauten und mit besonderem Zubehör ausgestatteten Trabis. Auch hier geht es wieder um Ehre. So wird alljährlich nicht die schönste Frau, sondern diejenige mit den besten Trabi-Kenntnissen als neue *Trabi-Queen* gekürt.

- Viele Herrscher ließen sich zu Lebzeiten von bekannten Malern porträtieren oder in besonderer Pose modellieren. Ihnen zu Ehren wurden riesige Denkmäler errichtet, die die Nachwelt an ihren Ruhm erinnern sollen.

---

7   Quelle: »Stern«, 11. September 1997. Das Zitat ist zu finden unter: http://princessdiana. npage.de/worte-ueber-diana.html (abgerufen am 19. 11. 2013).
8   Umgangssprachliche Bezeichnung dieses Autotyps (auch als »Trabbi« bekannt). Daneben existieren zahlreiche weitere Synonyme für jenen Pkw, der zu DDR-Zeiten das Straßenbild prägte.

Manchmal haben Leute schon in jungen Jahren den Drang, sich ein Denkmal zu setzen. *Leonardo DiCaprio* (geb. 1974), der Hauptdarsteller in dem 1997 von *James Cameron* produzierten Film »Titanic«, war gerade erst 24 Jahre alt (1999), als er eine Bronze-Statue in Auftrag gab, die sein Bildnis der Nachwelt erhalten soll.[9]

Die Menschen suchen Ruhm bei Menschen. Nach Römer 3,23 aber brauchen wir Ruhm bei Gott!

Schauen wir uns **in der Geschichte** um, dann stellen wir fest: Herrscher haben sich Namen zugelegt (oder sie wurden ihnen gegeben), die ihre Ehre noch vergrößern sollten:

Aus *Gaius Iulius Caesar Octavianus*[10] (63 v. Chr. – 14 n. Chr.) wurde der erste römische Kaiser mit dem neuen Ehrentitel *Augustus* [lat. *der Erhabene*].

Zusätze zum Namen wie **der Große, der Starke** usw. drücken eine besondere Verehrung und Anerkennung aus. So kennen wir aus der Geschichte

- den Kaiser des Frankenreiches, *Karl den Großen* (742 – 814);

- den Kaiser *Otto den Großen* (912 – 973);

- den preußischen König *Friedrich den Großen* (1712 – 1786).

---

9 Quelle: »Prisma« Nr. 42/1999, Wochenmagazin zur Zeitung mit Fernsehprogramm, 23.-29. 10. 1999.

10 Es ist zu beachten, dass der Geburtsname dieses späteren römischen Kaisers Gaius Octavius war, während er den im Haupttext angeführten Namen erst nach der testamentarischen Adoption durch Caesar trug.

- In der Stadt **Braunschweig,** in der ich seit 1971 wohne, lebte und regierte einmal der Herzog *Heinrich der Löwe* (um 1130 bis 1195). Der Löwe steht symbolhaft für Macht und Stärke. Warum nannte er sich nicht *Heinrich die Ameise?* Oder *Heinrich der Regenwurm?*

- In **Sachsen** regierte von 1694 bis 1733 Kurfürst *August der Starke.* Warum nannte er sich nicht *August die Mücke* oder *August der Sperling?*

- In Sachsen gab es einmal einen Herrscher mit einem sehr ungewöhnlichen Namen. Er hieß *Friedrich der Gebissene* und regierte als Markgraf von Meißen von 1291/1292 – 1323. Seine Mutter floh vor ihrem Mann, der ihr Leben bedrohte. Als Ausdruck des mütterlichen Abschiedsschmerzes biss sie ihren Sohn *Friedrich* in die Wange. Den Namenszusatz »der Gebissene« erhielt er durch den Volksmund.

Wie uns das Verhalten der Mächtigen in dieser Welt zeigt, ist der Hunger nach Ehre und Anerkennung durch nichts zu befriedigen. Wie viele Beispiele aus der Geschichte zeigen, werden bei diesem Streben Konkurrenten unterdrückt, beiseitegestellt oder gar beseitigt.

Wie wird es diesbezüglich im Himmel sein? Der **Name Jesu** wird alles überstrahlen. Weil Jesus der Abglanz der Herrlichkeit und das Ebenbild des Wesens Gottes ist und weil er die Reinigung von den Sünden vollbracht hat (Hebr 1,3), »hat ihn auch Gott erhöht und hat ihm den Namen gegeben, der über alle Namen ist« (Phil 2,9).

Wenn die Bibel von einem Namen spricht, dann dient er nicht nur dazu, einen bestimmten Menschen zu rufen oder zu bezeichnen. Es liegt eine tiefere Bedeutung dahinter, als wenn heutzutage Eltern ihr Kind Kevin, Peter, Anne oder Laura nennen. Im Blick auf die zu benennende Person setzt die Bibel bei einem Namen auch eine Bevollmächtigung voraus. Was lässt sich über den neuen Namen sagen?

a) Der Name wird neu sein: Für das Wort »neu« gibt es im Griechischen zwei verschiedene Ausdrücke: *neos* und *kainos*. *Neos* bezeichnet etwas, was lediglich in zeitlicher Hinsicht neu ist. Wenn zum Beispiel ein neues Exemplar (Auto, Stuhl, Tisch) eines bereits bekannten Gegenstandes hergestellt wird, dann wird dieses neu Erstellte mit dem Attribut *neos* verbunden. Das Wort *kainos* drückt hingegen nicht nur aus, dass etwas zeitlich neu ist, sondern verdeutlicht auch, dass es das Betreffende von der Art und Beschaffenheit her noch nie gegeben hat. Als *Konrad Zuse* 1938 den ersten Computer der Welt baute, hätte man im Griechischen diese Erfindung als *kainos* bezeichnet. Stellt hingegen eine Computerfirma heute Rechner her, dann fertigt sie etwas bereits Bekanntes neu an, und dann wäre *neos* die korrekte Bezeichnung.

In der Offenbarung taucht der Begriff *kainos* immer wieder auf: das *neue* Jerusalem (3,12), das *neue* Lied (5,9), der *neue* Himmel und die *neue* Erde (21,1). Auch bezüglich unseres *neuen Namens* in Offenbarung 2,17 steht *kainos*. In Offenbarung 3,12 spricht Jesus von einem neuen Namen, den auch er erhalten wird: »Ich will auf ihn schreiben den Namen meines Gottes ... und *meinen Namen, den neuen*« [kainos].

Mein Vorname *Werner* taucht im Braunschweiger Telefonbuch einige hundertmal auf. Tausende von anderen Personen an anderen Orten haben denselben Vornamen. Es ist nichts Originäres damit verbunden. Unser himmlischer Name hingegen wird »kainos« sein; nie hat irgendjemand diesen Namen gehabt, und nie wird er ein zweites Mal auftreten. Der neue Name im Himmel wird auch alle Sehnsucht nach Ehre und Anerkennung endgültig stillen. Wir werden uns darüber freuen, ohne dass sich dadurch irgendein anderer zurückgesetzt fühlt. Im Bild des weißen Steins mit dem neuen Namen bringt Jesus dies alles zum Ausdruck.

b) Der Name wird unser Wesen treffend erfassen: Wir kennen einige Menschen der Bibel, deren Namen geändert wurden, weil es entscheidende Veränderungen in ihrem Leben gegeben hat. Der neue Name war Ausdruck einer besonderen Verheißung oder einer besonderen Beziehung zu Gott.

Aus Abram wurde Abraham: *Abram* bedeutet *erhabener Vater.* Nach der Begegnung mit Gott in 1. Mose 17 bekam er einen neuen Namen: *Abraham,* und das bedeutet *Vater der Menge.* Daran sollte seine neue Stellung deutlich werden. Er wurde zum Glaubensvater schlechthin.

Aus Jakob wurde Israel: *Jakob* war der Fersenhalter, der Betrüger, der Überlister.
Am Jabbok hat Jakob mit Gott gerungen, und dadurch kam es zur entscheidenden Wende seines Lebens. Daraufhin gab Gott ihm den Namen *Israel,* das bedeutet *Gotteskämpfer, Gottesstreiter, er streitet für Gott.* Welch eine Wandlung!

Als Jesus den Bruder des Andreas zum Jünger beruft, benennt er ihn in Johannes 1,42 mit einem neuen Namen: »Als Jesus ihn sah, sprach er: Du bist Simon, der Sohn des Johannes; du sollst [von nun an] *Kephas* heißen, das heißt übersetzt: *Fels.*« (Kephas ist die aramäische Form des Namens *Petrus.*)

Wenn wir im Himmel einen *neuen* (griech. *kainos* [!]) Namen bekommen, dann beginnt damit eine absolut neue Phase des

Lebens, nämlich die des ewigen, unvergänglichen Lebens. Wir werden nicht nur umbenannt; vielmehr beginnt Gott dadurch eine neue Berufung und somit eine neue Geschichte mit uns. Ein neuer Status wird gesetzt. In Matthäus 25,21 nimmt Jesus Bezug auf diese neue Berufung, die nicht losgelöst von unserem irdischen Wirken gesehen werden darf: »Recht so, du tüchtiger und treuer Knecht, du bist über wenigem treu gewesen, ich will dich über viel setzen; geh hinein zu deines Herrn Freude!«

Wie in der Ewigkeit alles Weltliche zerbricht, werden auch alle irdischen Ehrentitel oder hohen Namenszusätze wie »der Große« oder »der Starke« verschwinden. Jünger Jesu werden durch den von ihm verliehenen Namen weit mehr geehrt, als alle irdischen Ehrentitel es je vermocht haben. Wenn Jesus uns diesen Namen gibt, dann ist unsere Person und Wesensart nicht treffender zu charakterisieren. Jesus wird damit seine Wertschätzung uns gegenüber zum Ausdruck bringen.

c) Der Name wird einmalig sein: Es wird ein einzigartiger Name sein, den es im ganzen Himmel nicht noch einmal gibt. Wenn es hier schon keine zwei völlig identischen Schneeflocken oder Eichenblätter gibt und wenn kein Stern dem anderen gleicht (1Kor 15,41), wie viel mehr gilt das für die Namen in der Ewigkeit! Gott liebt die Einmaligkeit. Auch wir sind von Gott einmalig und mit keinem verwechselbar geschaffen. Der neue Name wird unser Wesen treffend beschreiben.

d) Der Name wird ewig sein: In der Ewigkeit wird nichts mehr der Vergänglichkeit anheimfallen. Das gilt auch für den neuen Namen: »Einen ewigen Namen will ich ihnen geben, der nicht vergehen soll« (Jes 56,5).

2.2 Der Himmel – ein Ort bereichernder Kommunikation

Nach einer Umfrage zum Thema Kommunikation kam heraus: Im Mittel sieht ein Deutscher drei Stunden Fernsehen pro Tag, und im Durchschnitt ist ein Ehepaar täglich nur drei Minuten im Gespräch. Als ich mich neulich mit jemandem darüber unterhielt, sagte die Betreffende: »In unserer Ehe erreichen wir noch nicht einmal diesen Mittelwert.«

Anfang 2008 nutzten 1,23 Milliarden Menschen das Internet. Im Jahr 2012 belief sich das weltweite Datenaufkommen im öffentlich zugänglichen Internet auf über 27 Exabyte (1 Exabyte = 1 Milliarde Gigabyte = 10^{18} Byte). Zur Veranschaulichung eines Exabytes sei die Datenmenge aller Bücher, die jemals in jeder Sprache auf der Welt geschrieben wurden, herangezogen. Erst durch das 2500-Fache alles Gedruckten erreichen wir ein Exabyte. Hinzu kommt noch das mobile Datenaufkommen (Datenaustausch über Mobilfunknetze) von jährlich 13,2 Exabyte.

Was ist los in unserer Zeit und in unserer Gesellschaft? Wir sprechen vom Zeitalter der Kommunikation. Es gibt fortwährend eine Vielzahl technischer Neuerungen, Geräte und Methoden im Kommunikationsbereich, aber gleichzeitig beobachten wir: Das echte bereichernde Gespräch ist kläglich auf der Strecke geblieben.

Wir kennen viele Möglichkeiten der Informationsübertragung, wie zum Beispiel die Musik, die bildende Kunst oder die Pantomime, die alle durch ihre spezifische Art ihre Berechtigung und darum ihren Platz im Leben haben. Keine dieser Methoden aber vermag das zu leisten, was Sprache vermag. Mithilfe der Sprache können wir die feinsten Regungen unseres Herzens, die tiefsten Gefühle der Liebe, ja, jedes auch nur denkbare Empfinden bzw.

jede erdachte Idee oder Erkenntnis in allen Nuancierungen formulieren.

Doch nicht oft treffen wir in diesem Leben auf Menschen, mit denen ein bereichernder Gedankenaustausch möglich ist, wo es ein echtes Hinhören gibt und wo beidseitig ein Geben und Nehmen mithilfe der Sprache geschieht.

Wo das Gesagte stimulierend und bereichernd wirkt, da vergeht die Zeit im Fluge. Stundenlang kann man Gedanken austauschen, und am Ende fühlt sich jeder bereichert. Es gibt aber auch Unterhaltungen, bei denen man am Ende denkt: ›Schade um die verlorene Zeit!‹ Schon beim ersten Satz hakt unser Gegenüber ein, um Einspruch anzumelden. Man kommt gedanklich auf keinen grünen Zweig und wartet nur noch darauf, dass dieses Debattieren bald zu Ende ist. Andererseits gibt es erfreuliche Dialoge, bei denen die Zeit gut und nützlich eingesetzt war.

Die Gespräche, die Jesus mit solchen Menschen führte, die hinhören konnten, waren von einmaliger Art. Immer waren die Zuhörenden gleichsam am Puls der Ewigkeit. Das Gespräch Jesu mit der Frau am Jakobsbrunnen (Joh 4,1-26) ist ein markantes Beispiel dafür. In einer feinen Weise beginnt Jesus das Gespräch mit dieser Ausgestoßenen, die aufgrund ihres Status offensichtlich die Gemeinschaft mit anderen meidet und nur während der heißesten Zeit des Tages Wasser holt, mit einer Bitte: »Gib mir zu trinken!« (V. 7). Behutsam, aber zielorientiert führt er das Gespräch, um der Frau zu zeigen, wo sie selbst steht und wer der ist, der zu ihr spricht. Sie ist so ergriffen, dass sie ihren Krug mit Wasser stehen lässt und den Menschen ihres Ortes von der sonderbaren Begegnung mit dem Christus berichtet. Die Begebenheit findet ein segensreiches Ende darin, dass die Bewohner zu der Frau sagen: »Von nun an glauben wir nicht mehr um deiner

Rede willen; denn wir haben selber gehört und erkannt: Dieser ist wahrlich der Welt Heiland« (V. 42).

So wie viele andere Dinge ihre Vollendung erst im Himmel finden, so auch die Kommunikation. Im Himmel werden unsere Überlegungen mit den Gedanken Jesu völlig eins sein. Die direkte Kommunikation mit ihm wird ein wichtiges kreatives Element des Himmels sein. Dann werden alle irdisch aufgestauten Fragen beantwortet sein. Für die Jünger waren trotz dreijähriger praktischer und lehrmäßiger Zurüstung durch Jesus immer noch Fragen offengeblieben. Uns geht es auch nach reichlichem Bibelstudium nicht anders, und darum gilt auch uns die Antwort Jesu darauf: »An dem Tag [wenn der Glaube im Himmel zum Schauen gekommen ist] werdet ihr mich nichts [mehr] fragen« (Joh 16,23). Diese Aussage deutet darauf hin, dass jene Dinge, bezüglich derer uns zum Beispiel Gottes Handeln während unserer Erdenzeit unbegreiflich erschien, zuallererst bei der Ankunft im Himmel geklärt werden. Ist damit aller Dialog mit Gott und mit dem Herrn Jesus beendet, weil es nichts Neues mehr gibt? Keinesfalls! So wie wir hier uns lieb gewordene Menschen immer mehr kennenlernen wollen, werden wir dort darauf bedacht sein, den unausforschlichen Reichtum Gottes (Jes 40,28) und des Herrn Jesus (Kol 2,3; vgl. Eph 3,8) ergründen zu wollen. Da Gott selbst und ebenso sein Sohn die Quelle aller Weisheit repräsentieren und somit unendlich intelligent sind, wird eine Ewigkeit damit gefüllt sein, dass wir daran Anteil haben.

Die Sprache der Ewigkeit: Wir haben die großartigen Möglichkeiten der Sprache zur Kommunikation herausgestellt, dennoch sind uns auch die Begrenzungen der menschlichen Sprachen bekannt. Wir kennen unsere eigenen Grenzen: Wem ist es beim Lesen eines gut formulierten Buches oder Gedichtes nicht schon so ergangen, dass er dachte: ›Wenn ich mich doch auch so meisterhaft ausdrücken könnte! Wenn es mir doch auch gelänge, Gedanken und Gefühle (die mir zwar wichtig geworden sind, aber die ich nicht so treffend in Sprache fassen konnte) auf den Punkt zu bringen!‹ Aber auch die Sprachen an sich sind begrenzt: Manche besitzen grammatische Strukturen, die besser als andere auch kleine Nuancen genau wiedergeben können. Das Englische verfügt über ein detailliertes System zur präzisen Darstellung des zeitlichen Ablaufs von Vorgängen, das dem Chinesischen fremd ist. Das Griechische hat verschiedene Begriffe für »Leben« und »Liebe«, die eine wesentlich deutlichere Unterscheidung erlauben, als es im Deutschen möglich ist. Unabhängig von der jeweils verwendeten menschlichen Sprache müssen dennoch auch noch so gut formulierte Gebete durch den Heiligen Geist in göttliche Sprache umgewandelt werden: »Denn wir wissen nicht, was wir beten sollen, wie sich's gebührt; sondern der Geist selbst vertritt uns mit unaussprechlichem Seufzen. Der aber die Herzen erforscht, der weiß, worauf der Sinn des Geistes gerichtet ist; denn er vertritt die Heiligen, wie es Gott gefällt« (Röm 8,26-27). Daraus können wir schließen: Es gibt im Himmel eine himmlische Sprache, die erhabener ist als alle unsere Sprachen und diese in qualitativer Weise bei Weitem übertrifft. Alle unsere Sprachen sowie ihre Begrenzungen und Unzulänglichkeiten sind eine Folge des Gerichtes von Babel, die himmlische Sprache hingegen ist nicht durch den Sündenfall beeinträchtigt. Sie muss unvorstellbar schön, klangvoll und überaus nuancenreich in allen möglichen Ausdrucksweisen sein – eben himmlisch! »Was ... kein Ohr gehört hat und in keines Menschen Herz gekommen ist« (1Kor 2,9), ist auch eine treffende Beschreibung der sprachlichen Kommunikation im Himmel.

2.3 Der Himmel – ein Ort erfüllter Träume

1. Schlafträume: Nacht für Nacht träumen wir mehr als zwei Stunden. Offenbar verarbeiten wir im Traum, was wir im Wachzustand erlebt haben. Etwa dreißig Prozent der Menschen behaupten von sich, dass sie nie oder ganz selten träumen. Versuchsreihen haben jedoch gezeigt, dass jeder träumt. Überraschenderweise träumen alle Menschen gleich viel. Der Unterschied liegt nur im Erinnerungsvermögen. Solange wir wach sind, dient uns der Begriff des Traums als Synonym für unsere Wunschvorstellungen, die wir mehr oder weniger leicht konkretisieren können. Beim Traum des Schlafes hingegen handelt es sich meistens um diffuse Inhalte mit bizarren Bildern. So hat sich auch ein Wissenschaftszweig dieses menschlichen Problems angenommen. Die Forscher sind davon überzeugt, dass die Träume wichtige Spuren zur Orientierung im inneren Dschungel der Sehnsüchte und Ängste sind. *Sigmund Freud* (1856–1939), der Begründer der Psychoanalyse, war sogar davon überzeugt, dass die Traumdeutung der maßgebende Schlüssel zum Unbewussten sei. *Freud* ging so weit, dass er jeden Trauminhalt auf Störungen in der Sexualität und auf Hemmungen oder unbefriedigte Gelüste hin deutete. Selbst die Schüler *Freuds* widersprechen heute ihrem Lehrmeister. Seine einseitigen Deutungen gelten in der Wissenschaft heute als überholt, und die Traumforscher der Gegenwart versuchen, den Ursprung der Traumbilder vorsichtiger und differenzierter zu ergründen.

Unterscheidet man die Träume nach sinnlichen Wahrnehmungen, dann werden die weitaus meisten visuell wahrgenommen (56 Prozent), bei einem Viertel gibt es auch etwas zu hören (24,4 Prozent), bei einem Fünftel etwas zu fühlen (Körper-Empfindungen [19,1 Prozent]) und nur recht selten etwas zu riechen oder zu schmecken (0,5 Prozent). Frauen träumen häufiger von Männern (67 Prozent) als Männer von Frauen (48 Prozent).

Dem Frankfurter Traumforscher *Wolfgang Leuschner* können wir zustimmen, wenn er die Auffassung vertritt, dass ein Traum nicht das Wachleben fortführt: »Der Traum mischt die emotional bedeutsamen Erlebnisse des Tages, assoziiert sie mit gespeicherten Erinnerungen, entstellt sie, setzt sie neu zusammen und übersetzt sie in Bilder.«[11]

Suchen wir eine treffsichere Beurteilung der Träume, dann müssen wir in die Bibel schauen. Nur hin und wieder redet Gott durch Träume zu Menschen (z. B. zu Joseph, dem Pflegevater Jesu [Mt 1,19-25], und zu Salomo [1Kö 3,5-15]). Träume dieser Art sind eindeutig als solche erkennbar. Gott spricht dann sehr konkret, und schon bald stellt sich die Weisung als Hilfe in einer besonderen Lebenssituation heraus. Solches Reden Gottes bleibt jedoch nach aller Erfahrung und aufgrund der biblischen Aussagen Ausnahmesituationen vorbehalten.

Die allermeisten Träume sind flüchtig und nichtssagend, so wie es auch in Hiob 20,8-9 zum Ausdruck kommt: »Wie ein Traum wird er [der Gottlose] verfliegen und nicht mehr zu finden sein und wie ein Nachtgesicht verschwinden. Das Auge, das ihn gesehen hat, wird ihn nicht mehr sehen, und seine Stätte wird ihn nicht mehr schauen.« Auch im Buch Sirach 34,1-7 ist von Träumen die Rede. Bei diesem Buch handelt es sich um eine der apokryphen Schriften, von denen *Luther* sagt, sie seien »der Heiligen Schrift nicht gleich gehalten, und doch nützlich und gut zu lesen«. Dort finden wir eine hilfreiche Erklärung:

»Leere, trügerische Hoffnungen sind etwas für Leute ohne Verstand und nur Uneinsichtige lassen sich von Träumen in Unruhe versetzen. Wer auf Träume achtet, ist wie jemand,

---

11 Quelle: http://www.focus.de/wissen/natur/traeume-kino-im-hirn_aid_168863.html (abgerufen am 20. 11. 2013).

der Schatten fangen will oder dem Wind nachjagt. Was du im Traum siehst, ist nur eine Spiegelung, so unwirklich wie das Spiegelbild eines Gesichtes, verglichen mit dem Gesicht selbst. ... Darum schenke einem Traum keine Beachtung, es sei denn, Gott, der Höchste, hätte ihn dir zur Warnung geschickt. Träume haben schon viele in die Irre geführt; sie haben sich Hoffnungen gemacht und sind enttäuscht worden.«[12]

2. Werbung: Es fällt auf, dass Werbung und Marketing mit einem Begriff besonders häufig arbeiten: Es ist der Wortstamm »Traum«. Hiermit wird zweierlei zum Ausdruck gebracht: »Wir haben es nicht, aber wir wünschen es uns sehnlichst.« Da setzt dann die Werbung an, um mit dem angepriesenen Produkt einen bereits vorhandenen oder einen erst durch die Reklame geweckten Wunsch zu erfüllen.

Ein **Reiseunternehmen** bietet eine Traumreise an, die natürlich zu einem Traumort in einem Traumhotel führt. Außerdem hat dieses angebotene Quartier eine Traumlage auf einer Trauminsel. Auch das Traumwetter wird garantiert. So verspricht die Werbung, dass der Aufenthalt zu einem Traumurlaub wird. (Zu diesem beschriebenen Traumort muss man fliegen. Eine Traumschiffsreise entspräche ja einer Kreuzfahrt, da braucht man kein Traumhotel.)

3. Junge Leute träumen von dem Traummann oder der Traumfrau. Natürlich muss die Traumfrau traumhaft gut aussehen, und ihr Körper mit der Traumfigur muss die idealen Traummaße aufweisen. Wenn derartige Traumleute heiraten, dann muss das ja

---

12 Das hier wiedergegebene Zitat aus diesem apokryphen Buch entspricht der Version der »Guten Nachricht«. Obwohl nicht Teil der Heiligen Schrift, ist es zu finden unter: http://www.bibleserver.com/text/GNB/Jesus%20Sirach34 (abgerufen am 20.11.2013).

ein Traumpaar sein! Gefeiert wird dann die Traumhochzeit am Ort der Träume, bei der die Braut ein traumhaftes Hochzeitskleid trägt und mit einer Traumfrisur aufwartet. Und wo liegt dieser Traumort? – Natürlich in einem Traumland! Am besten gelangt man dorthin mit einem Traumauto. Später träumt man vom Traumhaus – also von einer unerschwinglichen Traumvilla, die unbedingt eine einmalige Traumlage haben muss. Natürlich sind bei derlei traumhaften Vorstellungen auch die Preise traumhaft hoch. Bezahlen kann das allerdings nur jemand, der nicht nur einen Traumberuf, sondern bereits eine Traumkarriere hinter sich hat. In Deutschland haben wir eine Scheidungsrate von 44 Prozent. Hoffentlich gilt nach einiger Zeit des Verheiratetseins dann nicht der Satz: »Aus der Traum!«

4. Manche Menschen mit einem **traumhaften Aussehen** würden gerne als Schauspieler/in in einem Traumfilm mitwirken. Welches wäre wohl der geeignete Ort? Natürlich in der **Traumfabrik Hollywood**, wo man gleich die Traumrolle bekommt. Dort werden jene Filme produziert, die den Zuschauern später eine Traumwelt vorgaukeln, obwohl es sie in Wirklichkeit gar nicht gibt. Im Kino wollen die Zuschauer dann dem Leben entfliehen und eine Traumgeschichte der Liebe vorgeführt bekommen, die sie den Alltag vergessen lässt. Die raffiniertesten filmtechnischen Illusionen werden eingesetzt (zum Beispiel 3-D, Actionfilme), damit der Traum wenigstens auf der Leinwand gelingt. So taucht man wenigstens für ein paar Stunden in eine Traumwelt hinein.

Ob diejenigen, die solche Träume umzusetzen versuchen, dann wirklich glücklich werden, muss sehr infrage gestellt werden. Die Schauspielerin *Romy Schneider* (1938–1982) ist da kein Einzelfall. Sie wurde zunächst durch ihre drei Sissi-Filme bekannt und damit zum Liebling des deutschen Kinopublikums der 1950er-

und 1960er-Jahre. Das Filmen war ihr Lebenstraum, und so äußerte sie sich denn auch: »Ich kann nichts im Leben, aber alles auf der Leinwand. ... Ich möchte in jedem Film eine andere sein. Eine andere Frau in einer anderen Welt; das ist meine Devise.« Sie schrieb in einem Brief: »Ich verschwende mich. ... Ich verleihe mich zum Träumen. ... Wenn ich an meine innere Berufung denke, fürchte ich mich nicht mehr vor dem Leben.« Aber gerade dieses Leben bekam sie nicht in den Griff. Zweimal war sie verheiratet, aber das Glück fand sie nicht. 1982 starb sie unter ungeklärten Umständen in Paris, noch nicht einmal 44 Jahre alt.

5. Andere hegen den »**Traum vom Fernsehen**«. Es wäre für *sie* ein traumhafter Sprung, wenn sie als gefragte Moderatorin regelmäßig vor einem Millionenpublikum auftreten könnte und die Zeitungen regelmäßig über sie schreiben würden. Das Gleiche gilt für *ihn*, wenn es ihm gelänge, ein beliebter Conférencier zu werden.

6. Sportler trainieren mit viel Einsatz, um in einem Traumfinale mit einem Traumergebnis den Sieg davonzutragen. Schön wäre es, wenn die begehrte Traumtrophäe bei traumhaftem Wetter und in Gegenwart des Traumpublikums errungen werden kann. *Peter Graf* hatte das Talent seiner Tochter *Steffi* (geb. 1969) früh erkannt; so drillte er sie vom dritten Lebensjahr an. Sie erlebte eine Traumkarriere und wurde die bisher weltbeste Tennisspielerin. 1988 gelang es ihr, als dritte Spielerin der Tennisgeschichte den *Golden Slam* innerhalb eines Jahres zu gewinnen, d.h. neben einem Olympiasieg (in Seoul) bei den vier bedeutendsten Turnieren der Welt (Wimbledon, French Open, US Open und Australian Open) Erste zu sein. *Steffi Graf* hielt die erste Weltranglistenposition 377 Wochen lang, davon vom 17. August 1987 bis zum 10. März 1991 186 Wochen in Folge. Ihre erfolgreiche Karriere als Tennisspielerin ist sehr beeindruckend.

7. Wer sein Leben auskosten will, träumt von immer neuen Höhepunkten. Viele meinen, dies wäre in **Paris** möglich. Darum nannte man diese Stadt auch die »Stadt der 1000 Träume«. Wir haben aber auch von den Unruhen in den Banlieues mit Autoverbrennungen und anderen schlimmen Dingen gehört. Für so manche wurde der Traum vom Leben in der traumhaften Stadt zum Albtraum.

8. Menschheitsträume: Über viele Jahrhunderte hinweg beobachteten die Menschen den Flug der Vögel und hegten den Traum vom Fliegen. Erst im vergangenen Jahrhundert gelang die Erfüllung dieses Menschheitstraumes. Inzwischen hat sich das Fliegen so rasant weiterentwickelt, dass täglich alle Flugzeuge weltweit die Entfernung Erde–Mond (ca. 384000 km) 80-mal überbrücken.

Ein anderer Menschheitstraum ist der von der **ewigen Jugend und Schönheit**. Das Thema taucht schon in der griechischen Sagenwelt auf und begegnet uns auch heute auf Schritt und Tritt in der Werbung. Auf der Titelseite eines Buchprospektes heißt es: »Wie neugeboren in das Jahr 2000«. Ein Werbetext greift die tiefen Sehnsüchte vieler Menschen auf: »Schlanke Figur, tolle Ausstrahlung, leicht und unbeschwert, sich wie neugeboren fühlen; wer möchte das nicht? … Essen Sie sich schlank und schön. … Sie bekommen eine schöne Haut und tanken neue Energie.«

In dieser Welt hat nichts Bestand. So können auch Jugend und Schönheit nicht festgehalten werden. Erst im Himmel werden wir dem Herrn Jesus gleich sein (1Jo 3,2), und damit auch schön und unvergänglich. Der Himmel ist ein Ort unvergänglicher Schönheit. Alle, die dort angekommen sind, werden nicht nur bleibend schön, sondern so wie ihr Herr auch herrlich sein: »Und ich habe ihnen die Herrlichkeit gegeben, die du mir gegeben hast« (Joh 17,22). *Herrlich* ist gegenüber *schön* ein Zustand, der noch weit darüber hinausgeht. Der irdische Traum des »Ewig-jung-Seins« greift somit viel zu kurz, wenn wir den Vergleich zum Himmel ziehen.

9. Traumzeit: Die Ureinwohner Australiens, die Aborigines, haben ein komplexes Weltbild mit vielen Schöpfungsmythen, die von der »Traumzeit« erzählen. Hinsichtlich jener Zeit spielen mythische Vorfahren eine zentrale Rolle, die einst auf »Traumpfaden« den australischen Kontinent durchzogen. Nach dem Glauben der Aborigines hat jeder Ureinwohner einen *dreamtime spirit*, einen »Geist der Traumzeit«, mit dem er verbunden ist.

10. Der politische Traum: Von dem amerikanischen Politiker und Baptistenpastor *Martin Luther King* (1929–1968) stammt der in aller Welt bekannte Satz »I have a dream«. In seiner bewegenden Rede vom 28. August 1963 sprach er in Washington vor 250 000 Zuhörern und trug dort seinen »Traum von der Gleichberechtigung« vor:

»Ich habe einen Traum,
dass eines Tages jedes Tal erhöht
und jeder Hügel und Berg erniedrigt wird.
Die rauen Orte werden geglättet,
und die unebenen Orte werden begradigt.
Und die Herrlichkeit des Herrn wird offenbar werden,
und alles Fleisch wird es sehen.

Das ist unsere Hoffnung.
Mit diesem Glauben werde ich fähig sein,
aus dem Berg der Verzweiflung
einen Stein der Hoffnung zu schlagen.

Mit diesem Glauben werden wir fähig sein,
die schrillen Missklänge in unserer Nation
in eine wunderbare Symphonie
der Brüderlichkeit zu verwandeln.

Mit diesem Glauben werden wir fähig sein,
zusammen zu arbeiten, zusammen zu beten,
zusammen zu kämpfen, zusammen ins Gefängnis zu gehen,
zusammen für die Freiheit aufzustehen,
in dem Wissen, dass wir eines Tages frei sein werden.«[13]

Wir wissen alle aus Erfahrung, dass sich nicht viele der ersehnten Träume erfüllen lassen. Nur einige wenige sind mit Geld realisierbar (z. B. Reisen, Gegenstände). Manch einer zielt jahrelang mit großem Einsatz auf einen ganz besonderen individuellen Wunsch hin und erfüllt sich damit einen lang gehegten oder gar einen Lebenstraum. So hat *Martin Luther* (1483–1546) dahin gehend recht, dass er feststellt: »Dieses ganze Leben, darin wir leben, ist nur ein eitel Traum.« In den meisten Fällen sind die idealisierten Vorstellungen zu unrealistisch und zu hoch geschraubt, sodass die ersehnten Träume aufgrund unserer eingeschränkten Möglichkeiten gar nicht zu verwirklichen sind.

Haben wir nicht alle irgendwelche Träume? Was würden wir in eine Liste eintragen? Viele träumen vom großen Glück. Inzwischen hat sich sogar die Wissenschaft der Erforschung des Glücks angenommen.

---

13 »Reden, die die Welt bewegten«, Stuttgart: Mundus Verlag, 10. aktualisierte Auflage 1989, S. 591.

Träume in der jenseitigen Welt: Nach all den Überlegungen über das Träumen kam mir der Gedanke: *Wird im Himmel wohl auch noch geträumt?* Ich kam zu der Erkenntnis:

Im Himmel wird nicht mehr geträumt!

Ich möchte es keineswegs ausschließen, dass wir auch im Himmel mancherlei Vorstellungen und Wünsche entwickeln, aber sie sind alle erreichbar. Es ist alles erfüllbar. So können wir formulieren:

Der Himmel ist der einzige Ort ohne Träume!

Für unsere Welt gilt:»Ein jegliches hat seine Zeit« (Pred 3,1), aber nicht:»Es gibt alles zu jeder Zeit.« Auch die schönsten Dinge haben nur ihre Zeit, die ihnen zugemessen ist. Nichts hat Bestand, alles fällt dem Zeitlichen anheim; hier zerbricht alles an der Vergänglichkeit. Der Wunsch in einer schönen Augenblickssituation (»so müsste es immer bleiben«) ist nur ein Traum in dieser Welt. Im Himmel werden wir so Schönes erleben, dass auch dort sofort der Wunsch entsteht:»Das müsste immer so bleiben!« Aber dort ist es kein Wunschtraum – es ist Wirklichkeit geworden. Nichts ist mehr der Vergänglichkeit unterworfen. Auch alle unsere irdische Hoffnung im Glauben ist Wirklichkeit geworden. Der Glaube ist zum Schauen gekommen (2Kor 5,7).

Ganz anders ist das in der **Hölle.** Dieser schreckliche Ort ist ein Ort nie endender Träume. Ständig brechen neue Träume und Wünsche und Sehnsüchte auf, aber nichts wird davon erfüllt. Ein Glas Wasser wird dort zum ewigen Traum (vgl. Lk 16,24), der in Ewigkeit nicht in Erfüllung geht. Es bleibt bei der bohrenden Sehnsucht und dem stetigen unerfüllten Verlangen.

2.4 Der Himmel – ein Ort des Wiedersehens

Eine Frage wird mir besonders häufig gestellt: Werden wir uns im Himmel wiedersehen und wiedererkennen? Werden gute persönliche Beziehungen, die wir auf der Erde zu gläubigen Menschen hatten, im Himmel aufgelöst oder fortgesetzt?

Auf dieser Treppe begegneten mein Vater und ich uns 1947, als er aus französischer Kriegsgefangenschaft zurückkehrte. Dieses Bild entstand im Sommer 2012.

Ein unvergessliches Erlebnis bleibt für mich, als mein Vater 1947 aus französischer Gefangenschaft entlassen wurde und mich dann von meiner Tante *Lina* in Wyk auf der Insel Föhr abholte. Nach der Vertreibung aus Ostpreußen galt ich als Vollwaise (Näheres dazu in meinem Buch »Wunder und Wunderbares«, S. 70-73). Deshalb war ich überglücklich über die Nachricht, dass mein Vater lebte. Unsere erste Begegnung auf der Treppe, die im Haus in der Osterstraße (Südstrand von Wyk) zur zweiten Etage führte, war eine Begegnung besonderer Art. Als damals Zehnjähriger lief ich gerade »zufällig« nach oben, da sprach mich mein Vater an, ohne mich jedoch zu erkennen: »Sag mal, wohnt hier die Frau *Riek*?« Ich hatte meinen Vater nach mehreren Jahren, in denen ich ihn nicht gesehen hatte, sofort wiedererkannt, ging aber nicht auf seine Frage ein, sondern fragte ihn auf ostpreußisch Platt: »Papa, kennst mi nich?« Welch eine unbeschreibliche Freude, nach so langer Trennung von einem liebenden Vater umarmt zu werden!

Nach etlichen Jahren der Abwesenheit hatte ich meinen Vater doch sofort wiedererkannt. Wenn das schon hier auf Erden gilt, wie viel mehr im Himmel, wo das Wort aus 1. Korinther 13,10 gilt: »Wenn aber kommen wird das Vollkommene, so wird das Stückwerk aufhören.« In Philipper 3,20 wird uns der Himmel als Heimat beschrieben, wo wir ewiges Bürgerrecht haben. Es ist unser Zuhause, wo uns nichts fremdartig erscheinen wird. Auch aus diesem Grund werden wir uns im Himmel gewiss wiedererkennen. Als Jesus die drei Jünger Petrus, Jakobus und Johannes auf den Berg der Verklärung führte, sahen sie dort Mose und Elia. Die Jünger erkannten Mose und Elia sofort, obwohl sie diese nie zuvor gesehen hatten. Daraus können wir schließen: Im Himmel werden wir sogar jene Menschen erkennen, die wir auf Erden nie gesehen haben. So werde ich sogar meinen Bruder *Dieter* erkennen, der ein Jahr vor mir geboren wurde, aber bereits sechs Wochen später starb.

Es ist Gottes Wille, dass wir nicht als isolierte Einzelgänger durch dieses Leben gehen. Gott hatte gleich nach der Erschaffung Adams gesagt: »Es ist nicht gut, dass der Mensch allein sei« (1Mo 2,18). Gott schuf den Menschen so, dass er neben sich andere Menschen braucht und diese auch in seiner Nähe haben möchte. Damit ist zunächst der Ehepartner gemeint, aber auch gute Freunde sind eine Gabe Gottes. Paulus schreibt seinen Freunden in Thessalonich: »Wir hatten euch lieb gewonnen« (1Thes 2,8). Dann ergänzt er: »Mit dem Herzen waren wir immer bei euch«[14] (V. 17). Es ist bewegend zu lesen, mit welcher »Herzenslust« er sie wiedersehen möchte. Er geht noch weiter und sagt, ihr seid »unsre Hoffnung oder Freude oder unser Ruhmeskranz«, wenn der Herr wiederkommt (1Thes 2,19-20). Wir dürfen uns also über eine tiefe Liebe zu anderen Menschen und auch darüber freuen, dass wir mit ihnen dann einmal im Himmel sein werden. Die Freude, die wir über Freunde empfinden, tritt nicht in Konkurrenz zu der Freude an Gott.

Obwohl Gott allen Schmerz und alle Tränen, die mit dieser Welt verbunden sind, abwischt, wird er die liebevollen Erfahrungen im Umgang mit Menschen und die Erinnerungen daran, wie Christus durch Menschen in unser Leben eingegriffen hat, nicht aus unserem Gedächtnis löschen. Unser Glücklichsein im Himmel hängt nicht davon ab, dass alles, was auf der Erde geschah, in Vergessenheit gerät. In diesem Zusammenhang ist es bemerkenswert, dass das griechische Wort für Wahrheit *(aletheia)* mit der Verneinungsform des Verbs von »vergessen« gebildet wird. Die Wahrheit zu wissen, bedeutet demzufolge, *aufhören zu vergessen*. Die neutestamentliche Auffassung von Wahrheit gründet sich somit nicht auf Vergessen, sondern auf Erinnerung. In der Wahrheit zu leben, bedeutet für uns, Gottes Handeln in den vielfältigsten Ereignissen unseres Erdenlebens am Werk zu sehen.

Wenn bei der Beschreibung des himmlischen Jerusalem die Namen der zwölf Stämme Israels und diejenigen der zwölf Apostel erwähnt werden (Offb 21,12-14), dann soll diese Tatsache für alle Ewigkeit festhalten, dass Gottes Handeln in den unterschiedlichen Heilszeitaltern der Menschheitsgeschichte in Beziehung zum Himmel steht. Dann bedeutet das doch auch,

---

14 Dieser Wortlaut des zitierten Verses ist zu finden unter:
   http://www.die-bibel.de/online-bibeln/neues-leben/bibeltext/bibel/text/lesen/
   stelle/62/20019/ (abgerufen am 20.11.2013).

Gottes Führungen in unserer Lebensgeschichte werden keineswegs ausgelöscht, sondern wir werden sie in einem neuen Licht sehen und den Sinn von Detail-Ereignissen verstehen lernen.

In unserem Leben haben wir viele Begegnungen erlebt. Viele davon waren unbedeutend, und wir haben sie schon zu Lebzeiten sehr bald wieder vergessen. Zu den besonderen Führungen unseres Lebens gehören jedoch Begegnungen mit Menschen, die uns zum Segen wurden, und ebenso solche, mit denen wir gemeinsam Segensträger für andere wurden. Werden solche besonderen Freundschaften und persönlichen Bindungen, die auf der Erde durch Gottes Fügung zustande kamen, im Himmel aufgelöst sein? Keineswegs – sie werden noch besonders vertieft! Gibt es demnach unterschiedliche Grade von Beziehungen? Auch das können wir anhand der Beziehungen lernen, wie sie Jesus hatte. Jesus liebte einen jeden Menschen – sogar den reichen jungen Mann, der ihm die Nachfolge verweigerte und einzig im irdischen Reichtum sein Glück suchte (Mk 10,21-22). Wir leben in einer Kultur, in der ein Kult um die Gleichheit getrieben wird. Bei Jesus aber gibt es keine Gleichmacherei, und so liebte er die Menschen auch graduell unterschiedlich. Johannes stand ihm näher als jeder andere Jünger, und so lesen wir über ihn: »Es war aber einer unter seinen Jüngern, den Jesus lieb hatte« (Joh 13,23). Petrus, Jakobus und Johannes standen ihm näher als der Rest der zwölf Jünger, und die zwölf Jünger hatten eine innigere Beziehung zu ihm als die Siebzig. Die siebzig Jünger wiederum standen ihm näher als andere Nachfolger. Dadurch, dass Christus einigen Menschen näherstand als anderen, gab er uns auch ein Verhaltensmuster für die Ewigkeit.

Da der Himmel ohne Sünde ist, gibt es auch keine Eifersucht und keinen Neid über Freunde, die sich besonders nahe sind. Im Himmel werden wir noch viel engere Beziehungen zu einigen

Menschen haben, die wir bereits von der Erde her kannten. Dort wird jede Äußerung der Liebe aus tiefstem Herzen kommen, und alles, was man sagt, wird entsprechend aufrichtig empfunden. Hier kommt das Wort aus 1. Korinther 13,8 zum Tragen: »Die Liebe hört niemals auf.« Begegnungen mit manchen Menschen waren aufgrund der Randbedingungen in dieser Welt oft viel zu kurz. So musste hier manches Gespräch beendet werden – in der Ewigkeit darf es intensiviert fortgesetzt werden. Im Himmel werden wir eine vertiefte Freude an der Vertrautheit alter Beziehungen erleben. In Johannes 15,15 definiert Jesus uns als seine Freunde. Es ist sein ausdrücklicher Wunsch an uns: »Das gebiete ich euch, dass ihr euch untereinander liebt« (Joh 15,17). Wenn dieser Satz für die Erde gilt, wie viel mehr dann auch für den Himmel!

Nun kommen wir noch zu einer häufig gestellten Frage: Können wir im Himmel ungetrübte Freude erleben in dem Wissen, Menschen, die wir auf der Erde geliebt haben, sind in der Hölle?

Diese recht schwierige Frage habe ich versucht, mir anhand folgender Situation gleichnishaft zu erklären: Würden wir an einem sonnenerhellten Tag in einen tiefen Brunnenschacht steigen und dann nach oben blicken, so würden wir die Sterne am Himmel leuchten sehen. Steigen wir dann aus dem Brunnenschacht heraus, sehen wir keinen der Sterne mehr, die wir zuvor so deutlich erkennen konnten. Woran liegt das? Die Sterne sind zwar noch alle da, aber das helle Licht der Sonne überstrahlt das Himmelsgewölbe derart, dass kein Stern mit seiner schwachen Helligkeit dagegen konkurrieren kann. So stelle ich es mir im Himmel vor. Die Herrlichkeit Gottes wird jeden Gedanken an einen verlorenen Menschen so stark überstrahlen, dass niemand mehr daran denken wird.

TEIL III

3. Selbst erlebte Geschichten, moderne Gleichnisse, lehrhafte Beispiele

Einleitung

In diesem dritten Teil des Buches berichte ich von Begegnungen und Bekehrungen, die ich weltweit erlebt habe und die mir wie ein Wunder vorkommen. Die meisten Berichte drehen sich um die zentrale Frage, die uns bisher beschäftigt hat, aber auch moderne Gleichnisse und lehrhafte Erzählungen sollen angeführt werden, die uns manche Aussagen der Bibel leichter verständlich machen. Es ist für mich etwas Besonderes, dass ich in den vergangenen Jahren so oft erleben durfte, wie Gott aus den unterschiedlichsten Lebenssituationen Menschen für die Ewigkeit rettete, indem er sie den himmlischen Schatz finden ließ.

Mit den zahlreichen Beispielen möchte ich einen Bezug zu vielleicht ähnlichen Situationen Ihres Lebens herstellen. Das Wirken Gottes ist jederzeit aktuell! Die meisten der nachfolgend geschilderten eigenen Erlebnisse zeigen, durch welche Umstände Menschen zum Glauben an Jesus kommen. Daran will ich Sie gerne teilhaben lassen. Es bleibt jedoch nicht aus, dass die biblische Botschaft hier und da auf Ablehnung stößt. Auch solche Beispiele klammere ich nicht aus.

Bei meinen Vorträgen verwende ich aus dem so entstandenen Fundus immer wieder auch Erlebtes und Erfahrenes, um damit das aktuelle Wirken Gottes in heutiger Zeit zu demonstrieren. *Christian Brandt,* Inhaber eines christlichen Mediendienstes[15], reist

---

15 Näheres unter http://www.christlicheraudiodienst.de (abgerufen am 21..11.2013).

oft mit mir zu den verschiedenen Einsatzorten und nimmt die Vorträge live auf, die unmittelbar nach der Veranstaltung als CD erhältlich sind. So gelangt die biblische Botschaft, die durch heute Erlebtes aktualisiert und lebendig wird, auch an Orte, in die ich selbst nie komme. Nicht selten sind CDs der Auslöser dafür, dass auch andernorts Menschen zum lebendigen Glauben kommen.

So kam nach einer Veranstaltung ein Mann auf mich zu und wollte mir seine Bekehrungsgeschichte erzählen. Jemand hatte ihm eine meiner CDs geschenkt, die er bei einer längeren Autofahrt anhörte. Er bezeugte mir:»Am Ende des Vortrags sagten Sie, wer heute Christus annehmen möchte, solle dies doch an dem Platz, wo er gerade sitzt, durch Heben der Hand signalisieren. Ich fühlte mich durch das Gehörte so angesprochen, dass ich während der Autofahrt spontan die Hand hob. Das war für mich der Augenblick meiner Hinwendung zu Christus. Inzwischen habe ich auch eine biblisch orientierte Gemeinde gefunden, die mir zur geistlichen Heimat geworden ist.« Da kann man Gott nur danken, wie er auf mannigfache Weise Menschen für sein Reich gewinnt.

Die eindrücklichen und erfreulichen Erlebnisse, von denen ich im Folgenden berichten werde, könnten den Eindruck vermitteln, es sei doch sehr leicht, Menschen für den Glauben zu gewinnen. Die selektive Auswahl von meist sehr markanten Erlebnissen unterstützt diese Annahme weiterhin. Aus diesem Grunde nenne ich ganz bewusst auch hier und da Gespräche, die nicht mit einer Entscheidung für Christus endeten.

Es ist ein Markenzeichen der Bibel, dass die Begegnungen mit Jesus immer authentisch sind. Nicht zuletzt wird dies darin deutlich, dass die Bibel uns immer wieder berichtet, wo, wann und bei welchem Anlass etwas geschah. So werden wir als heutige Bibelleser nicht mit langweiligen theoretischen und theologischen Abhandlungen konfrontiert, sondern sind hineingenommen in das Geschehen an jenen Orten in Raum und Zeit, wo sich alles ereignete. Daran möchte ich mich anlehnen, und darum erwähne ich in den meisten Fällen auch, an welchem Ort, bei welchem Anlass und zu welcher Zeit sich das Erlebte zutrug. Meistens nenne ich die Namen, wenn ich sie weiß, manchmal lasse ich sie jedoch aus Personenschutzgründen weg.

Bei den biblischen Berichten fällt ein weiterer Aspekt hinsichtlich der Art der Informationsübermittlung auf: Viele zentrale Lehraussagen der Bibel stehen nicht isoliert in irgendeinem Kapitel, vielmehr sind sie eingebunden in Begegnungen mit Menschen. Erst auf die Frage des Thomas: »Herr, wir wissen nicht, wo du hingehst; wie können wir den Weg wissen?«, antwortet Jesus mit dem viel zitierten Satz: »Ich bin der Weg und die Wahrheit und das Leben; niemand kommt zum Vater denn durch mich« (Joh 14,6). Ebenso ist das so wichtige *Ich-bin*-Wort Jesu »Ich bin die Auferstehung und das Leben« (Joh 11,25) eingebettet in die Schilderung der Ereignisse vor und bei der Auferweckung des Lazarus. Auch hier möchte ich aus der Bibel lernen und in den folgenden Berichten immer wieder auch biblische Lehre vermitteln.

Bei allen Auslandsreisen führe ich ein Tagebuch, damit mir bei der Flut von Neueindrücken nichts Wichtiges verloren geht oder durcheinandergerät. Auf diese Weise ist es möglich, auch Jahre zurückliegende Ereignisse und Gespräche noch detailliert wiederzugeben.

Die folgenden Berichte beginnen mit einem sehr eindrücklichen Erlebnis, nämlich mit der Bekehrung von *Heinrich*, der vor über 60 Jahren mein Schulfreund war. Gottes detailgenaue Führung lässt sich hier besonders gut erkennen.

3.1 »Lass dein Brot über das Wasser fahren«

Bis zu unserem Umzug nach Hohenlimburg/Westfalen im Jahre 1950 besuchte ich die Volksschule Lüchow (im äußersten Nordosten von Niedersachsen gelegen). Es war Nachkriegszeit, und das Brot war in der zweiten Hälfte der 1940er-Jahre durch Brotmarken »rationiert« – so sagte man damals. Man kann auch sagen: »Brot war Mangelware.« Wie gut hatte ich es, dass mein Schulkamerad *Heinrich V.* neben mir saß. Er war Bauernsohn und kam von einem Hof aus einem wendländischen Runddorf. Jeden Tag brachte er ein Paket leckerer Butterbrote, die mit guter Leberwurst oder anderen köstlichen Dingen reichlich belegt waren, mit zur Schule. Unzählige Male hat er meinen Hunger gestillt, wenn er mir von seinen Broten abgab. Das sind wohl die beiden Gründe, warum *Heinrich* der einzige Mitschüler aus der Lüchower Klasse war, der nach über 60 Jahren immer noch in meiner Erinnerung lebte.

Als wir dann weggezogen waren, hatten sich auch unsere Lebenswege getrennt. Weil ich immer wieder in der Familie von der Nachkriegszeit und den Orten Lüchow sowie den Dörfern Saaße, Jeetzel und Bösel sprach (insbesondere auch von Schwester *Erna Sudszinski*, bei der ich zum ersten Mal das Evangelium von Jesus hörte), zeigte unsere Tochter *Rona* sich daran interessiert, einmal die Stätten meiner Kindheit mit mir aufzusuchen. So machten wir uns am 13. und 14. Juli 2010 auf den Weg von Braunschweig nach Lüchow, buchten dort ein Hotel und suchten alle möglichen Dörfer auf, die irgendetwas mit mir in jener Zeit zu tun hatten.

Zu den Reisezielen gehörte dann auch Klein Witzeetze, ein kleines Dorf mit etwa 100 Einwohnern. Der Dorfname war mir bis heute nicht entfallen, obwohl ich ihn bereits vor über 60 Jahren das erste Mal gehört und ich das Dorf damals gar nicht gesehen hatte. Das Unvergessliche aber war, dass *Heinrich* von dort kam. So schauten *Rona* und ich ins Telefonbuch, ob *Heinrich* wohl noch in Klein Witzeetze lebt. In der Tat, als ich anrief, meldete sich am anderen Ende *Edith*, *Heinrichs* Frau. Als ich mich als früherer Schulkamerad von *Heinrich* vorstellte, lud sie uns ein, doch einmal vorbeizukommen. Schon eine halbe Stunde später erreichten wir den Bauernhof mit der Hausnummer 5 in diesem idyllischen Runddorf bei strahlendem Abendsonnenschein, und es gab ein freudiges Wiedersehen mit *Heinrich*. Er war zeit seines Lebens Bauer auf dem ererbten Hof gewesen, den er inzwischen seiner Tochter *Bettina* und seinem Schwiegersohn übergeben

Heinrich (links) vor seinem Bauernhaus in Klein Witzeetze zusammen mit *Werner Gitt* (rechts) während des Besuchs am 13. Juli 2010.

hatte. Gesundheitlich ging es ihm nicht besonders gut, und so fragte ich ihn beim Abschied, ob ich noch für ihn beten dürfe. Dem stimmte er zu. Dieser Bauernhof mit dem netten Ehepaar war die letzte Station unseres ersten Besuchstages.

Am 1. März 2012 kam ein überraschender Anruf aus Klein Witzeetze, und *Edith* berichtete mir, dass *Heinrich* in der *Asklepios Klinik* in Hamburg-Harburg liegt. Er hatte eine äußerst seltene Krankheit *(Morbus Wegener)* und war zuvor schon fünf Wochen im Koma gewesen. Er konnte Hände und Füße nicht mehr bewegen und wurde nun auf der Intensivstation Tag und Nacht über Schläuche beatmet.

Ich fragte *Edith*, ob ich ihn wohl besuchen könne. Als sie das bejahte, entschloss ich mich, ihn gemeinsam mit *Rona* aufzusuchen. Am Samstag, dem 10. März 2012, machten wir uns auf den Weg, und nach steriler Einkleidung mit Kittel, Haube und Mundschutz durften wir sein helles und mit viel Technik gefülltes Zimmer betreten. Über zahlreiche Kabel war er mit einer Maschinerie verbunden, die diverse Diagramme und Zahlen auf den Bildschirmen erzeugte. Auf meinen ersten Satz: »*Heinrich*, erkennst du uns wieder?«, reagierte er so freudig überrascht, wie er es mit seinen hellblauen Augen nur auszudrücken vermochte. Ich erzählte ihm die alte Geschichte mit den Butterbroten. Jesus hatte einmal gesagt, dass er es in Ewigkeit lohnen wird, wenn einem seiner geringsten Jünger ein Trunk kalten Wassers gereicht wird (siehe Mt 10,42). Als ich ihm erklärte, wie viel mehr der Herr es dann lohnen wird, einem hungrigen Schulkameraden großzügig belegte Brote weitergegeben zu haben, ging ein bewegtes Strahlen über sein Gesicht. Ich spürte, hier war eine Offenheit für das Evangelium und eine von Gott geschenkte Stunde der Gnade.

Ich sprach über unser menschliches Leben. Wir durchschreiten hier etliche Jahre, und dann sterben wir zu unterschiedlichen Zeiten – der eine mit 40, der andere mit 50, wiederum andere mit 60, 70 oder 80 Jahren. Aber irgendwann kommt für jeden der Endpunkt in dieser Zeit. »*Heinrich*, wenn du stirbst, weißt du dann, wohin du gehst?«, fragte ich ihn. Wenn er auch den Körper nicht bewegen konnte, so hatte er doch einen klaren Kopf und konnte, wenn auch etwas schwerfällig, sprechen. Er beantwortete meine Frage mit »Nein!« – »*Heinrich*, willst du es wissen?« – »Ja, ich will!« So kurz wie möglich in dieser Situation wies ich darauf hin, dass alle Schuld unseres Lebens vergeben sein muss, damit wir das Himmelreich erreichen, und dass der Herr Jesus dafür am Kreuz starb. Das konnte er alles akzeptieren. So sprach ich ihm zwei kurze Gebete vor, die er Satz für Satz nach einer jeweils kleineren Pause wiederholte. Als ich ihn nach den Gebeten fragte: »Bist du gewiss, dass du einmal in den Himmel kommst?«, konnte er dies mit einem deutlichen »Ja!« beantworten. Zur Festigung las und erklärte ich noch die markante Stelle in Römer 8,38-39. Sie spricht uns mit großer Zuversicht zu, in Christus eingebunden zu sein:

»Denn ich bin gewiss, dass weder Tod noch Leben, weder Engel noch Mächte noch Gewalten, weder Gegenwärtiges noch Zukünftiges, weder Hohes noch Tiefes noch eine andere Kreatur uns scheiden kann von der Liebe Gottes, die in Christus Jesus ist, unserm Herrn.«

Als *Rona* ihn fragte, ob wir nun gehen sollten, weil es für ihn doch wohl anstrengend war, meinte er entschieden: »Bleiben!« Beim späteren Abschied beteten wir den Psalm 23, dessen Anfangsverse er noch auswendig kannte.

Für mich als Vater war es schön zu erleben, dass *Rona* beide Male dabei war. Damals war sie bei der ersten Begegnung während des

Besuchs in Klein Witzeetze dabei, und nun hatte sie miterlebt, wie Gott einem willigen Menschen das Himmelreich öffnete. Über Gottes präzise Planung kann ich im Nachhinein nur staunen. Hätten wir *Heinrich* an jenem 13. Juli 2010 nicht aufgesucht, hätte ich auch nie von seiner jetzigen schweren Krankheit erfahren, und damit wäre auch der Besuch entfallen. Das Wort aus Prediger 11,1 (»Lass dein Brot über das Wasser fahren; denn du wirst es finden nach langer Zeit«) gewann jetzt eine neue Bedeutung für mich. Da gibt ein Schuljunge vor über 60 Jahren Brot an seinen hungrigen Mitschüler weiter, und der Empfänger überbringt ihm nach sehr langer Zeit das Brot des Lebens.

Am 20. März, also gerade mal zehn Tage nach unserem Besuch, wurde *Heinrich* aus diesem Leben abgerufen. Als *Edith* um 21 Uhr die Intensivstation erreichte, war er kurz vorher (20.45 Uhr) gestorben. Die Pfleger hatten ihm das kleine Messingkreuz mit der Inschrift »Ich bin bei euch«, das *Rona* ihm mitgebracht hatte, in die Hände gelegt. Die Beisetzung fand am 29. März auf dem Dorffriedhof von Krummasel, einem drei Kilometer von *Heinrichs* Geburtsort entfernten Dorf, statt. In der schönen Dorfkirche von Krummasel waren *Edith* und *Heinrich* 1964 einmal getraut worden. Nun fand unter großer Anteilnahme der Dorfbevölkerung am selben Platz die Trauerfeier für *Heinrich* statt. Etwa 80 Trauergäste aus Klein Witzeetze und den Nachbardörfern waren zu dem Kaffeetrinken ins benachbarte Bellahn gekommen. Meine kleine Rede begann ich mit den Worten: »Niemand von Ihnen (außer *Edith*) kennt mich, und dennoch dürfte ich einer derjenigen unter Ihnen sein, der *Heinrich* am längsten gekannt hat.« Damit war die Aufmerksamkeit gewonnen. Dann stellte ich mich vor, damit man ungefähr wusste, wer da plötzlich das Wort ergreift und welchen Bezug ich zu den Dörfern dieser Gegend habe. Danach erzählte ich meine Glaubensgeschichte, die mit Schwester *Erna Sudszinski* aus dem

Dorf Saaße ihren Anfang nahm und während der Evangelisation in der Stadthalle Braunschweig 1972 zur Bekehrung zu Christus führte. Auch bei der obigen *Heinrich*-Geschichte, die ich detailliert berichtete, herrschte absolute Stille, weil alle das spannende Geschehnis mitbekommen wollten. Am Ende erwähnte ich meinen Vortrag vom vergangenen Montag in Lübbecke, wo ich die *Heinrich*-Geschichte eingebaut hatte. Ich hatte genug CDs von jenem Vortragsabend mit, und diese wurden gerne mitgenommen. Mein Tischnachbar beurteilte das Gesagte mit der Bemerkung: »Etwas Besseres konnte ihnen (= den Trauergästen) nicht passieren! So etwas haben die hier noch nie gehört.« *Heinrichs* Sohn *Andreas* war hocherfreut darüber, dass die Weitergabe der Butterbrote vor über 60 Jahren immer noch in dankbarer Erinnerung geblieben ist. Auch in Bezug auf Schwester *Erna* sprach mich jemand an und bezeugte, dass er sie noch persönlich gekannt habe: »Mit dem Fahrrad fuhr sie über die Dörfer und versorgte dort die Kranken. Anhand der Schwesternkluft und Haube konnte man sie schon von Weitem eindeutig erkennen.« Ich erwähnte in meiner Stegreifrede auch jene Bauersfrau aus Saaße, die erst etliche Jahre nach Schwester *Ernas* Tod in das Dorf eingeheiratet hatte und die *Rona* und mir im Juli 2010 bezeugte: »Ich habe sie zwar nicht mehr kennengelernt, aber alle sagen hier: ›Sie war der gute Geist des Dorfes.‹«

An diesem eindrucksvollen Erlebnis wird mir erst im Nachhinein so recht deutlich, wie Gottes Führung manchmal über lange Zeiträume hinweg geschieht. Schon die Tatsache, dass ich auf der Schulbank *Heinrichs* Sitznachbar wurde, gehörte zu Gottes weiser und unsichtbarer Vorausplanung. Die geschilderten Ereignisse, die sich dann nur auf die kurze Spanne vom 1. bis zum 29. März 2012 konzentrierten, zeigen mir, dass Gottes Timing immer perfekt ist.

3.2.1 Werden wir Mensulu einmal im Himmel sehen?

Nach dem Zusammenbruch der Sowjetunion gab es eine ganz neue Situation zur Verkündigung des Evangeliums. In der sowjetischen Zeit hatte man viele Freizeitlager für Kinder und Jugendliche eingerichtet, in denen die Heranwachsenden mit der kommunistischen Ideologie vertraut gemacht werden sollten. Nach der Wende wurden diese Lager nicht mehr gebraucht. Vielerorts erkannten Christen hier eine Chance, in diesen etablierten Einrichtungen christliche Kinderfreizeiten durchzuführen. Insbesondere war dies eine Möglichkeit, Kinder aus nichtchristlichen Familien einzuladen, die dann in der Regel erstmals das Evangelium hörten. Diese Freizeiten dauern im Allgemeinen etwa eine Woche. Die Mitarbeiter kommen aus einheimischen Gemeinden, sie werden aber auch stark unterstützt durch Deutsche, die früher in der Sowjetunion lebten und nach der Übersiedlung nun in Deutschland wohnen. Diese jungen Mitarbeiter haben ein Herz für die Mission, sie kennen die Mentalität der Kinder und beherrschen vor allen Dingen die russische Sprache.

Eine solche engagierte Mitarbeiterin ist *Naemi Fast* (geb. 3. Dezember 1981 in Karaganda/Kasachstan). Seit 1993 wohnt sie, wie auch ihre Eltern und Geschwister, in Frankenthal/Rheinland-Pfalz und hat bereits bei mehreren solcher Freizeiteinsätze mitgearbeitet. Ihr Vater *Viktor Fast* hatte in den vergangenen Jahren alle meine Vortragsreisen nach Kasachstan[16] organisiert und in vielen Fällen auch die Vorträge ins Russische übersetzt. Im Fol-

---

16 Vortragsreisen nach Kasachstan in der postsowjetischen Zeit:
  5. 5. bis 18. 5. 1992: Moskau und Kasachstan (Karaganda, Saran, Kapai).
  11. 4. bis 26. 4. 1993: Kasachstan (Karaganda), Kirgisien (Bischkek), Moskau.
  2. 5. bis 16. 5. 2006: Kasachstan (Karaganda, Saran, Schachtinsk, Temirtau).
  3. 5. bis 18. 5. 2008: Kasachstan (Karaganda, Saran, Astana, Schtschutschinsk, Petropawlowsk, Koktschetaw [Kokschetau], Temirtau).

genden berichtet *Naemi* von ihren Erlebnissen bei den Freizeitlagern in Kasachstan:

»Weil ich eine Kasachin bin«[17]

Es war im August 1999, als ich zum ersten Mal als Helferin an der Kinderfreizeit der Mennoniten-Brüdergemeinde Karaganda teilnahm. Zusammen mit einer Mitarbeiterin aus der dortigen Gemeinde bekamen wir eine Gruppe von zehn- bis elfjährigen Mädchen zugeteilt. Wir waren beide siebzehn Jahre alt, und im Nachhinein wundert es mich wirklich, dass man uns zwei Grünschnäbeln eine solche verantwortungsvolle Aufgabe anvertraut hatte. Wir erlebten ständig irgendwelche aufregenden Dinge, unter anderem die lebensgefährliche Verletzung eines Kindes. Aber wir gewannen die zehn Mädels aus unserer Gruppe richtig lieb, und ich kann mich noch an jede von ihnen erinnern, auch wenn ich einige aus den Augen verloren habe. Jedes dieser Kinder ist mir auf eine besondere Weise wichtig geworden, und ich bete, dass sie alle den Weg zu Gott finden mögen.

Eines dieser Mädchen war eine kleine Kasachin namens *Mensulu*. Sie kam offensichtlich aus sehr armen Verhältnissen und hatte kaum Kleider zum Wechseln dabei. Sie war zum ersten Mal bei einer christlichen Kinderfreizeit und wirkte ziemlich verschreckt und eingeschüchtert. Wenn sie etwas bedrückte, brauchte es einige Mühe und Geduld, um herauszufinden, was es war und wie man ihr helfen konnte, auch wenn es nur um Kleinigkeiten ging. Außerdem waren damals die hygienischen Verhältnisse in Kasachstan ziemlich neu für mich, und ich musste in dieser Hinsicht einige Barrieren zu den Kindern überwinden, unter anderem gerade bei *Mensulu*. Aber wenn Gott einem die Liebe zu den Menschen schenkt, dann ist auch das möglich. An einem

---

17 Aus: Zeitschrift »AQUILA«, Nr. 2, April–Juni 2005, Herausgeber: Hilfskomitee Aquila, Liebigstr. 8, 33803 Steinhagen.

der ersten Abende, als die Kinder schon schliefen und wir mit den Mitarbeitern zusammensaßen, fragte mich *Alexej*, ein einheimischer Mitarbeiter, ob ich auf das kasachische Mädchen in meiner Gruppe geachtet hätte; es sei »ein ganz besonderer Fall«. Dann erzählte er mir, dass *Mensulu* und ihr Bruder (seinen Namen habe ich leider vergessen) aus einer ganz armen und sehr verwahrlosten Familie kämen. Aber seit sie die Kinderstunden besuchten, seien sie ganz anders geworden. Zum Beispiel putzten sie sich seitdem immer die Zähne und wuschen sich, was wohl vorher überhaupt nicht der Fall gewesen war. Obwohl *Mensulu* bei Weitem nicht so gesprächig war wie die anderen Kinder und wir nur wenig über sie erfuhren, merkte ich, dass sie bald Zutrauen gefasst hatte. Der Abschied fiel ihr ziemlich schwer.

Als wir zwei Jahre später (2001) wieder mit einer Gruppe zur Kinderfreizeit nach Karaganda kamen, sah ich dort sechs Mädchen aus meiner »alten« Kindergruppe wieder, unter anderem auch *Mensulu*. Sie alle kamen diesmal in die Gruppe meiner Freundin *Debora*, mit der sie sich sehr gut verstanden. Ich sah sie auch ziemlich oft, und jedes Mal, wenn *Mensulu* mir über den Weg lief, kam sie zu mir, nahm meine Hand, drückte sie an sich und sagte meinen Namen mit ihrer etwas speziellen, typisch kasachischen Aussprache. Sie war zwar immer noch ziemlich in sich gekehrt, aber sie konnte auch ganz herzlich mitlachen, wenn sie mit den anderen Mädchen zusammen war.

Im Sommer 2004 traf ich *Mensulu* bei der Kinderfreizeit wieder. Mittlerweile war sie fünfzehn Jahre alt, wirkte aber viel jünger, vielleicht weil sie so klein war. Wir freuten uns beide über das Wiedersehen, und sie setzte sich öfters zu mir, auch wenn wir dabei nicht viel sprachen. Ich musste mich um meine eigene Gruppe kümmern, deshalb hatte ich auch nicht sehr viel Zeit für sie. Aber wenn ich sie sah, erinnerte sie mich lebhaft an das erste Jahr und an die zehn fröhlichen kleinen Mädchen, die mittlerweile beinahe erwachsen geworden waren und von denen keine mehr die Gottesdienste besuchte. Ich versuchte immer wieder, Nachricht von ihnen zu bekommen, und von einigen hörte ich auch etwas. *Mensulu* erzählte von der einen, die noch bis vor einem Jahr mit ihrer Pflegemutter zur Gemeinde gekommen war. Leider musste sie dann wegen ihres Lebensstils ausgeschlossen worden; ihre Kinder hat sie dann gegen die Gemeinde aufgehetzt. Zwei andere Mädchen waren nach Russland gezogen; bis 2003 bekam ich noch Briefe von ihnen, dann nicht mehr. Zwei weitere hatten den Namen geändert und waren nach Deutschland gekommen; auch ihre Spur verlor sich. Zu einer anderen bekam ich noch Kontakt, als mich die Köchin bei der Freizeit ansprach und sagte, sie sei ihre Großmutter. Dieses Mädchen ist mittlerweile achtzehn Jahre alt und will vom Glauben nichts mehr wissen.

Mensulu war die Einzige aus meiner damaligen Gruppe, die immer noch Kontakt zu Christen hatte, allerdings ging sie nur noch zur Kinderstunde, nicht zu den Gottesdiensten. Als wir uns am Ende der Kinderfreizeit verabschiedeten, sagte sie, dass sie nun zu alt sei, um wieder mitzukommen, und dass wir uns vielleicht nie mehr sehen würden. Ich hatte mir zu dem Zeitpunkt bereits vorgenommen zu versuchen, in ihr Dorf zu kommen, in dem viele meiner ehemaligen »Schützlinge« wohnten. In den Jahren davor hatte es nie geklappt, dass ich an einem Einsatz in diesem Dorf teilnehmen konnte. Ich sagte *Mensulu*, dass wir vermutlich zu der Bibelstunde am Mittwochvormittag in ihrem Dorf sein würden; ich wisse allerdings nicht, ob ich dabei sein könne. Mit flehenden Augen sah sie mich an: »Dann bitte doch sehr, dass du zu uns kommst!« Ich entgegnete: »Dann musst du aber in die Bibelstunde kommen.« *Mensulu* nickte. Wir machten noch ein Foto zusammen und verabschiedeten uns. Seitdem habe ich sie nicht mehr gesehen. Ich durfte tatsächlich am folgenden Mittwoch mit der Gruppe in *Mensulus* Heimatdorf fahren. Dort traf ich die kleine *Vera*, die bereits zweimal in meiner Gruppe gewesen war, und sie ging mit, um Dorfbewohner einzuladen. Ich hoffte von ganzem Herzen, dass ich auch *Mensulu* treffen würde, aber *Vera* konnte mir nichts Genaues über sie sagen. *Mensulu* kam nicht zum Gottesdienst. Ich war sehr enttäuscht und fuhr nach Deutschland zurück, ohne etwas von ihr gehört zu haben.

Im Herbst 2004 zog eine junge Familie aus Kasachstan zu uns nach Frankenthal. Die Neuankömmlinge besuchten uns immer wieder einmal, und an einem Abend zeigten wir ihnen die Fotos von unserem Einsatz. Bei einem Foto von *Mensulu* stutzte *Alexej* (derselbe, der mich 1999 ihretwegen angesprochen hatte). Er war erstaunt, dass sie immer noch dabei war, und fragte, ob ich Briefkontakt mit ihr habe.»Tu das, schreib ihr unbedingt; das ist die einzige Möglichkeit, solche Leute noch in Kontakt mit Gläubigen zu halten! Uns gehen so viele Kinder aus den Kinderfreizeiten verloren, wenn sie älter werden!« Das bewog mich dazu, *Mensulu* zu schreiben. Erst im Juni kam über meinen Vater eine Antwort von *Mensulu*, in der sie unter anderem schrieb:

»Ich gehe schon lange nicht mehr zu den Gottesdiensten. Ich musste damit aufhören, weil mein Vater es mir verboten hat. Weil ich eine Kasachin bin und wir eine andere Religion haben. … Vergib mir, dass ich am Mittwoch, als ihr da wart, nicht gekommen bin. Ich habe dich gesehen, wie du mit *Vera* gelaufen bist, ich wollte dich rufen, aber da Papa zu Hause war, konnte ich dich nicht rufen und nicht kommen. Vergib mir noch einmal. In diesem Jahr komme ich wohl nicht ins Lager. Ich werde dich nicht sehen können.«

»Ein typisch kasachisches Schicksal«, sagte mein Vater dazu. Wie viele solcher jungen Menschen gibt es, die als Kinder einiges über Jesus gehört haben und dann durch ihre Familie vom Glauben ausgegrenzt wurden? Wie soll es mit ihnen weitergehen? Was kann man für sie tun? Briefe darf *Mensulu* wohl bekommen, denn sie bittet in ihrem Brief wiederholt inständig darum, im Kontakt mit mir bleiben zu dürfen. Ansonsten bleiben nur das Gebet für sie und die Zusage Gottes in Bezug auf sein Wort: »Es wird nicht wieder leer zu mir zurückkommen, sondern wird tun, was mir gefällt, und ihm wird gelingen, wozu ich es sende« (Jes 55,11).

Naemi Fast, Frankenthal

3.2.2 Eine unerwartete »Begegnung«[18]

Jedes Jahr lesen wir in der Zeitschrift »AQUILA« Berichte von Kinderfreizeiten und sonstigen Einsätzen in der Kinderarbeit. Jedes Jahr fahren viele Mitarbeiter aus Deutschland in verschiedene Länder der früheren Sowjetunion, um dort Kinderfreizeiten oder Kinderwochen durchzuführen. Jedes Jahr finden auch in Deutschland viele Kinderfreizeiten, Kinderfeste und Kinderstunden statt, bei denen wir Kindern die Gute Botschaft weitersagen. Kinder hören gerne zu und machen begeistert mit, und jedes Jahr kommen viele Kinder bei solchen Einsätzen zu den Mitarbeitern, weil sie ein Leben mit Jesus beginnen wollen.

Doch wenn wir einige Jahre später in den Gemeinden am Ort nach diesen Kindern Ausschau halten, so werden wir in den meisten Fällen enttäuscht. Die Kinder, die noch wenige Jahre zuvor begeistert in den Kinderstunden zugehört haben, sind

---

18 Aus: Zeitschrift »AQUILA«, Nr. 2 (72), April–Juni 2009, S. 18-19, Herausgeber: Hilfskomitee Aquila, Liebigstr. 8, 33803 Steinhagen.

heute erwachsen und haben entweder kein Interesse mehr am Wort Gottes oder sind von anderen Sorgen so beansprucht, dass sie nicht mehr daran denken. Manchmal trifft man auf der Straße junge Leute, in denen man die Kinder von damals wiedererkennt, und man macht die schmerzliche Erfahrung, dass von dem, was man ihnen damals mit so viel Mühe vermittelt hat, offenbar gar nichts übrig geblieben ist. Oft tun sie auch, als würden sie einen nicht wiedererkennen.

Deshalb habe ich mich manchmal gefragt: Welch einen Sinn hat die ganze Kinderarbeit, die wir hier machen? Im Endeffekt kommen später doch fast nur Kinder aus gläubigen Familien zur Gemeinde dazu. Bis auf einzelne Ausnahmen verliert man die anderen früher oder später. Lohnt es sich, so viel Mühe in die Durchführung von Kinderfreizeiten zu stecken, wenn am Ende praktisch kaum bleibende Frucht dabei entsteht?

Im Grunde genommen zweifle ich trotzdem nicht daran, dass Gott möchte, dass wir diese Arbeit tun. Vielleicht ist die Frucht für uns nicht sichtbar, aber sie ist dennoch da. Und Gott hat mich auch schon mehrmals ganz konkret erleben lassen, dass die Verheißung bezüglich seines Wortes wahr ist: Mein Wort, sagt er, »wird nicht wieder leer zu mir zurückkommen«. Ein solches Erlebnis hatte ich Ende 2008. Folgendes schrieb ich mir danach auf, um es nicht zu vergessen:

Vor einigen Jahren habe ich hier im »AQUILA«-Heft Nr. 2, 2005, über ein kleines kasachisches Mädchen namens *Mensulu* berichtet, das 1999 in meiner Kindergruppe bei der Kinderfreizeit in Karaganda war. Ich war damals gerade erst seit Kurzem in der Jugend, hatte noch keine Erfahrung mit Kinderarbeit und nahm zum ersten Mal an einem solchen Einsatz teil. Aber die Kinder in meiner Gruppe wuchsen mir so sehr ans Herz, dass ich heute noch gerne an sie zurückdenke. Ich frage mich, was wohl aus ihnen geworden ist.

Mittlerweile habe ich sie alle aus den Augen verloren, außerdem sind sie heute längst keine Kinder mehr, sondern junge Frauen zwischen 20 und 21 Jahren. Einige von ihnen kamen auch in den darauffolgenden Jahren noch in die Kinderfreizeit, doch mittlerweile besucht keine von ihnen mehr irgendeine Gemeinde, und ich habe sie alle seit Jahren nicht mehr gesehen. Am längsten hatte sich der Kontakt mit *Mensulu* gehalten. Ihren letzten Brief bekam ich, als sie etwa 15 oder 16 Jahre alt war. Letztes Jahr habe ich noch einen Versuch gestartet, Kontakt mit ihr aufzunehmen, bekam aber keine Antwort. Ich fragte mich, was da wohl los sei, und dachte gar nicht daran, dass *Mensulu* kein Kind mehr ist, wie ich sie in Erinnerung habe.

Es vergingen ein paar Monate nach meinem letzten Brief, und ich hatte schon lange nicht mehr an *Mensulu* gedacht, weil andere Menschen und Angelegenheiten mich in Anspruch nahmen und es einfach schon zu lange her war. Ende des Jahres 2008 suchte ich unter den Fotos aus dem vergangenen Jahr einige heraus, um für unsere Familie eine Art Jahresrückblick zusammenzustellen. Dabei stieß ich in dem Rechner-Verzeichnis auf Papas Fotos, die bei seinen Auslands-Einsätzen während der Vortragsreise mit *Werner Gitt* im Mai 2008 entstanden. Der Ordner enthielt über 1000 Fotos, die ich natürlich nicht alle anschauen wollte. So klickte ich ziemlich wahllos ein paar Fotos aus dem Ordner von *Werner Gitt* an, um mir zwei oder drei davon auszusuchen. Ich machte das ziemlich schnell und hatte ein Foto gerade schon wieder weggeklickt, als ich plötzlich stutzte. Es war so ein ganz typisches Foto, wie es sie in diesem Ordner zu Dutzenden gab: *Werner Gitt*, umringt von einer Horde begeisterter Studenten, die ein Autogramm von ihm in einem seiner Bücher haben wollten. Dabei fällt deutlich auf, dass fast alle Studenten Kasachen sind. Was mich stutzig gemacht hatte, war ein Gesicht auf dem Foto, das mir sehr bekannt vorkam. Ich suchte das Foto noch einmal und klickte es an. Tatsächlich, dieses Gesicht kannte ich sehr gut. Es sah der kleinen *Mensulu*, die 1999 in meiner Kindergruppe gewesen war, sehr ähnlich. Ich muss dazusagen, dass *Mensulus* Gesicht einige Besonderheiten hat, z. B. ist ihr Haar nicht schwarz wie das der meisten Kasachen, sondern hat einen rotbraunen Stich; außerdem hat sie Sommersprossen und auch sonst Gesichtszüge, die sich einprägen.

Ich schaute mir das Foto noch einmal genauer an und war mir schließlich sicher, dass die junge Studentin im weißen Kittel, die da gerade ein offenes Buch hinhielt und sich mit der rechten Hand ins Haar fasste, *Mensulu* war. Allmählich wurde mir

Alle Studenten am Medizinischen College in Karaganda (Kasachstan) erhalten nach dem Vortrag kostenlos mehrere Bücher. Viele warten geduldig, bis sie ein Autogramm erhalten haben. Die kleine Studentin (links) ist *Mensulu*.

bewusst, dass seit jener Kinderfreizeit bereits neun Jahre vergangen sind und dass *Mensulu* nun etwa 19 Jahre alt sein muss. Also ist es durchaus möglich, dass sie jetzt an einer Hochschule[19] studiert. Vielleicht ist das auch der Grund, warum mein letzter Brief unbeantwortet blieb. Sie lebt wohl schon längst nicht mehr in ihrem kleinen Heimatdorf, sondern ist zum Studieren in die Stadt gezogen. Hier kann ich sie nun schwer ausfindig machen, denn ihr Name ist ein ganz typisch kasachischer, wie ihn viele haben. Außerdem wusste ich zu diesem Zeitpunkt nicht, in welcher Hochschule dieses Foto gemacht wurde, da *Werner Gitt* an etlichen verschiedenen Hochschulen referiert hat. Aber das macht nichts. Vielleicht hat Gott mir dieses Foto »zufällig« auf diese Weise in die Hände kommen lassen, um mir damit zu sagen: »Du hast *Mensulu* aus den Augen verloren, aber ich nicht. Ich habe sie lieb und gebe ihr immer wieder Gelegenheiten, mehr von mir zu erfahren.«

Ja, das ist wahr. Gott hat es geführt, dass *Mensulu*, nachdem sie in ihrer Kindheit mehrmals ganz deutlich die Gute Botschaft von Jesus gehört hat, nun als Erwachsene einen Vortrag mit derselben Botschaft hören konnte und dass sie sich auch einige Bücher mitgenommen hat, in denen sie wieder auf Jesus hingewiesen wird.

Die Arbeit bei der Kinderfreizeit, der Vortrag von *Werner Gitt* und vielleicht auch noch andere Begegnungen mit Gläubigen sind alles einzelne Chancen und Gelegenheiten, bei denen Gott an ihr Herz klopft. Ich wurde durch dieses kleine Erlebnis wieder daran erinnert, für *Mensulu* und auch die anderen Mädchen zu beten. Ich würde mich natürlich freuen, einmal von ihr zu

---

19 Aufgrund des Datums des digitalen Fotos und seiner Tagebuchaufzeichnungen konnte Werner Gitt ihre Hochschule nachträglich identifizieren. Das Foto entstand am 12. Mai 2008 am Medizinischen College Karaganda.

hören, dass sie den Heiland in ihr Herz aufgenommen hat. Aber auch wenn ich auf der Erde nie mehr etwas von ihr erfahre, so freue ich mich schon darauf, im Himmel zu sehen, welche Fäden dort zusammenlaufen und wie unterschiedlich Gott die Wege verschiedener Menschen geführt hat. Ich hoffe sehr, auch *Mensulu* einmal im Himmel anzutreffen.

Naemi Fast, Frankenthal

3.3 »Des vielen Büchermachens ist kein Ende«

Der französische Philosoph und Mathematiker *Blaise Pascal* (1623 – 1662) sagte einmal: »Die besten Bücher sind die, von denen jeder Leser meint, er hätte sie selbst machen können.« Von dem Brandenburger Dichter *Theodor Fontane* (1819 – 1898) stammt der Ausspruch: »Was der Mensch zum Glücklichsein braucht? Ein gutes Buch, ein paar Freunde, eine Schlafstelle und keine Zahnschmerzen.« Zu allen Zeiten wurde geschrieben, darum heißt es bereits in Prediger 12,12: »Des vielen Büchermachens ist kein Ende.« Erst mit der Erfindung des Buchdrucks durch *Johannes Gutenberg* (um 1400 bis 1468) trat das Lesen seinen Siegeslauf an. Unter den Autoren gibt es etliche mit außergewöhnlichem Erfolg:

»Vom Winde verweht« war der einzige Roman der US-Amerikanerin *Margaret Mitchell* (1900 – 1949), aber er wurde mit 28 Millionen Exemplaren der meistverkaufte Einzeltitel nach der Bibel. Es erschien am 30. Juni 1936, und der gleichnamige Film wurde am 15. 12. 1939 in Atlanta uraufgeführt. 30 Jahre lang führte er die Hitliste der erfolgreichsten Filme aller Zeiten an. Er erhielt zehn Oscars. Das Buch wurde in 29 Sprachen übersetzt. Noch heute werden jährlich weltweit 300 000 Exemplare verkauft.

John Grisham (geb. 1955) ist ein Autor der Superlative. Er schreibt pro Jahr einen Bestseller und verzeichnet eine Gesamtauflage von über 250 Millionen.

Mit Pippi Langstrumpf, Kalle Blomquist, Karlsson vom Dach, Michel aus Lönneberga und den Kindern aus Bullerbü schuf die schwedische Kinderbuchautorin *Astrid Lindgren* (1907–2002) unsterbliche Gestalten voller Fantasie, Kraft und vitalem Humor, der zeitlos ist. Sie schrieb über 70 Bücher, und Übersetzungen davon gibt es in 76 Sprachen. Alle Exemplare aneinandergereiht, würden dreimal um den Erdball reichen.

Warum schreibt ein Autor? Viele Motive sind denkbar: Manche wollen vielleicht reich oder berühmt werden, andere suchen Erfolg und Anerkennung, wiederum andere schreiben aus Freude an der Sache und wollen, was ihnen wichtig ist, auch anderen mitteilen. Für christliche Autoren gibt Jesus die letzte Motivation. Er sagt in Johannes 15,16: »Ich habe euch erwählt und bestimmt, dass ihr hingeht und Frucht bringt und eure Frucht bleibt.« Welch eine Freude ist es, wenn das Ergebnis des Schreibens sich nicht nur im Erfolg staunenswerter Statistiken widerspiegelt, sondern in Frucht, die Jesus gewirkt hat. Es stimmt dankbar, wenn dies durch Gottes Gnade geschieht. Die folgende ungekürzte Zuschrift erfüllte mich mit Dank gegenüber dem, der der Geber aller guten Gaben ist.

Ein Brief, der Freude bereitet: Im Laufe der Zeit habe ich viele Briefe erhalten. Der längste Brief war über 400 Seiten lang. Der Schreiber hatte sich alle seine Fragen von der Seele geschrieben, die ihn bezüglich des Glaubens bewegten. Manche stellen Fragen zu Büchern oder kommen auf gehörte Vorträge zurück, oder ihnen wurde von Freunden eine CD geschenkt, zu der es Rückfragen gibt. Eine besondere Freude ist es, wenn jemand schreibt, dass er durch ein Buch oder eine Predigt zum Glauben gekommen ist. Einen solchen Brief erhielt ich z. B. von *Iris Rheinländer* (geb. 22. 4. 1975), den ich hier ungekürzt mit ihrer Erlaubnis veröffentliche.

3.3.1 Ein Buch kippte mein altes Weltbild

28. 10. 2006

Lieber Herr Gitt,

natürlich kennen Sie mich nicht. Aber genauso wie Sie kenne ich jetzt Jesus persönlich. Und das dank Ihres Buches »Schuf Gott durch Evolution?«. Ich nenne es mein »Bekehrungs-Buch«. Vielleicht wundert Sie das, weil Sie ja noch ganz andere, leichter lesbare und inhaltlich besser verständliche Bücher geschrieben haben, die auch ich als geeigneter ansehen würde, um jemanden von Gott zu überzeugen! Und doch hat Gott genau das Buch gebraucht, um mich zu gewinnen.

Ich ging damals (1993) in die zwölfte Klasse und hatte im Bio-Grundkurs einen Lehrer, der aus persönlicher Überzeugung uns die Evolutionslehre unterrichtete. Da ich mich als Kind für Astronomie und Kosmologie interessierte, war mein Weltbild: Urknall + Evolution = Mensch. Trotz katholischer Erziehung war ich nicht persönlich von der Bibel oder von Gott überzeugt.

Mein Bruder, der damals durch eine Teestube gläubig geworden war und mit dem ich gerne über alles Mögliche diskutierte, gab mir Ihr Buch »Schuf Gott durch Evolution?«. Da der Bio-Lehrer Diskussionen begrüßte, fing ich an, Ihre Gegenargumente aus dem Buch gegen die Evolutionslehre im Bio-Unterricht zu benutzen. Zwei gläubige Mädchen aus der Klasse, von denen ich wusste, dass sie im Schülerbibelkreis waren, unterstützten mich dabei. Die regen Diskussionen gefielen dem Bio-Lehrer, ich bekam noch eine »Note Zwei« dafür! Obwohl ich Ihr Buch nur zur Hälfte verstanden hatte (wegen des ganzen Informationstechnik-»Zeugs« und der nummerierten komplizierten Thesen, Gegenthesen und Unterpunkte), kamen mir immer mehr Zweifel an der Evolutionstheorie, die ich doch bis dahin als selbstverständlich betrachtet hatte.

Mit Feuereifer begann ich, in meiner Bibel zu lesen; ich war ganz begierig darauf, herauszufinden, was da wirklich ganz genau drinsteht. Da ich gerade Schulferien hatte, habe ich die Bibel in zwei Wochen durchgelesen und habe für mich die Entscheidung getroffen: Jawohl, daran will ich glauben. Gespräche mit meinem Bruder und die Zugehörigkeit zu einer freikirchlichen Gemeinde haben mich auf meinem Weg mit Jesus weiter gefestigt.

Immer wieder ertappte ich mich in Diskussionen als glühende Verfechterin für die Schöpfungslehre. Ich glaube, Gott wusste, dass er an diesem Thema mein Weltbild umkehren und sich als Schöpfer von mir entdecken lassen konnte.

Wenn ich heute anderen Christen von meiner Bekehrung erzähle, sagen sie immer, das sei viel interessanter als ihre eigene Geschichte. Für mich war sie die richtige Tür zum Glauben, da ich akademische Eltern habe und »in der Gefahr« stand, eine intelligente, »verkopfte« Person zu werden, die nur an Tatsachen und Beweise glaubt. Da hat mich Gott genau beim richtigen Thema erwischt.

Ich habe dann Sozialarbeit studiert, weil ich Gott im Alltag durch meinen Beruf dienen wollte, und durfte genau das in der Pflege und Betreuung von geistig behinderten und psychisch kranken Menschen erleben. Heute arbeite ich mit suchtkranken Menschen in einem Wohnheim der Wiedereingliederungshilfe.

Natürlich hätte ich Ihnen auch einfach eine Postkarte schreiben können, etwa mit folgenden Worten: »*Ich möchte Ihnen danken, dass Sie das Buch* ›*Schuf Gott durch Evolution?*‹ *geschrieben haben.*« *Aber es lag mir auf dem Herzen, Ihnen auch einiges zu den Wirkungen dieses Buches in meinem Leben zu schreiben.*

Ich hoffe, dieser Brief erreicht Sie, ich habe die Adresse aus dem Internet und weiß nicht, wie aktuell sie ist. Natürlich würde es mich freuen, wenn Sie mir kurz antworten. Sollten Sie keine Zeit dafür haben: Ich verzeihe es Ihnen. Schreiben Sie lieber noch mehr Bücher! Ich treffe Sie ja spätestens nach dem Leben bei Jesus.

Mit dankbaren Grüßen
Iris Rheinländer, 64293 Darmstadt

3.4 Bei Tiffany (in New York)

Tiffany in der Fifth Avenue in New York City ist eines der teuersten und größten Schmuckgeschäfte der Welt. In vier großräumigen Etagen mit unzähligen Vitrinen bestaunen nicht nur Käufer, sondern vorwiegend Touristen aus aller Welt die edlen Geschmeide. So ist hier ein Ring mit Brillanten von 3 Karat für 1,4 Millionen Dollar noch nicht mal etwas Außergewöhnliches. Noch nie habe ich so teure und ausgefallene Kreationen aus Gold, Platin und Diamanten gesehen.

Ich hatte einige Traktate »Wie komme ich in den Himmel?« in Englisch bei mir und gab sie einigen freundlichen Ladys am Verkaufstresen. Ob die freudige Abnahme auf amerikanischer Höflichkeit oder wirklichem Interesse beruhte, vermag ich nicht zu entscheiden. Unvergesslich ist mir jedoch die Reaktion eines leitenden Angestellten im feinen Nadelstreifenanzug, der das

Bei Tiffany, New York, 2011.

Traktat abwies, dann aber seine Hände wie zu einem »pastoralen Segen« erhob und mit geradezu feierlicher Stimme sagte: »Heaven is here!« (»Den Himmel haben wir hier!«)

Wenige Minuten danach reichte ich das Traktat einem Bettler, der vor dem Eingang zu Tiffany im Rollstuhl saß und mit seinem Sammelbecher klapperte. Dieser Schwarze ohne Beine nahm das Traktat gerne an. Er trug als Sonnenschutz eine Kappe mit der Aufschrift »Jesus is my Boss« (»Jesus ist mein Chef«).

Ich musste immer wieder an diese beiden so unterschiedlichen Männer denken. Wer wohl war der wirklich Reiche – der von teuren Diamanten umgebene Mann oder der Arme mit seinen wenigen Münzen? Die Bibel sagt: »Wer den Sohn hat, der hat das [ewige] Leben; wer den Sohn Gottes nicht hat, der hat das [ewige] Leben nicht« (1Jo 5,12).

3.5 Evangelium im Zug

Im Zug komme ich mit einer Mitreisenden ins Gespräch über den christlichen Glauben. Sie hat sich noch für keinen Weg entschieden. Sie schwärmt von einer ihr bekannten Hinduistin, die sehr freundlich und tolerant sei und viel Gutes tue. Dem Buddhismus kann sie auch vieles abgewinnen. Früher ist sie einmal konfirmiert worden, sodass in ihrem Weltbild auch noch ein paar christliche Gedanken zu spüren sind. Aber was ich auch ins Feld führe, ihr Vorrat an Gegenargumenten ist schier unerschöpflich.

Würde ich bei diesem Hintergrund biblische Aussagen benennen, wären mir Tausende Einwände gewiss. Wie gut, dass wir in solchen Situationen mit der Hilfe des Heiligen Geistes rechnen können, der uns das rechte Wort zur rechten Zeit schenkt. Ich hatte wohl Weisheit von oben nötig. Und so erklärte ich der redegewandten Frau:

»Schauen Sie, ich habe in der Kindheit während des Krieges viele schlimme Dinge sehen und auch erleben müssen. Heute geht es mir gut. Ich bin gesund und kann vieles unternehmen. So bin ich jetzt unterwegs zu einer Vortragstour. Ich habe nichts, worüber ich klagen müsste. Irgendwann aber werde ich sterben und dann möchte ich auch, dass es mir weiterhin gut geht. Den Ort des Guten nennen wir den ›Himmel‹, den Ort des Schlimmen ›Hölle‹. Es ist mein Ziel, den schönen Ort einmal zu erreichen. Meine Frage ist nun: Wer kann mir garantieren, dass ich dort sicher ankomme? Außer Jesus habe ich niemanden gefunden, der mir ein solches Versprechen schon jetzt gibt.«

Nachdenklich geworden, hatte sie nun keine Einwände mehr und wollte sogar das Traktat »Wie komme ich in den Himmel?« lesen.

3.6 Wie kann ich »entlernen«?

Bei einem Vortrag in der Schweiz hatte ich die Evolutionslehre und den Materialismus wissenschaftlich widerlegt. Danach kam ein Ehepaar zur Aussprache. Beiden hatte Gott das Herz für das Evangelium geöffnet. Für *M.* tat sich jedoch ein Problem auf. Er ist zweisprachig, aber was er wolle, so meinte er, könne er am besten auf Französisch sagen: »désapprendre«. Da »apprendre« »lernen« heißt, könnte man »désapprendre« mit »entlernen« übersetzen. Mir war klar, was er meinte: Das im Studium erlernte Wissen über Evolution und Materialismus hatte er nun als falsch erkannt. Jetzt wollte er das durch »Erlernen« Aufgenommene durch »Entlernen« wieder loswerden.

Nachdem wir Römer 3,22-23 gelesen hatten, interpretierte ich den Text in Bezug auf seine Situation: »Wir sind allesamt Menschen, die im Laufe des Lebens viele Anschauungen gelernt und übernommen haben, die Gott nicht gefallen.« Wir müssen sie »entlernen« bzw. entsorgen. Das Löschen geht aber nicht wie bei einem Computerprogramm durch einen einzigen Befehl. Unsere Seele ist eben kein Computer. Die Entsorgung geschieht anders. Das Lesen der Bibel konfrontiert uns mit den Gedanken Gottes und seiner Weisheit. Das verändert unsere Lebensweise und erneuert auch unsere Gedankenwelt. Falsche Ideen werden durch den neuen Maßstab – das Wort Gottes – als solche erkannt und treten fortan immer mehr zurück. In 2. Korinther 10,5 lesen wir: »Wir zerstören damit Gedanken und alles Hohe, das sich erhebt gegen die Erkenntnis Gottes, und nehmen gefangen alles Denken in den Gehorsam gegen Christus.« *M.* und seine Frau *J.* setzten sich noch an diesem Abend dem Prozess des »Entlernens« aus.

An diesem Abend habe ich eine neue Definition für Bekehrung kennengelernt: Nehmen Sie Jesus Christus an, entsorgen Sie

Ihre Sünden und »entlernen« Sie alle falschen Ideen, die sich im Leben angesammelt haben.

3.7 Der »Sonnenkönig«

Ludwig XIV. von Frankreich (1638–1715) nannte sich der »Sonnenkönig«, weil er sich als der Prächtige und Mächtige sah. Er regierte als unumschränkter Herrscher. In seinem krankhaften Egoismus verstieg er sich zu einer Lebensmaxime, die ihm vielfach zugeschrieben wird: »L'État, c'est moi!« – »Der Staat bin ich!« Er hinterließ ein zerrüttetes Staatswesen. Seine kostspieligen Hof- und Palastbauten (z. B. Schloss Versailles) nahmen sich andere zum Vorbild für ihren eigenen verschwenderischen fürstlichen Lebensstil. Von seinem »fürstlichen Recht«, sich Mätressen zu halten und mit ihnen Kinder zu zeugen, machte er reichlich Gebrauch. Der Glanz des Sonnenkönigs überdeckte nur spärlich die Abgründe der dekadenten Hofgesellschaft. Abseits des offiziellen Zeremoniells blühten Okkultismus, Aberglaube und eine skrupellose Rivalität. Ein Zeitzeuge schrieb, dass ganz Versailles ein Bordell sei.

Wie ganz anders ist der wahre »Sonnenkönig«, von dem die Bibel spricht! Es ist Jesus. Vor Pilatus bekennt er: »Mein Reich ist nicht von dieser Welt« (Joh 18,36). Die weltlichen Könige mussten ihre Macht behaupten; spätestens im Tod war es aus damit. Jesu Königtum besteht jedoch in alle Ewigkeit (Dan 2,44). In Offenbarung 17,14 heißt es von ihm, dass er »der Herr aller Herren und der König aller Könige« ist. Maleachi bezeichnet ihn als die »Sonne der Gerechtigkeit« (3,20). Jesus ist der ewige und gerechte König, gleichsam der »Sonnenkönig des Himmels«. *Ludwig XIV.* unterhielt einen luxuriösen Hofstaat mit 15 000 Bediensteten, die ihm ständig zur Verfügung standen. Bei dem wahren Sonnenkönig ist es genau umgekehrt: »Er wird sich schürzen und wird sie zu Tisch bitten und kommen und ihnen dienen« (Lk 12,37).

3.8 Mein ungewöhnlichstes Gebet

Nach allen evangelistischen Vorträgen lade ich jene Zuhörer, die sich für Christus entscheiden wollen, zu einer Nachversammlung ein. Weiterhin ermutige ich am Ende des Vortrags auch immer wieder die Gläubigen zu einem »Begleitdienst«, d. h. man möge Familienangehörige, Freunde oder Nachbarn, die man eingeladen hat, dorthin begleiten. Das begründe ich mit dem Wort Jesu aus Lukas 14,23: »Nötige sie hereinzukommen!« In der Nachversammlung wird dann anhand einiger zentraler Aussagen der Bibel erklärt, wie man sich zu Jesus bekehren und damit den Himmel gewinnen kann. Danach wird jeder Einzelne nach seiner eigenen Entscheidung befragt, die er mit JA oder aber auch mit NEIN beantworten kann. Da in den Extra-Raum außer den Begleitpersonen in der Regel nur Leute hinkommen, die so vom Evangelium angesprochen sind, dass sie ihre Entscheidung festmachen möchten, ist das JA die übliche Antwort.

An jenem Abend in Süddeutschland aber antworteten in dieser Nachversammlung zwei junge Frauen mit einem klaren NEIN. Es tut mir für solche Personen immer leid, weil sie ja bereits wesentliche Hürden gut übersprungen haben und nur die letzte dann nicht schaffen. Bis jemand hierhin kommt, hat er bereits auf die Einladung, zur Versammlung zu kommen, positiv reagiert. Ihm war kein anderer Termin dazwischengekommen, und das Interesse reichte aus, um sich auf den Weg zu machen. Nach der vielfach beobachteten traurigen Erfahrung – besonders in Deutschland – werden recht viele Einladungen vergeblich ausgesprochen. Viele unserer Zeitgenossen sind am Evangelium gar nicht mehr interessiert. Hier aber nahmen die beiden jungen Frauen auch noch die zweite Hürde: Sie gingen nicht mit dem allgemeinen Hauptstrom der Besucher zum Ausgang, sondern sie blieben zurück. Welch eine Chance!

So lud ich die beiden ein, doch noch zu einem anschließenden Gespräch zu bleiben, um eventuell Hindernisse zu beseitigen. Sie stimmten zu. Nachdem die anderen, die ihre Entscheidung getroffen hatten, bereits gegangen waren, hatten wir einen engagierten Gedankenaustausch bei sehr freundlicher und aufgeschlossener Atmosphäre. Von den vielen Fragen greife ich hier nur einige heraus:

»Sind Sie ein besserer Mensch als wir?«
   »Durchaus nicht, aber mir ist vergeben, und darum haben sich für mich die Tore des Himmels geöffnet!«
»Wir haben auch eine Lebensethik als Basis für unser Leben, und das genügt uns.«
   »Ich nehme es Ihnen ab, dass Sie nicht nach Zufallskriterien handeln, sondern für sich Maßstäbe gefunden haben, die Ihnen als Leitidee dienen. Wie gut diese auch in Notzeiten tragen, will ich hier nicht beurteilen. Aber eines sollten Sie bei alledem bedenken: Wir sind von Gott als Ewigkeitsgeschöpfe konzipiert. Nach den Aussagen der Bibel verpassen Sie den Himmel, und als einzige Alternative verbleibt Ihnen dann nur noch die Hölle.«
»An eine Hölle glauben wir nicht!«
   »Das wird jenseits der Todesmauer nicht mehr diskutiert. Sie werden dort mit einer Wirklichkeit konfrontiert, über die Sie heute informiert wurden. Wenn man Ihnen sagt, dass jene Talbrücke, der Sie sich mit dem Auto nähern, eingestürzt ist, und Sie sagen, das glaube ich nicht, dann wird Sie das nicht vor dem Unheil bewahren.«

Trotz aller guten Argumente, die für die Nachfolge Jesu sprechen, blieben beide dennoch bei ihrem entschiedenen Atheismus. Es ging dann schon auf Mitternacht zu. Daher schlug ich vor, auch wir in unserer Runde sollten den Abend mit einem Gebet beenden, und zwar so ähnlich wie bei denen, die vorhin eine Entscheidung trafen. Auch hier schlug ich vor, dass sie alles wortwörtlich nachsprechen sollten, was ich Satz für Satz formulierte. Da dieses Gespräch ganz anders endete, sollte auch der Inhalt des Gebetes dem Herzenszustand meiner Gesprächspartnerinnen entsprechen. Ausführlich erklärte ich den beiden jungen Frauen, was wir im Einzelnen beten würden. Dazu waren sie bereit, und so beteten wir gemeinsam das folgende Gebet:

»Herr Jesus, wir haben heute von dir gehört und dabei viel Neues erfahren. Wir sind dennoch entschieden, unser atheistisches Leben so weiterleben zu wollen wie bisher. Sollte es jedoch besser für uns sein, mit dir zu leben, dann zeige es uns. Wenn wir es dann erkannt haben, wollen wir uns auch zu dir bekehren.«

Es war wohl das erste Gebet ihres Lebens. Beide bestätigten, dieses Gebet sei sehr ehrlich gewesen, und sie waren sehr froh darüber. Bemerkenswert ist, dass sie den Herrn angerufen haben. Das hat nach Römer 10,13 eine große Verheißung für denjenigen, der dies mit aufrichtigem Herzen tut: »Denn ›wer den Namen des Herrn anrufen wird, soll gerettet werden‹.«

Das wird nicht ohne Wirkung sein. Der Herr Jesus weiß, dass es für sie besser ist, mit ihm zu leben. So dürfen wir diese netten jungen Menschen weiterhin der Gnade Gottes anbefehlen. Möge er es schenken, dass sie sich zu gegebener Zeit retten lassen!

3.9 »Was werden meine Ahnen sagen?«

Im Juni 2008 war ich auf einer Vortragsreise in Japan.[20] In Sapporo, der größten Stadt auf der japanischen Nordinsel Hokkaido, kam es nach dem Sonntagsgottesdienst zu einem langen Gespräch mit *Hiroyuki Saito*, einem japanischen Intellektuellen. Man betrachtete ihn als unbekehrbar, weil sein Interesse insbesondere der Philosophie galt. Er hatte sich ausgiebig mit *Nietzsche* und *Hegel* beschäftigt, aber auch mit der Bibel. Was Gott betraf, war er wegen der sich widersprechenden Quellen, mit denen er sich wechselweise befasste, völlig verwirrt. Aber er hatte ein Ziel:»Ich will Gott verstehen!« Die Fragen, die er mir stellte, waren schier endlos.

In einem langen Gespräch zentrierten sich schließlich die Fragen auf Gott und die Bibel. Mithilfe einer japanisch-englischen Bibel versuchte ich, auf das zu antworten, was ihn am meisten bewegte.»Der Gott des Alten Testaments kann auf keinen Fall auch der Gott des Neuen Testaments sein«, war sein erster Einwand. Er meinte, Jesus könne er verstehen, und von ihm hielt er auch viel. Ich antwortete ihm:»Zur richtigen Gottesvorstellung gelangen wir allerdings erst dann, wenn wir eine persönliche Beziehung zu Jesus gefunden haben, denn Jesus gab uns den wichtigen Hinweis: ›Wer mich sieht, der sieht den Vater‹ (Joh 14,9).« Dann fragte er, was ich von all den Göttern in den japanischen Religionen hielte. – »Jedes Volk hat im Laufe der Geschichte eigene Götter erfunden. Sie hier in Japan verehren viele Götter, die Inder rufen sogar Tausende anderer Götter im Hinduismus an. Im Islam wiederum wird nur Allah verehrt. Die

---

20 Vortragsreise nach Japan vom 28. Mai bis 27. Juni 2008. Mitreisende waren Dipl.-Ing. *Jürgen Böck* (Organisator der Reise) und Dr. *Harry Tröster*. Besucht wurden die Städte Tokio, Yokohama, Sapporo, Kobe, Osaka, Karuizawa, Kyoto und Nagoya. Die meisten Vorträge hielt ich tagsüber an Universitäten; in den Gemeinden waren es vorwiegend Abendvorträge.

Indianer beten den großen Manitu an. Als Paulus nach Athen kam, stellte er fest, dass auch die Griechen ihre eigenen Götter hatten. Insofern ist Ihre Situation in Japan mit dem damaligen Griechenland vergleichbar. Paulus sagte zu den Athenern: ›Jetzt verkündige ich euch den wahren Gott, den Gott der Bibel. Er ist der einzige lebendige Gott!‹« (nach Apg 17,23-27). Erstaunlicherweise akzeptierte *Hiroyuki Saito* das bis hierhin Gesagte.

Ich ging nun einen gedanklichen Schritt weiter. In sein persönliches Kalenderheft zeichnete ich eine Grafik mit zwei zu unterscheidenden Bereichen. Der eine Bereich stellt das »Reich dieser Welt« und der andere das »Reich Gottes« dar. Aufgrund des Sündenfalls gehören wir alle zum »Reich dieser Welt«; erst wenn man sein Leben mit Jesus verbunden hat, gehört man zur Welt Gottes. Wer willentlich diesen Schritt tut, dem wird das Bürgerrecht im Himmel geschenkt. Den anderen bleibt nur die ewige Verlorenheit. Jesus ruft allen Menschen – unabhängig davon, ob sie Japaner, Deutsche oder Russen sind – zu: »Kommt her zu mir und lasst euch erretten!« Als ich den Eindruck hatte, das Wesentliche des Evangeliums war gesagt, ermutigte ich ihn, den Schritt zu Jesus hin zu tun.

Der Frage, ob er zum Reich Gottes gehören wolle, stimmte er zwar zu, aber es gab etwas, was ihn bremste und offensichtlich abhielt. Was mochte das nur sein? Nach einiger Zeit kam er damit heraus; es fiel das Stichwort »Ahnen«[21]. – »Was werden meine Ahnen sagen? Meine Eltern haben nicht an Jesus geglaubt und meine Ahnen auch nicht. Sind die dann alle in der Hölle?« Ich sagte ihm: »Das können wir hier nicht entscheiden – das ist Gottes Sache. Aber Gott ist ein gerechter Richter, und so wird er auch Ihre Ahnen gerecht beurteilen.«

---

21 Der Ahnenkult spielt in Japan eine so große Rolle, dass man in vielen Häusern Hausaltäre hat, wo den Ahnen täglich Reis und Wasser hingestellt wird.

Hiroyuki Saito und seine Frau *Nagako* am Tag ihrer Bekehrung, 15. Juni 2008.

Mir fiel das Wort aus Apostelgeschichte 17,30 ein, wonach »Gott über die Zeit der Unwissenheit hinweggesehen« hat. Weiterhin sagte ich: »Ihre Eltern und Ahnen haben noch nichts davon gewusst, aber Sie befinden sich nicht mehr in diesem Status der Unwissenheit. Sie wissen von dem lebendigen Gott und von Jesus, dem Retter. Wie damals den Athenern, so gilt für Sie heute der Ruf Gottes: ›Glaube an den Herrn Jesus, und du wirst errettet werden‹ (Apg 16,31; RELB).« Das hatte bei ihm gezündet. Dieses Wort bewirkte bei ihm einen Durchbruch. Nun war ein großes Hindernis beiseitegeräumt. Er war nun offenbar bereit, über die Linie zu gehen. Er und seine neben ihm sitzende Frau ließen sich den Heilsweg anhand einiger neutestamentlicher Aussagen erklären. Nun wäre das Übergabegebet dran gewesen, aber er hatte noch einen weiteren Einwand: »Ich habe doch noch so viele Fragen.« – »Wenn Sie warten wollen, bis Sie keine Fragen mehr haben, dann kommt es nie zu einer Entscheidung. Ich habe auch noch etliche Fragen, und manche davon kann mir niemand beantworten. Ebenso erging es damals den Jüngern Jesu: Sie wollten noch manche Dinge wissen, aber Jesus verwies sie auf den Himmel: ›An dem Tag werdet ihr mich nichts [mehr] fragen‹ (Joh 16,23).« Nachdem auch diese Hürde genommen war, war er zu seiner Lebensentscheidung bereit, wenn nicht noch ein letzter Einwand übrig blieb: »Wenn meine Frau auch mitmacht.« Sie nickte ihm zu, und so trafen beide an diesem Tag ihre Entscheidung. Es war nicht gerade eine leichte Geburt, aber der Herr schenkte bei jedem Gedankengang das rechte Wort.

Am nächsten Tag hatten wir einen Einsatz an einem anderen Ort, und zwar an einer Bibelschule. Ich habe mich riesig gefreut, die beiden in dem Vortragssaal zu entdecken. Sie hatten wirklich einen Hunger nach dem Wort Gottes.

Hiroyuki Saito und seine Frau *Nagako* lassen sich noch im Jahr ihrer Bekehrung, nämlich am 21. Dezember 2008, gemeinsam taufen.

Am 9. August 2009 besuchten uns *Olaf* und *Yuki Karthaus* mit ihren drei Kindern anlässlich eines Deutschland-Aufenthalts. Sie gehören der Gemeinde in Sapporo an, in die auch mein japanischer Glaubensbruder geht. Zu meinen ersten Fragen gehörte: »Was ist aus *Hiroyuki* und *Nagako Saito* geworden?« Freudig berichteten sie mir, dass sie kurz vor Weihnachten 2008, am 21. Dezember, unter freudiger Anteilnahme der Gemeinde getauft wurden. Auf ihren Wunsch hin standen sie beide gemeinsam im Taufbecken. Sie sind inzwischen zu engagierten Mitarbeitern in der Gemeinde geworden.

An diesem Beispiel wurde mir deutlich, die Menschen kommen nicht immer »mit fliegenden Fahnen« zu Jesus. Bei manchen ist der Anfang sehr zögerlich und mit vielen Einwänden gespickt. Es lohnt sich aber, alles nur Mögliche zu tun, um den Betreffenden zu helfen.

3.10 Das banalisierte Christentum

Welchen Eindruck gewinnt ein Fernsehzuschauer oder Zeitungsleser, wenn er das »Wort zum Sonntag« einschaltet oder in einer Tageszeitung das »Geistliche Wort« liest? Achselzuckend wird er denken: »Auch nichts Neues; bleib, wie du bist!« Die vermittelten Belanglosigkeiten lassen sich schnell zusammenfassen: »Übe dich in ein bisschen Mitmenschlichkeit und gewähre alle Toleranz gegenüber jeder Religion. Gottes weiter Mantel der Liebe reicht aus, um alle zu umhüllen.« Wenn unsere Zeitgenossen eine derart homöopathisch verdünnte Botschaft als Christentum angeboten bekommen, wird sich nichts in ihrem Leben ändern, und sie marschieren getrost und unwissend weiter auf der breiten Straße, die bekanntlich zur Hölle führt, weil sie Christus, den Erlöser, nicht kennengelernt haben.

Vor dem Hintergrund eines durch Humanismus und Aufklärung geprägten Umfeldes gilt das Christentum nur als eine unter vielen Religionen, die Bibel nur als eine unter vielen heiligen Schriften, der Gott der Bibel nur als ein Gott unter vielen anderen, und Jesus rangiert als einer unter vielen anderen Religionsstiftern.

Dennoch kommt es bei all diesen Relativierungen und Marginalisierungen zu so kämpferischen Schriften, wie sie etwa der streitbare englische Evolutionsbiologe *Richard Dawkins* mit seinem Bestseller »Der Gotteswahn« vorgelegt hat. Auf 575 Seiten (Ullstein Buchverlage 2007) schlägt er wild um sich. Er möchte mit seiner Mission eine atheistische Weltrevolution auslösen und kämpft gegen jede Form des Gottglaubens, wobei er es auf den biblischen Gott in besonderer Weise abgesehen hat. Hier fährt er seine schändlichsten Wortgeschütze auf; ihm ist kein Mittel giftig genug, wenn er ihn diffamiert als »die unangenehmste Gestalt in der gesamten Literatur: Er ist eifersüchtig und auch noch stolz darauf, ein kleinlicher, ungerechter, blutrünstiger ethnischer Säuberer, ein frauenfeindlicher, homophober, rassistischer, Kinder und Völker mordender, ekeliger, größenwahnsinniger, sadomasochistischer, launisch-boshafter Tyrann.« Nach diesem Rundumschlag schwingt *Dawkins* seine Keule gegen die Kreationisten, die diesem Gott in allem vertrauen und ihm sogar zutrauen, dass er die ganze Welt und alles Leben in nur sechs Tagen geschaffen hat.

Als *Dawkins* im deutschen Fernsehen (ZDF) bei *Johannes B. Kerner* zum Streitgespräch eingeladen war, hatte er als Gegenüber den ehemaligen Ratsvorsitzenden der EKD und früheren evangelischen Bischof von Berlin-Brandenburg *Wolfgang Huber*, den katholischen Weihbischof *Hans-Jochen Jaschke* und den jesuitisch geprägten Politiker *Heiner Geißler*. Hatte *Dawkins* es hier mit handfesten bibelorientierten Christen zu tun? Der Kommentator *Alan Posener* beschrieb in der Tageszeitung »Die Welt« (16. 11. 2007) treffend die Haltung dieser drei »Christen«: »Mit weichgespülten westeuropäischen Theologen, die in schöner Einmütigkeit erklären, die Hölle habe für sie ›keine große Bedeutung‹, ihre Existenz werde von der Kirche ›eigentlich nicht‹ gelehrt *(Jaschke)*, die ›Kritik der Höllenforschung‹ sei eine der Stärken der modernen Theologie *(Huber)* und überhaupt sei ›die Existenz der Hölle unvereinbar mit der Existenz eines gütigen Gottes‹ *(Geißler)*, hatte *Dawkins* sichtlich seine Schwierigkeiten.«[22] *Posener* zog das Fazit: »Die Ausführungen der *Dawkins*-Gegner [machten] klar …, wie sehr die christliche Religion in Deutschland heute einerseits zur reinen Lebensphilosophie, andererseits zur Magd der Politik verkommen ist.« Am Schluss der Sendung fragte der Moderator den Vertreter des Atheismus: »Was passiert denn mit Ihnen nach Ihrem Tod?« *Dawkins* antwortete darauf: »Ich verrotte.«

An dieser Stelle hätte ihn jemand unerschrocken ermahnen müssen: »Wenn Sie bei Ihrer gottlosen Anschauung bleiben, gilt für Sie das Gerichtswort Jesu: ›Wer aber nicht glaubt, der wird verdammt werden‹ (Mk 16,16). Die Hölle, die Sie für nicht existent halten und die diese ›weichgespülten‹ Theologen wegerklärt haben, wird in Ewigkeit Ihr realer Aufenthaltsort sein, aus dem es kein Zurück mehr gibt.«

Posener kommentierte weiterhin: »Schließlich ist sein [d. h. *Dawkins'*] Buch vor allem geschrieben für den amerikanischen Markt, wo Glaube noch Glaube ist und das Wort der Bibel [noch] Gewicht hat.« Als Evolutionsbiologe gründet *Dawkins* sei-

---

22 Quelle: http://www.welt.de/fernsehen/article1367402/Atheist-Dawkins-stellt-sich-Kerners-Tribunal.html (abgerufen am 21. 11. 2013). Dort sind auch die folgenden Zitate aus diesem Artikel zu finden.

nen aggressiven Atheismus auf die Evolutionslehre. Diejenigen, die aus wissenschaftlichen und biblischen Gründen diese Lehre als Irrtum entlarven, sind seine ärgsten Feinde, denn sie entziehen ihm sein »Glaubensfundament«. Da wiedergeborene Christen in der Regel »allem glauben, was geschrieben steht« (Apg 24,14), verwerfen sie folgerichtig alle bibelkritischen Theologien und auch alle Welt- und Lebens-Entstehungstheorien, die dem Schöpfungsbericht der Bibel widersprechen. In diesem Sinne versucht man, Bibelgläubige als Fundamentalisten und Kreationisten zu brandmarken. Man möchte sie am liebsten in dieselbe Schublade mit den islamischen Fundamentalisten und Terroristen stecken.

Liest man die Stellungnahmen von Bischöfen, Weltanschauungsbeauftragten oder liberalen Theologen zu dem Stichwort »Kreationismus« oder »Intelligent Design«, so fällt auf, dass es überhaupt nicht um die unterschiedliche Deutung der Fossilien oder der kosmologischen Prozesse geht. Zur Debatte steht einzig die Lesart der Bibel. Ist die Bibel nicht ernst zu nehmen, dann kann man auch an Evolution glauben und die Hölle wegretuschieren. Stimmt die Bibel aber doch, dann hat Gott wirklich in sechs Tagen die komplette Schöpfung vollendet, dann gibt es Himmel und Hölle, dann sind alle Religionen nur schillernde Fata Morganen einer verlorenen Welt, und dann ist Jesus auch der einzige Retter vor ewiger Verlorenheit.

3.11 Die größte Brücke der Welt

Kaum bemerkt von der Weltöffentlichkeit wurde im Jahr 2008 in China die bis dahin längste Meeresbrücke der Welt vollendet. Die Brücke über die Bucht von Hangzhou südlich von Schanghai ist 36 Kilometer lang. Zehn Jahre Planung und Bauzeit waren hierfür erforderlich. Der Tidenhub beträgt in dieser Bucht beachtliche neun Meter. Die Konstruktion erhält ihre Stabilität durch 660 Brückenbögen und 7000 tief im Meeresboden verankerte Pfeiler. Stählerne Pylonen recken sich fast 100 Meter in die Höhe. Bis zur Fertigstellung wurden 800 000 Tonnen Stahl verbaut; das ist die über 80-fache Menge des Eiffelturms von Paris. Weiterhin kamen 2,5 Millionen Tonnen Beton zum Einsatz. Die Brücke verkürzt den Weg von Schanghai zur Hafenstadt Ningbo um 120 Kilometer. Das Brückenwunder kostete umgerechnet 1,4 Milliarden Euro und soll nach Meinung der Experten Orkanen mit einer Windgeschwindigkeit bis zu 230 km/h standhalten.

Diese Brücke ist mir zum Gleichnis für eine ganz anders geartete Brücke geworden: Es ist jene, die nicht die Hangzhou-Bucht des Ostchinesischen Meeres zwischen Schanghai und Ningbo überspannt, sondern die sich bis zum Himmel erstreckt. Durch den Sündenfall hatte sich der Mensch von Gott entfernt, und es tat sich eine unüberwindliche Kluft zwischen ihm und Gott und damit auch zum Himmel auf. Zur Rettung musste eine Brücke errichtet werden, die von uns Menschen bis zum Himmel reicht. Gottes Rettungsbrücke ist nicht aus Stahl und Beton gebaut, sondern aus Holz gezimmert – es ist das Kreuz von Golgatha. Der Wert der Brücke Gottes ist nicht in Euro umrechenbar und kann auch nicht mit Gold aufgewogen werden, denn der Preis hierfür war das Leben seines Sohnes Jesus. Er gab es für unsere Schuld: »Denn ihr wisst, dass ihr nicht mit vergänglichem Silber oder Gold erlöst seid …, sondern mit dem teuren Blut Christi« (1Petr 1,18-19).

3.12 Deutschlands größtes Risiko

Risikoberechnungen gehören zum Standard des Versicherungswesens. Je höher das Risiko, desto höher ist der zu zahlende Versicherungsbeitrag. Gegen alle möglichen Risiken sind wir versichert. Wir haben eine Kranken-, eine Hausrat-, eine Haftpflicht-, eine Diebstahl- und vielleicht auch eine Lebensversicherung. Die bekannte Schauspielerin *Marlene Dietrich* (1901–1992) ließ sogar ihre Beine versichern.

Mit möglichst geringem Risiko wollen wir alle durchs Leben kommen. Niemand würde ein Flugzeug besteigen, das mit 10-prozentiger Wahrscheinlichkeit abstürzt. Die *Titanic* galt als unsinkbar. So glaubten die 2224 Passagiere an eine sichere Ankunft in New York. Für die meisten von ihnen aber wurde bereits die Jungfernfahrt des Schiffes im April 1912 zu einer Fahrt in den Tod.

Unter dem Titel »Wir Angsthasen« veröffentlichte die Zeitung »Die Welt« (8.3.2008) einige Daten zur Risikoabschätzung. Dabei ging es um solche Risiken, die unser Leben verkürzen. Pro erzeugter Terawattstunde (= 1 Milliarde kWh) Strom ist die Kernenergie so »gesund« wie Wasserkraft und Windenergie, während Steinkohle- und Braunkohlekraftwerke ein mehr als zehnfach höheres Erkrankungspotenzial mit sich bringen. Experten haben errechnet, dass ein Raucher im Schnitt 2250 Tage früher stirbt, als er es statistisch müsste, wenn er dem blauen Dunst nicht frönen würde. Durch das Autofahren verlieren Verkehrsteilnehmer 207 Lebenstage, während der Betrieb von Kernkraftwerken mit statistisch kaum wahrnehmbaren 0,02 verlorenen Tagen zu Buche schlägt.

Von einem wiederum anderen Risiko ist die Rede, wenn Klimaforscher uns per Computersimulationen vorrechnen, nach wie vielen Jahrzehnten das Eis der Polkappen abgeschmolzen sein wird und um wie viel Meter der Wasserspiegel der Weltmeere dann angestiegen sein wird. Andere Zukunftsforscher schätzen ab, wann die Erdöl- und Kohlevorräte zur Neige gehen.

Bei all diesen Erwägungen bleibt das größte Ereignis der Weltgeschichte jedoch völlig unbeachtet. Es ist die Wiederkunft Jesu! Dieser Tag ist so gewiss wie kein anderes Ereignis der Zeitgeschichte, und er macht alle Prognosen zunichte, weil wir sehr rasch auf ihn zugehen, denn in Daniel 12,7 heißt es: »Wenn die Zerstreuung des heiligen Volks ein Ende hat, soll dies alles geschehen.« Seit 1948 gibt es wieder den Staat Israel. Damit hat Gott den Zeiger der Weltenuhr auf kurz vor zwölf gestellt. In Matthäus 24,30 hat Jesus selbst dieses Ereignis deutlich vorausgesagt: »Und dann wird erscheinen das Zeichen des Menschensohns am Himmel. Und dann werden wehklagen alle Geschlechter auf Erden und werden sehen den Menschensohn kommen auf den Wolken des Himmels mit großer Kraft und Herrlichkeit.«

Müsste dieser Tag nicht für die ganze Menschheit ein riesiger Grund zur Freude sein? Der Schöpfer der Welt erscheint höchstpersönlich! Der Retter der Welt kommt! Warum aber steht in Offenbarung 1,7: »Es werden wehklagen ... alle Geschlechter der Erde«? Warum schreien die betreffenden Menschen, indem sie sich an die Berge und Felsen wenden: »Fallt über uns und verbergt uns vor [seinem] Angesicht« (Offb 6,16)? Die meisten Menschen gehen Wege, bei denen Jesus überhaupt nicht oder nur am Rande vorkommt. Namhafte Atheisten schreiben Bestseller, die versuchen, Gott wegzuerklären. Evolutionstheoretiker brauchen keinen intelligenten Urheber für die Information, die in jeder Zelle installiert ist. An diesem Tag aber wird Gott sichtbare Realität. Alle Neinsager und Ignoranten Gottes und alle Bibelkritiker (auch wenn sie im frommen Gewand auftraten) erkennen jetzt ihren falschen Weg. Nun sind sie verloren und können nichts mehr revidieren. Es ist endgültig zu spät. Darum schreien und wehklagen sie.

Alle werden Jesus sehen: »Siehe, er kommt mit den Wolken, und es werden ihn sehen alle Augen und alle, die ihn durchbohrt haben, und es werden wehklagen um seinetwillen alle Geschlechter der Erde«, schreibt Johannes in Offenbarung 1,7. Als *Neil A. Armstrong* am 21. Juli 1969 als erster Mensch seinen Fuß auf den Mond setzte, haben 500 Millionen Menschen dieses Ereignis am Fernseher mitverfolgt. Lady *Diana* von England kam bei einem Verkehrsunfall ums Leben. Als für sie am 6. September 1997 in London die bis dahin größte Beerdigung aller Zeiten stattfand, haben diese Zeremonie 2,5 Milliarden Menschen am Fernseher mitverfolgt – 40 Prozent der damaligen Weltbevölkerung! Deshalb ging sie als erste »Globalbeerdigung« in die Geschichte ein. Für das Kommen Jesu ist keine Fernsehkamera nötig. Alle Menschen werden dieses größte Ereignis der Weltgeschichte »live« erleben. Für jedermann wird Jesus dann sichtbar sein. Das gilt nicht nur für die Weltbevölkerung, die zu der Zeit lebt, sondern für alle Generationen der Menschheitsgeschichte. Dann steht nur noch eine einzige Frage zur Debatte: Gehöre ich zur Schar der Geretteten oder der Verlorenen?

Deutschlands größtes Risiko: Gemäß einer Statistik besuchen nur fünf Prozent der Mitglieder der Evangelischen Kirche an Karfreitag und Ostern die Gottesdienste. Die Botschaft vom Kreuz wird nicht mehr gehört. Ostern hat in doppelter Hinsicht keine Chance. Zum einen ist da die Weigerung, das Geschehen für wahr zu halten: 2004 glaubten nur 37 Prozent der Deutschen, Jesus sei mehr oder weniger real auferstanden. Zum anderen gibt es eine faktische Abschaffung einer Hölle, der man durch Christi Erlösungstat entrissen wird: »Tod, wo ist dein Stachel? Hölle, wo ist dein Sieg?«[23] Bei diesem triumphierenden Ausruf dürften die meisten Deutschen zurückfragen: »Welcher Stachel? Wel-

---

23 Vgl. 1. Korinther 15,55 (Luther 1912).

che Hölle?« Für die heute gängigen Jenseitsvorstellungen sind Karfreitag und Ostern nicht mehr nötig. Die Leute fürchten nur noch den Sterbeprozess und den Verlust lieber Menschen. Sie fürchten aber weder den Todeszustand noch die Hölle oder das Gericht. Hölle und Gericht sind als Glaubensinhalte auch in den beiden großen Kirchen fast völlig verschwunden.

Wie viele Deutsche glauben noch »allem …, was geschrieben steht« (Apg 24,14)? Das hat bisher keine Statistik erfasst. Haben wir mit einem oder zwei Prozent wohl schon zu hoch gegriffen? Dann würden 99 oder 98 Prozent riskieren, auf dem Weg zur Hölle zu sein. Liebe Mitbürger, wacht auf, damit der ewige Tod nicht zu eurem unwiderruflichen Schicksal wird! Warum wollt ihr weiterhin mit einem so hohen Höllenrisiko leben? Es gibt doch für jeden Einzelnen einen Ausweg: »Glaube an den Herrn Jesus!« (Apg 16,31).

3.13 Gottes Saat und unser Säen

Für den Transport der Pflanzensamen werden vorwiegend drei Vehikel benutzt: Wind, Wasser und Tiere. Viele Samen sind für das Fliegen besonders gut ausgestattet, wie etwa die staubfeinen Orchideensamen, die nur 1 Millionstel Gramm (= 0,000 001 Gramm) wiegen und darum vom Wind über weite Entfernungen getrieben werden. Erst 30 000 von ihnen entsprechen dem Gewicht eines Reiskorns. Der uns bekannteste Windflieger ist der Löwenzahn, dessen Samen irgendwo als Fallschirme landen. Die Samen der Ahornbäume hingegen haben Drehflügel. Die Kokosnuss wiederum kann monatelang auf dem Ozean schwimmen, um endlich an einer fernen Insel zu landen. Eine andere Methode der Samenausbreitung ist die Passage durch den Darm von Tieren. Vögel und Säugetiere fressen die

Früchte der Pflanzen und scheiden die Samen später gut gedüngt wieder aus. Die Ideen, die der Schöpfer in Bezug auf die Sätechnik umgesetzt hat, sind bei den 250 000 Arten der Samenpflanzen schier endlos.

Jesus vergleicht das Wort Gottes mit Samen (Lk 8,11). Dieses Wort sollen wir reichhaltig und erfinderisch austeilen. Es wird ebenso Frucht bringen zu seiner Zeit, wie es jeder gute Baum tut. Jeder Bauer weiß, dass die Menge der ausgesäten Saat einmal in direktem Verhältnis zur eingebrachten Ernte stehen wird. Im Geistlichen ist das nach dem obigen Wort nicht anders.

Während einer Polenreise lernte ich eine Frau kennen, die sich erst vor Kurzem bekehrt hatte. Sie hatte gleich eine gute Idee, was das Säen betrifft: Sie ließ ein vier Meter langes Schild mit der Aufschrift »Glaube an den Herrn Jesus, so wirst du und dein Haus gerettet« (nach Apg 16,31) auf einem Stück Land an einer stark befahrenen Straße aufstellen, das sie zu diesem Zweck erworben hatte. Sie missioniert rund um die Uhr.

3.14 »Auch der Papst muss ins Fegefeuer«

Auf einer Geburtstagsfeier kam es dazu, dass ich neben einer strengen Katholikin saß. Sie ist im Schuldienst tätig und unterrichtet katholische Religion. Bald kamen wir auf den Glauben zu sprechen, und so konnte ich ihr eine Frage stellen, auf die ich schon seit einiger Zeit eine Antwort suchte. »Am 2. April 2005 starb Papst *Johannes Paul II.* Er hielt sich an die übliche Gepflogenheit der sterbenden Päpste und verfasste ein offizielles Dokument, das nach seinem Tode veröffentlicht wurde. Darin steht u. a., die Katholiken mögen doch weltweit für ihn beten. Können Sie mir erklären, warum er sich dieses so umfassende Gebet gewünscht hat?« – »Ja, das hat mit dem Fegefeuer zu tun. Auch ein Papst ist noch nicht vollkommen, und darum muss auch er in das Fegefeuer, um gereinigt zu werden. Wir wissen nicht, wie viele Jahre oder Jahrhunderte er dort verbleiben muss. Um aber diese Zeit abzukürzen, wollte er, dass für ihn gebetet wird.«

Ich fragte weiter: »Werden Sie auch einmal in das Fegefeuer kommen?« – »Nein, ich komme dort nicht hin.« – »Aber Sie sind doch auch Katholikin, und nach katholischem Verständnis müssen doch alle erst einmal in das Fegefeuer?« – »Jesus hat am Kreuz gesagt: ›Es ist vollbracht!‹ – Das nehme ich für mich in Anspruch, und das ist hinreichend, um direkt den Himmel zu erreichen.«

Das war eine erfreulich klare und biblisch begründete Antwort. Damit hatte sie den Papst in seiner biblischen Erkenntnis weit überholt. Die Bibel kennt kein Fegefeuer; es ist eine rein menschliche Erfindung, die ich als furchtbar empfinde, weil sie die biblische Botschaft aushöhlt. Was wäre das nur für ein ungerechter Gott, der einem Papst aufgrund seines Bekanntheitsgrades die Chance gibt, durch millionenfache Gebete schneller aus dem Fegefeuer herauszukommen als eine arme Frau in einem kleinen Dorf, für die niemand beten würde?

Ich freue mich über die Zusage Jesu: »Meine Schafe hören meine Stimme, ... und ich gebe ihnen das ewige Leben« (Joh 10,27-28). Wenn wir Jesu Zusage der Rettung verändern, machen wir ihn zum Lügner. Für den Papst gilt ebenso wie für jeden anderen: Nur wer sich wirklich zu Jesus bekehrt hat, ist gerettet, anderenfalls ist auch er ewig verloren. Ein weiterer Hinweis unterstreicht den Irrtum der Fegefeuerlehre: Mit Jesus wurden zwei Verbrecher gekreuzigt. Der eine sagte zu Jesus: »Jesus, gedenke an mich, wenn du in dein Reich kommst!« (Lk 23,42). Gäbe es ein Fegefeuer, dann hätte Jesus zu ihm gesagt: »Heute noch wirst du im Fegefeuer sein, um von deinen Verbrechen gereinigt zu werden.« Aber Jesu Rettung geschieht immer augenblicklich und ist vollkommen, und darum sagte er zu ihm: »Heute wirst du mit mir im Paradies sein« (Lk 23,43).

3.15 Christsein, aber ohne Gott?

Als wir neulich zu einer Geburtstagsfeier eingeladen waren, gab es dort eine recht bunt gemischte Gesellschaft. Neben einigen Christen waren auch ein paar bekennende Gottlose anwesend.

Mit einem Mal brachte eine Frau das Stichwort »Toleranz« ins Gespräch. Geradezu kämpferisch betonte sie, dass dies das Allheilmittel der Welt sei. Sie meinte, sie sei ein guter Christ, obwohl sie mit Gott nichts zu tun haben wolle. Sie tue aber vielen Menschen Gutes, sei gütig und immer hilfsbereit. Darauf antwortete ich etwa so:

»Es ist gut, wenn Sie anderen helfen, aber ohne Gott haben Sie für die Ewigkeit überhaupt nicht vorgesorgt. Es gibt Himmel und Hölle, und ohne Retter verfallen Sie der immerwährenden Verlorenheit.«

Nun wurde sie äußerst heftig: »Mit Gott will ich absolut nichts zu tun haben, hören Sie mir damit auf!« Und dann folgte ein langer Schwall von Worten, um ihre Gottlosigkeit zu rechtfertigen. Ich antworte darauf: »Sie haben alle Freiheit, zu tun und zu glauben, was Sie wollen. Es zwingt Sie doch niemand – Sie sind frei.

Aber lassen Sie mich eine kleine Geschichte erzählen. Stellen Sie sich einmal vor, mir wäre es gelungen, ein Medikament zu erfinden, das AIDS heilen könnte. Nachdem ich das Mittel getestet und die Herstellung genau beschrieben habe, vergrabe ich alle Unterlagen in meinem Garten, damit niemand etwas davon erfährt. Wie würden Sie mein Verhalten beurteilen?«

Nun waren sich alle sehr schnell einig, und man überschlug sich geradezu mit abwertenden Worten:

»Wie kann man so etwas nur tun? Dann sind Sie ein Schuft, ja, ein ganz mieser Kerl!« – »Ich habe mir doch gleich gedacht, was Sie für einer sind!«

Ich stimmte allen zu und fuhr fort:

»Was wollte ich damit sagen? Ich kenne ein noch viel wertvolleres Mittel, das nicht nur dieses Leben rettet, sondern uns das Leben für eine ganze Ewigkeit schenkt. Auch hier gilt: Wer dieses Mittel nicht nimmt, ist einem ewigen schrecklichen Leid ausgesetzt. Sie merken, was ich damit sagen will: Ich will Ihnen nicht etwas von Gott überstülpen, was Sie nach Ihren eigenen Worten ja nicht hören wollen. Ich will Ihnen nur das Heilmittel nennen, das Ihnen Befreiung vom ›ewigen AIDS‹ bringt. Es ist Ihre Verantwortung, ob Sie es nehmen oder ablehnen.«

3.16 Sonderkonstruktion Giraffe

Das neugeborene Giraffenkalb fällt aus 1,5 Meter Höhe quasi ins Leben. Die Mutter ist nicht in der Lage, sich zur Geburt bequem auf den Boden zu hocken. Sie würde zudem zur leichten Beute für die Löwen und andere Raubtiere. Im Vergleich zur Geburt anderer Säugetiere hat das Giraffenbaby ein zusätzliches Problem. Es hat einen sehr zerbrechlichen langen Hals, an dem ein

70 Kilogramm schwerer Körper »dranhängt«. Käme der Kopf zuerst heraus, würde der Hals brechen, wenn der nachfolgende Körper darauf fällt. Käme hingegen der Kopf zuletzt heraus, würde auch hierbei der Hals brechen, wenn durch das Körpergewicht der Kopf plötzlich aus dem Muttertier herausgerissen würde. Was ist des Schöpfers Lösung für dieses offensichtliche Problem? Er hat die hinteren Hüften viel schmaler konstruiert als die vorderen Schultern. Der Hals ist gerade lang genug, um den Kopf, auf den Hüften ruhend, den Geburtskanal passieren zu lassen. Die Vorderfüße kommen zuerst heraus, um den Fall des Tieres abzubremsen. Von den hinteren Hüften wird der Kopf unterstützt und abgefedert. Weil der Hals biegsam genug ist, kann er sich leicht um die vorderen Schultern beugen. Alles läuft perfekt inszeniert ab. Innerhalb von Minuten steht das Kalb anmutig zwischen den Beinen der Mutter.

Ökologisch gesehen, passt die Giraffe genau zu ihrer Umgebung und erfüllt wichtige Aufgaben. Gebraucht wird ein Baumtrimmer, der verhindert, dass die schnell wachsenden Bäume den Boden überschatten und dem Gras das Licht nehmen, das als Nahrung für andere Tiere benötigt wird. Außerdem übernehmen die Giraffen die Wächterfunktion, weil sie von höherer Warte aus die Bewegungen der Raubkatzen beobachten können.

Unter all den verschiedenen Tierarten, die es auf der Welt gibt, fällt die Giraffe mit ihrem extrem langen Hals und den hochgestelzten Beinen auf. Diese geniale Konstruktion des Schöpfers erfordert ein besonders leistungsstarkes Herz. Bei aufrechter Kopfhaltung muss das Blut die lange Strecke von 2,5 Metern vom Herzen zum Gehirn überwinden. Das Herz wiegt ca. 12 Kilogramm, kann 60 Liter Blut pro Minute durch den Körper pumpen und muss einen Blutdruck erzeugen, der der höchste unter allen Säugetieren ist. Beim Trinken wird der

Kopf so tief abgesenkt, dass sich dabei ein Höhenunterschied von 5,8 Metern ergibt. Hätte der Schöpfer nicht alles bedacht, würde der Kopf »explodieren«. Das wird jedoch durch ein spezielles Adernetz (das sogenannte »Wundernetz«, welches das Gehirn umgibt) sowie durch Bypässe verhindert. Die Gefäßwände sind zudem so elastisch, dass beim Aufrichten des Kopfes genügend Blut zurückgehalten wird, damit keine plötzliche Blutleere im Gehirn auftritt. In den Venen befinden sich besondere Gefäßklappen, die beim Kopfsenken einen Rückfluss des Blutes ins Gehirn verhindern.

Um den hohen Blutdruck zu erzeugen, ist die linke Herzkammer mit der beachtlichen Dicke von 7,5 Zentimeter ausgeführt. Beim liegenden Tier konnten Blutdrücke von 353/303 Millimeter-Quecksilbersäule gemessen werden (im Vergleich dazu der Mensch: 135/80).

Da alle Konstruktionsdetails gleichzeitig vorhanden sein müssen, ist die ziellos wirkende Evolution ungeeignet, die Herkunft eines so ausgeklügelten Systems zu erklären. Schließen wir uns den Aussagen des Psalmisten an und beten wir mit ihm: »Wie wunderbar sind deine Werke!« (Ps 66,3).

3.17 Erlebt in »meinem Audimax«

Während der ersten vier Semester meines Studiums an der Technischen Hochschule Hannover hatte ich, abgesehen von der vorlesungsfreien Zeit, täglich Vorlesungen in dem 600 Studenten fassenden Audimax. Jedes Detail dieser Umgebung war mir wohlbekannt, und ich erinnere mich noch gerne an die bewusst erlebte Studentenzeit.

Im voll besetzten Audimax der Technischen Universität Hannover demonstrieren etwa 40 linksorientierte Studenten während eines einstündigen Radaus mit Trillerpfeifen und einem Transparent mit der Aufschrift »Fahrt zur Hölle, Kreationisten!« gegen die geplante christliche Veranstaltung.

Nach über 40 Jahren betrat ich erstmals wieder diesen mir so vertrauten größten Hörsaal meiner alten Alma Mater. Die etwa zehn Meter lange Tafel war noch immer dieselbe von damals. Die Zeit schien dort stehen geblieben zu sein. Und doch waren die Umstände jetzt ganz anders. Ich nahm nicht Platz in jener dritten oder vierten Reihe wie damals, sondern stand vorne, um meinen Vortrag »Warum ich als Wissenschaftler der Bibel glaube« zu halten. Der Hörsaal war erfreulicherweise bis zum letzten Platz gefüllt, aber der Empfang war äußerst ungewöhnlich. Etwa 40 linksorientierte Studenten hatten Trillerpfeifen dabei und bereiteten mir als »Begrüßung« ein pausenloses Pfeifkonzert, das von der Phonstärke her mit einem Auftritt der Rolling Stones mühelos mithalten konnte. Mit farbigen Transparenten demonstrierten sie gegen diese biblisch ausgerichtete Veranstaltung. Die Veranstalter informierten die Polizei, die auch recht bald mit fünf Beamten anrückte. Die Aufforderung eines Polizisten vom Mikrofon aus, die Ruhestörung zu beenden, blieb unbeachtet. So forderte man Verstärkung an. Zusammen mit den zusätzlich eingetroffenen 20 Ordnungshütern konnte jener Teil der Störenfriede, die sich im linken oberen Bereich des Hörsaals konzentriert hatten, hinausbefördert werden. Einige der trillernden Studenten, die sich im Hörsaal verteilt hatten, waren von den Hörern eingekeilt. Sie wollten auch gar nicht hinausgehen, um nicht als Störenfriede erkannt zu werden. So mussten sie ungewollt den kompletten Vortrag anhören. Mit exakt einer Stunde Verspätung konnte die Veranstaltung dann beginnen. Bemerkenswert war, dass von den Zuhörern niemand wegen des Tumults das Audimax verlassen hatte. »idea« (Evangelische Nachrichtenagentur [30.10.2008]) berichtete dann wie folgt über diese Ereignisse:

Etwa fünf Polizisten versuchen, die tumultartige Störung zu beenden – jedoch ohne Erfolg.

Nachdem es einem größeren Aufgebot von Polizisten gelang, die Störer aus dem Audimax zu entfernen, konnte der geplante Vortrag mit einer Stunde Verspätung schließlich beginnen. Die Zuhörer harrten geduldig aus. An der Tafel stand weithin sichtbar die Antwort eines Studenten: »Nein, wir fahren zum Himmel!« (Auf diesem Foto ist die Kreideschrift an der Tafel leider kaum lesbar.)

Linke Demonstranten: »Fahrt zur Hölle, Kreationisten!«

Eine Gruppe von etwa 40 Demonstranten hinderte *Gitt* zunächst mit tumultartigen Störungen am Vortrag. Außerdem entrollten sie ein Transparent mit der Aufschrift »Fahrt zur Hölle, Kreationisten!« Im Gegenzug schrieb ein Student unter Beifall auf eine Tafel: »Nein! Wir fahren zum Himmel.« Da die Störer nicht nachließen, wurde die Polizei gerufen. Nach mehreren vergeblichen Versuchen einzelner Ordnungshüter, die Störer zum Verlassen des Saales zu bewegen, fügten sie sich schließlich ohne Gegenwehr und verließen das Auditorium, nachdem etwa 20 weitere Uniformierte angerückt waren. Nach etwa einer Stunde konnte *Gitt* seinen Vortrag beginnen und ohne weitere Störung zu Ende bringen.

Gitt: Solche Störungen noch nie erlebt

Wie der 71-Jährige jetzt auf Anfrage von »idea« sagte, hätten die linksorientierten Gruppen schon im Vorfeld versucht, die Veranstaltung durch Intervention bei der Universitätsverwaltung zu verhindern. Veranstalter war das »Forum Bibel – Glaube – Wissenschaft« (Hannover). Wie *Gitt* erläuterte, habe er in seiner langjährigen Vortragstätigkeit an Universitäten im In- und Ausland so etwas noch nie erlebt. Ob im Osten Deutschlands, in Kasachstan, Japan oder den USA – überall hätten ihm die Studenten aufmerksam zugehört und auch kritische Fragen gestellt. Allerdings hätten die Störer in Hannover auch etwas Gutes bewirkt. Nach dem Abzug ihrer Hauptgruppe hätten die Zuhörer seine Ausführungen mit erhöhter Aufmerksamkeit verfolgt. Nach dem Vortrag seien etwa 40 Interessierte noch zu Gesprächen in zwei Gruppen geblieben. *Gitt* vertritt die Auffassung, dass die Bibel sowohl in historischer als auch naturwissenschaftlicher Hinsicht irrtumslos ist und lehnt beispielsweise die Evolutionstheorie ab.

Forum: AStA[24] befürwortete Störungen

Das »Forum Bibel – Glaube – Wissenschaft« setzt sich nach eigenen Angaben dafür ein, Sinn- und Existenzfragen auf der Basis des christlichen Menschenbildes im öffentlichen Raum zu diskutieren. In einer von dem evangelischen Theologen *Wolfgang Nestvogel* unterzeichneten Presseerklärung weist das Forum darauf hin, dass *Gitts* Vortrag »unter offensichtlicher Befürwortung des AStA« niedergeschrien werden sollte. Dieser Vorgang mache erneut die Notwendigkeit deutlich, den öffentlichen Raum als Diskussionsforum zu verteidigen. Das Forum danke den Polizeikräften, die durch ihr Eingreifen eine ruhige Fortsetzung der Veranstaltung ermöglicht und damit einen wichtigen Beitrag zum Schutz der Meinungs- und Redefreiheit geleistet hätten.

---

24 Abkürzung für »Allgemeiner Studierendenausschuss« bzw. »Allgemeiner Studentenausschuss«.

3.18 Ein nicht alltägliches Erlebnis im Krankenhaus

Es war am 15. Januar 2010, nachmittags gegen 16 Uhr, als ich zusammen mit unserer Tochter *Rona* einen langjährigen Freund aus unserer Gemeinde im Klinikum Braunschweig, Salzdahlumer Straße, besuchen wollte. Als wir in das genannte Krankenzimmer traten, lag dort nicht *Erich*, sondern ein mir unbekannter Mann. Er vermutete, dass wir uns wohl in der Zimmernummer geirrt haben müssten, sprach uns aber gleich sehr freundlich an: »Es ist aber schön, dass Sie mich besuchen kommen.« Wir wechselten noch ein paar freundliche Worte, und dann sprach er eine Bitte aus: »Könnten Sie mir unten vom Kiosk einen Kopfhörer besorgen, denn ich habe gerade eine Fußoperation gehabt und darf im Augenblick keinen Schritt gehen.« Ich sagte zu, und er drückte mir die dazu notwendigen 3 Euro in die Hand.

Von der Krankenschwester erfuhren wir, dass *Erich,* dem eigentlich unser Besuch galt, gerade heute in ein Altenheim verlegt wurde.

Ich kaufte dann im Kiosk den gewünschten Kopfhörer und brachte ihn dem freundlichen Mann in die vierte Etage. Herr *P.* war sehr erfreut über diesen kleinen Dienst und bedankte sich mit netten Worten. Irgendwie hatte ich das Gefühl, diese kleine Gefälligkeit kann doch nicht alles gewesen sein. Da erinnerte ich mich an das kleine Gideon-Testament, das ich mir in die Tasche gesteckt hatte. *Erich* hätte sich über ein paar Bibelverse sehr gefreut. Warum nicht auch dieser Patient, der vor mir in seinem Bett lag? Ich gab ihm das Büchlein mit den Worten: »Sie haben sicher Zeit zum Lesen, und darum möchte ich Ihnen dieses kleine Neue Testament schenken.« Er nahm es gerne an, und wir kamen über Gott und die Bibel ins Gespräch. Kritisch wandte er ein: »Ich kann diesen Gott überhaupt nicht verstehen, wenn er jetzt dieses schreckliche Erdbeben auf Haiti[25] zulässt.« Ich stimmte ihm zu: »Ich verstehe Gott auch nicht immer, aber eines habe ich verstanden, nämlich, wie ich in den Himmel komme. Das hat mein Leben grundlegend verändert, und ich bin sehr froh, diesen Gott in meinem Leben zu haben.« Jetzt interessierte ihn die Sache mehr, und ich fragte ihn, ob das mit dem Himmel nicht auch etwas für ihn wäre. Wie man dorthin komme, sei in diesem kleinen Buch genau beschrieben, fügte ich hinzu.

Auf meine Frage, ob ich es ihm einmal erklären solle, stimmte er zu, und so zeigte ich ihm anhand dreier Verse (Röm 3,23; 1Jo 1,9; Joh 1,12) den Weg zum Himmel. Er fragte mich zwischendurch, ob ich Pastor sei, »denn Sie haben das sehr plausibel erklärt«. Ich hatte den Eindruck, dass sein Vertrauen zu mir wuchs, als ich ihm sagte, ich sei Informatiker. Nun, so meinte ich, käme es nur noch darauf an, das Gesagte in einem Gebet festzumachen. – »Das kann ich nicht alles wiederholen.« – »Kein Problem, ich werde Ihnen ein Gebet vorsprechen, und wenn es Ihr Wille ist, können Sie alles Satz für Satz nachsprechen und es dadurch zu Ihrem eigenen Gebet machen.« Er stimmte zu, und so begann ich das an die ungewöhnliche Situation angepasste Gebet etwa wie folgt:

»Herr Jesus, ich habe heute von dir gehört. Das kam für mich heute völlig überraschend und geradezu aus heiterem Himmel. Aber das soll dann wohl so sein. Ich möchte auch einmal bei dir im Himmel sein. Dazu brauche ich dich und die Vergebung aller meiner Schuld ...«

---

25 Am 12. Januar 2010 wurde Haiti von einem verheerenden Erdbeben erschüttert. Es traf eines der ärmsten und labilsten Länder der Erde. Die geschätzte Zahl der Toten lag bei 150 000, wobei viele seriöse Schätzungen von noch höheren Opferzahlen ausgehen.

Zum Abschluss las ich das Wort aus Lukas 10,20: »Freut euch aber, dass eure Namen im Himmel geschrieben sind.« – »Ja, das gilt jetzt auch für Sie. Seien Sie gewiss, dass der Herr Jesus Sie angenommen hat und er Sie in den Himmel bringt.« Die Bibelverse hatte ich in dem NT markiert und ihm die genannten Verse auf einen Extrazettel aufgeschrieben, damit er in Ruhe noch einmal alles nachlesen konnte. Als ich das Krankenzimmer gerade verlassen wollte, rief er mir noch nach: »Jetzt verstehe ich, warum Sie sogleich bereit waren, mir die Kopfhörer zu besorgen.«

Diese Geschichte hat mich innerlich sehr bewegt. Wie hat Gott doch diesem Mann in präziser Weise die Tür zum Himmel geöffnet! *Erich* musste verlegt werden, damit ich mit diesem Mann zusammentreffe. Von mir aus war nichts geplant, wobei ich so eine Situation noch nicht einmal erbeten hatte. Gott führt auf seine Weise und rettet in unserer weithin von der Bibelkritik geprägten Zeit Menschen, die für das Evangelium offen sind.

Rona wartete in der Eingangshalle des Krankenhauses, da ich ja lediglich vorhatte, den Kopfhörer abzuliefern. Nun dauerte es »etwas länger«, aber sie hatte geduldig gewartet. Erstaunt hat mich ihre Frage, die sie jedoch wegen des so »zufälligen« Besuchs nicht ganz so ernst gemeint hatte: »Hat er sich bekehrt?« Sie hatte wohl ein diesbezügliches Gespräch vermutet. Nun war das für uns beide Unvorstellbare tatsächlich geschehen: Herr *P.* hatte den Herrn angenommen.

3.19 Eine Kirgisin findet zum Glauben

Kirgisien (auch Kirgisistan) ist ein Binnenstaat in Zentralasien mit 5,5 Millionen Einwohnern und war eine Republik der ehemaligen Sowjetunion. Am 31. August 1991 erklärte Kirgisien seine Unabhängigkeit. Es liegt weit im Osten, direkt an der chinesischen Grenze. Im Süden und Westen grenzt Kirgisien an Tadschikistan sowie Usbekistan und im Norden an Kasachstan. Zusammen mit *Hans-Werner Deppe* und meinem Russisch-Übersetzer *Harry Tröster* waren wir dort eine Woche lang zu Vorträgen[26] an den vier verschiedenen Universitäten der Hauptstadt Bischkek, und abends haben wir das Evangelium im großen Theater dieser Metropole verkündigt. Es war zwar eine anstrengende, aber doch sehr erlebnisreiche Zeit.

Nur ein einzelnes Erlebnis sei hier herausgegriffen. Nach dem Vormittagsvortrag an der Universität waren wir vom Rektor und den drei Vizepräsidenten zum Mittagessen eingeladen. Über alle möglichen Dinge wurde gesprochen. Auch über den Glauben ergab sich bald ein Gespräch, denn in dieser sowohl wissenschaftlich als auch biblisch orientierten Vorlesung spielte dieser eine nicht unerhebliche Rolle.

Rechts neben mir saßen die beiden Vizepräsidentinnen – die eine Russin und die andere Kirgisin. Die Russin sprach gut Englisch, und so war ich mit ihr im direkten Gespräch. Die Kirgisin schwieg, da sie Englisch nicht verstand. Über unseren Übersetzer sprach ich sie dann an, und sie erwies sich ebenfalls als sehr kommunikativ.

Nach einiger Zeit fragte sie ganz unvermittelt: »Sagen Sie einmal, kennen Sie Jesus?«

Ich antwortete kurz: »Ja, ich kenne ihn.«

---

26 Vortragsreise nach Bischkek/Kirgisien vom 4. bis 11.10.1995. Mitreisende: *Hans-Werner Deppe* und Dr. *Harry Tröster*.

»Wie haben Sie ihn kennengelernt? Erzählen Sie doch einmal. Haben Sie ihn durch Hypnose kennengelernt, oder wie war das eigentlich?«

Daran wurde mir deutlich, wie wenig sie bisher von Jesus gehört hatte. Und dann bezeugte ich ihr, wie es bei mir war: Es war 1972 in der Stadthalle in Braunschweig, dort habe ich das Wort Gottes gehört und es damals für mich persönlich angenommen. Das hat mein Leben verändert. Dann habe ich ihr viele Details über die Auswirkung des Glaubens in meinem Leben erzählt. Schließlich fragte ich sie: »Wollen Sie diesen Jesus auch kennenlernen?« Von ihr kam die spontane und eindeutige Antwort: »Ja, das will ich!«

So schlug ich vor: »Wenn wir hier mit dem Mittagessen fertig sind, dann könnten wir Ihr Büro aufsuchen. Anhand der Bibel werde ich Ihnen Schritt für Schritt den Weg zu Jesus zeigen.« In ihrem Büro angekommen, nahm sie kein Telefonat entgegen, obwohl es ständig klingelte. Als es an der Tür klopfte, schloss sie diese ab, sodass wir ungestört reden konnten. Wie kann man einem Menschen, der kaum etwas von Jesus weiß, das Evangelium erklären? Es gibt aus meiner Sicht kaum eine bessere Geschichte der Bibel als die des äthiopischen Finanzministers (Apg 8,26-40). Gibt man diese Begebenheit in erzählerischer Freiheit weiter und bezieht man dabei grundlegende Bibelstellen mit ein, so identifiziert sich der Suchende sehr schnell mit der Person des Ministers. Alle wesentlichen Sachverhalte des Evangeliums können auf diese Weise leicht verständlich erklärt werden. Auf die gelegentliche Nachfrage: »Haben Sie alles verstanden?«, reagierte sie stets zustimmend.

Es war für uns erstaunlich – wie ein trockener Schwamm sog sie alles Gesagte auf. Nach unserem Gebet nahm sie den Herrn mit großer Freude an. Wir baten sie, noch ein paar eigene Worte des

Dankes an den Herrn zu richten, und waren erstaunt, was sie in dieses wohl erstmals frei formulierte Gebet hineingelegt hatte: Sie dankte für ihre Errettung, sie bat um Kraft, im Glauben zu bleiben, und sie dankte Gott für uns, die wir von so weit her gekommen waren, um ihr den Weg zum himmlischen Vater zu zeigen. An diesem Nachmittag erlebte sie etwas, was sie bisher nicht kannte. Am Ende verriet sie uns: »Ich könnte vor Freude in die Luft springen. Wie dankbar bin ich, dass Sie hier gewesen sind.«

Danach las ich die Bekehrungsgeschichte der Lydia (Apg 16,14-15) und gab sie anschließend so wieder, dass ich ihren Namen und die sie betreffenden Einzelheiten einsetzte: »Eine gottesfürchtige Frau mit Namen *Rásija*, eine Vizepräsidentin der Universität Bischkek, hörte zu; der tat der Herr das Herz auf, sodass sie darauf achthatte, was ... geredet wurde.«

Wir erlebten etwas Unvergessliches: Da ist ein Mensch im Atheismus erzogen und jahrelang durch die »ideologische Mühle« gedreht worden. Schließlich wird er mit dem Wort Gottes konfrontiert, ergreift die rettende Hand Jesu und findet den Durchbruch zum ewigen Leben. Ich wüsste nichts Größeres, was in dieser Welt geschehen kann.

3.20 Da hob ich meine Hand im Auto

Im Oktober 2011 hatte ich in der Bielefelder Seidensticker-Halle eine Evangelisation. Mit 4500 Zuhörern war die Halle gut besetzt. Nach der Predigt schloss sich in einem Extra-Raum die Seelsorge an. Menschen, die von der Botschaft angesprochen waren, blieben zurück, um eine Entscheidung für Christus zu treffen.

Evangelisation in der Seidensticker-Halle Bielefeld mit etwa 4500 Teilnehmern, 25. bis 30. Oktober 2011.

Ein Mann war aus Paderborn gekommen und blieb im hinteren Teil des Raumes beharrlich sitzen, bis ich mit allen Gesprächen fertig war. Er wollte mir unbedingt seine außergewöhnliche Bekehrungsgeschichte erzählen. Vor einiger Zeit hatte ihm jemand eine meiner CDs geschenkt, die er bei einer längeren Autofahrt

Evangelisation in der Seidensticker-Halle Bielefeld mit etwa 4500 Teilnehmern, 25. bis 30. Oktober 2011.

anhörte. Er bezeugte mir: »Am Ende des Vortrags sagten Sie, wer heute Christus annehmen möchte, solle dies doch an dem Platz, wo er gerade sitzt, durch Heben der Hand signalisieren. Ich fühlte mich durch das Gehörte so angesprochen, dass ich während der Autofahrt spontan die Hand hob. Das war für mich der Augenblick meiner Hinwendung zu Christus. Inzwischen habe ich auch eine biblisch orientierte Gemeinde gefunden, die mir zur geistlichen Heimat geworden ist.« Da kann man Gott nur danken, wie er auf mannigfache Weise Menschen für sein Reich gewinnt.

Eine ähnliche Bekehrungsgeschichte erzählte mir ein Schweizer nach einem Vortrag bei den Gideons. Er hatte eine lange Autofahrt von der Schweiz bis zur Ukraine vor sich. Für diese Fahrt hatte er sich mehrere meiner CD-Vorträge mitgenommen, die er unterwegs nach und nach hörte. Er berichtete mir: »Alle Vorträge hatten am Ende einen Ruf zu Christus hin. Bei der dritten CD konnte ich nicht mehr anders: Ich bin mit dem Auto an den rechten Straßenrand gefahren und habe mich dort im Auto bekehrt.«

3.21 Wenn Gott plant – Ein besonderes Erlebnis in Kanada

Nach meiner Predigt über »Die Reise der Königin von Saba« in Schanzenfeld/Kanada[27] in der Provinz Manitoba (die zu den Prärieprovinzen in Zentralkanada gehört) am Sonntag, dem 25. August 2013, kam eine ca. 40-jährige freundliche Frau auf mich zu. Sie stellte sich als *Maria Oster* vor und richtete mir einen Gruß von ihrer Schwiegermutter aus, die in Wolfenbüttel (ca. 20 km von Braunschweig entfernt) wohnt. Damit kam eine

---

27 Vortragsreise nach Kanada vom 21. 8. bis 3. 9. 2013.

Geschichte ins Rollen, die in all den Details nur unser Vater im Himmel initiiert haben kann. Es ist für mich ein Wunder Gottes, das ich nun schildern möchte:

Zunächst muss ich erklären, wer *Marias* Schwiegermutter ist und woher ich sie kenne: Sie hat etwas zu tun mit den drei großen christlichen Feiertagen Weihnachten, Ostern und Pfingsten. Und das ist wohl auch der Grund dafür, dass ich mich heute noch an sie erinnere. Es liegt schon etliche Jahre zurück (so etwa in der Größenordnung von 15 Jahren), da nahm sie Kontakt zu mir auf wegen einiger Fragen zur Bibel. Ich schickte ihr damals einige Bücher zu. Nach einigen Briefen hin und her waren die Fragen dann auch erledigt.

Bemerkenswert war, dass sie *Oster* heißt, dass sie in Wolfenbüttel am *Pfingst*anger wohnt und dass die Kontakte von damals in der *Weihnachts*zeit lagen. Wegen dieser Kombination mit den drei Feiertagen ist mir diese Begebenheit noch bis heute sehr genau im Gedächtnis geblieben. Am Sonntag vor der Abreise (18. 8. 2013) wurde im Gottesdienst unserer Braunschweiger Gemeinde mein Kanada-Einsatz bekannt gegeben und auch dafür gebetet. Nur sehr sporadisch kommt *Erika Oster* in unsere Gemeinde, aber an diesem Sonntag war sie zugegen und hörte davon, dass ich nach Kanada reise, der Ort wurde jedoch nicht angesagt. Wie ich erst später erfuhr, versuchte sie, mich nach dem Gottesdienst zu sprechen, aber irgendwie hatte sie mich verfehlt. Am Samstag, dem 24. 8., rief *Maria* aus Kanada ihre Schwiegermutter in Wolfenbüttel an, um ihr zu sagen, dass sie am vorigen Abend in einem Vortrag von *Werner Gitt* war. Völlig überrascht von dieser Aussage konterte sie ebenfalls mit etwas Besonderem, nämlich, dass sie gerade jenen Gottesdienst besucht hatte, in dem *Werner Gitt* verabschiedet wurde.

Bei diesem Vortragseinsatz wohnten wir (meine Frau und ich) in Kanada in einem Dorf mit dem Namen Schanzenfeld – 1½ Stunden Autofahrt südlich von Winnipeg. *Maria Oster*, die Schwiegertochter von *Erika Oster*, wohnt – welch ein Wunder – nur einige Straßen weiter in dem kleinen Schanzenfeld mit knapp über 1000 Einwohnern. Insbesondere durch meine mathematischen Berechnungen bezüglich der biblischen Prophetien bin ich es inzwischen gewohnt, mit kleinen Wahrscheinlichkeiten umzugehen. Wäre *Erika Oster* an jenem Sonntag auf mich zugekommen und hätte mir erzählt, dass ihre Schwiegertochter in Kanada wohnt, dann hätte ich ja mal ausrechnen können, wie groß die Wahrscheinlichkeit ist, dass sie in dem riesigen Kanada (zweitgrößtes Land der Erde nach Russland, also noch größer als der gesamte Erdteil Australien[28]!!!) gerade in demselben unscheinbaren Schanzenfeld wohnt. Aber genau das ist der Fall. *Marias* älteste Schwester, *Helene Saibel*, wohnt auch in diesem Schanzenfeld, und sie hatte in einer Zeitungsanzeige von den Vorträgen gelesen, konnte sich aber nicht mehr an den Namen des Gastredners erinnern. Ihre andere Schwester, *Dora Kandt*, war ebenfalls bei dem Gespräch zugegen und erwähnte nur beiläufig den Namen des Redners. Den Namen *Werner Gitt* hatte *Maria*, als sie noch in Deutschland lebte, schon mehrmals von ihrer Schwiegermutter gehört. So war das für sie Grund genug, um schon am ersten Abend zu dem Vortrag zu kommen. Das Gesagte gefiel ihr, und so kam sie auch zu den Folgevorträgen an den nächsten Abenden. Zweimal nahm sie ihren noch nicht bekehrten Vater mit. Am Sonntag, dem 25. 8., kam sie nach dem Vortrag zu mir und stellte sich als die Schwiegertochter von *Erika Oster* vor. Sie erzählte auch von ihrem Vater, der zweimal

---

28 Australien hat eine Fläche von annähernd 7,7 Mill. km² und ca. 22,5 Mill. Einwohner (Stand: Dezember 2011). Kanada ist ungefähr 10 Mill. km² groß und hat etwa 35 Mill. Einwohner (Stand: Januar 2013). Somit ist die Fläche Kanadas noch um etwa 30 % größer als der gesamte Erdteil Australien.

mitgekommen war und für den die Familie schon seit vielen Jahren gebetet hatte. *Marias* Eltern hatten 1960 in Kasachstan geheiratet und waren dann einige Jahre später nach Kirgisien gezogen. Nach der Geburt des zweiten Kindes hatte sich *Grete*, ihre Mutter, bekehrt. Sie war eine tiefgläubige Frau, die alle sieben Kinder (5 Töchter und 2 Söhne) in Gottes Liebe erzog. Vor wenigen Wochen verstarb *Grete* an Lungenkrebs. Sie hatte seit über 40 Jahren dafür gebetet, dass auch der Vater den Herrn annehmen möge, und die sieben Kinder beteiligten sich seit über 20 Jahren an dieser Fürbitte. Offensichtlich bewegte sich aber nichts. So schlug ich vor, ihn zu besuchen – vielleicht konnte ich ihm ja ein wenig behilflich sein.

Gottesdienst in der Mennonitengemeinde Schanzenfeld/Kanada am Sonntag, dem 25. 8. 2013.

Am übernächsten Tag (es war Dienstag, der 27.8.) rief ich *Maria Oster* an und bat sie, mich von unseren Gastgebern abzuholen, um ein Gespräch mit dem Vater zu führen. Der Vater *Franz Kornelsen* wohnt direkt im Nachbarhaus von *Maria Oster*, und so gingen wir gemeinsam zu ihm hinüber. Sehr bald erzählte er etwas von Kirgisien, wo er früher gelebt hatte. Da konnte ich mit einem eigenen Erlebnis aus der Zeit aufwarten, als ich in Kirgisien im Theater von Bischkek Vorträge hatte. So war schnell ein gewisses Vertrauensverhältnis hergestellt, und ich konnte daran anknüpfen, um ein Gespräch über den Glauben zu führen. Ohne ihn darüber zu befragen, bezeugte er von sich: »Dass es einen Gott gibt, glaube ich wohl, aber wiedergeboren bin ich nicht.« Daraufhin fragte ich, ob er daran interessiert sei, einmal zu hören, wie man zur Wiedergeburt kommt. In Gegenwart von *Maria* habe ich einige Bibelstellen des Neuen Testaments gelesen und kommentiert, die den Weg zum Herrn Jesus weisen. Daraufhin stellte ich die konkrete Frage, ob er das Gelesene akzeptieren könne und den Retter Jesus annehmen wolle. Überraschenderweise stimmte er zu, und so sprach ich ihm zwei Gebete vor, die er Satz für Satz nachbetete, nachdem der Inhalt zuvor erklärt worden war. Seine Bekehrung mit 75 Jahren haben wir insofern als Wunder wahrgenommen, da die Familienmitglieder viele Jahre lang in aller Treue für ihn gebetet haben.

Franz Kornelsen mit Tochter *Maria Oster* am Dienstag, dem 27. August 2013, dem Tag seiner Hinwendung zu Christus.

Seine Frau hat immer geglaubt, dass *Franz* sich auch einmal bekehren wird, aber sie hat es nicht mehr erlebt.

Im Nachhinein ist mir erst deutlich geworden, wie viele Einzelfakten erfüllt sein mussten, dass es zu diesem entscheidenden Schritt kam:

– Warum wendet sich *Erika Oster* vor etwa 15 Jahren mit einigen Fragen an mich, obwohl wir uns gar nicht kannten? Die ihr zugesandten Bücher hatte auch *Maria* gelesen, und dadurch war ihr mein Name bekannt.

– Warum erscheint *Erika Oster* in unserer Braunschweiger Gemeinde gerade zu dem Gottesdienst, bei dem wir ausgesandt wurden? Normalerweise kommt sie nur sporadisch nach Braunschweig zum Gottesdienst.

– Ich staune darüber, dass *Erika Osters* Schwiegertochter ausgerechnet in dem kleinen Ort Schanzenfeld wohnt.

– Warum bekomme ich eine so spezielle Einladung zu Vorträgen nach Schanzenfeld, obwohl Kanada doch so unermesslich groß ist? Die Einladung von *Johann Janzen*, den ich zuvor nicht persönlich kannte, erhielt ich schon Anfang 2012. Er hatte einige CDs von mir gehört, die dort hingelangt waren.

– Warum informieren *Helena* und *Dora* ihre Schwester *Maria* über die Vorträge und nennen so ganz nebenbei meinen Namen?

Welche Schlüsse kann man aus alledem ziehen?

1. Ein Zusammenwirken so vieler Zufälle kann geradezu ausgeschlossen werden. So bleibt nur noch die unsichtbare und

gnädige Führung unseres Vaters im Himmel übrig, der alles lange im Voraus plante.

2. Immer wieder zeigt sich, dass beharrliches Beten erhört wird.

3.22 Durchbruch zum Glauben nach 30 Jahren

Unter der Überschrift »Einer unter 124 Millionen Japanern« schrieb ich im CLV-Buch »Schatzsucher« (1. Auflage 2013, S. 76-82) von dem japanischen Professor *Hidetoshi Wakamatsu*, den ich 1983 auf einem wissenschaftlichen Kongress in Kyoto kennengelernt hatte. Damals schenkte ich ihm die Vorgängerversion des evangelistischen CLV-Buches »Und die anderen Religionen?«. Nach 25 Jahren tauchte er während meines Japanbesuches im Juni 2008 bei einem Vortrag auf. Zu meinem großen

Vortrag in der »Baptist Church Tokyo« am 3. Mai 2013.

Erstaunen holte er das Buch aus seiner Aktentasche und zeigte mir die damals geschriebene Widmung. Am Tag vor der Rückreise suchten wir ihn in seinem Institut in Tokio auf. Er bezeugte, das Buch habe ihn näher zu Christus gebracht. Zu einer Entscheidung war die Zeit noch nicht reif, weil seine Gedankenwelt noch zu sehr im Buddhismus verankert war. Er war aber bereit, folgendes Gebet – nach ausführlicher Erklärung – nachzusprechen:

»Herr Jesus Christus, ich habe heute von dir gehört. Und auch schon vorher habe ich einiges von dir gelesen. Das alles beeindruckt mich sehr. Ich bin auf der Suche nach der Wahrheit. In dieser Welt gibt es so viele religiöse Angebote. Diese können nicht alle gleichzeitig wahr sein. Ich möchte nicht betrogen werden, denn ich habe ja nur dieses eine Leben zur Verfügung.

Wenn du die Wahrheit und der einzige Weg zum Himmel bist, dann möchte ich dir folgen. Zeige mir doch deutlich, dass du dieser einzige Weg zum Himmel auch für mich bist. Dann will auch ich dir folgen und weiter in deinem Wort lesen und mehr über dich erfahren. Wenn du dieser Weg bist, dann muss ich nicht weiter in den Religionen dieser Welt suchen. Mein Leben soll das richtige Ziel haben.

Herr Jesus, nun hilf du mir bitte weiter. Amen.«

Fünf Jahre später, nämlich vom 2. bis 16. Mai 2013, hatte ich wieder eine Vortragsreise nach Japan. Der erste Vortrag fand in der »Baptist Church Tokyo« statt. Sehr schnell erkannte ich Herrn *Wakamatsu* unter den Zuhörern. Nach dem Vortrag kam er auf mich zu und wünschte eine Aussprache. Anhand eines zweisprachigen Neuen Testaments der Gideons (Englisch/Japanisch)

Prof. *Hidetoshi Wakamatsu* (rechts) und *Werner Gitt* (links) vor dem Werbe-plakat, das für die Abendveranstaltung geworben hat.

gingen wir die zentralen Stellen durch, die den Weg zu Christus weisen. Nun – nach dreißig Jahren, gerechnet vom ersten Kon-takt – war der Tag gekommen, an dem sich sein Herz für den Retter Jesus öffnete. Nach dem Gebet bot ich ihm das »Du« an, und er sagte voller Freude: »Dann bist du jetzt ja mein Bruder!«

Es war für mich ein sehr schönes Erlebnis zu sehen, wie jemand Rettung findet, der suchend ist. In den Augen Gottes spielt Zeit offensichtlich keine Rolle, denn er rettet, wann, wo und wie er will.

TEIL IV

4. Menschen, die den Schatz fanden
Zehn Zeugnisse aus fünf Erdteilen

Einleitung

1. Menschen aus unterschiedlichen Ländern: In den folgenden Zeugnissen berichten sehr verschiedene Menschen aus ihrem Leben. Alle sind mir persönlich bekannt, und alle habe ich während meiner Vortragsreisen im In- und Ausland kennengelernt. Die Orte der Handlung sind sehr unterschiedlich: Sie reichen von Deutschland bis ins ferne Australien am anderen Ende der Erde. Was die Betreffenden berichten, ereignete sich unter anderem in Japan, Kirgisien, Namibia und Brasilien. Anders gesagt: Es sind Personen aus allen fünf Erdteilen. Sie finden im Folgenden zehn beeindruckende Zeugnisse (Z1 bis Z10); drei wurden von Männern und zehn von Frauen verfasst (in drei Zeugnissen kommen je zwei Personen vor). Bei aller Unterschiedlichkeit haben dennoch alle geschilderten Lebenswege etwas Gemeinsames: Sie bringen zum Ausdruck, in welch wunderbarer Weise Gott durch seinen Sohn Jesus Christus in das Leben einzelner Menschen eingegriffen hat und eine grundlegende Veränderung im Denken und Lebensstil bewirkt hat. In Teil I wurde herausgestellt, dass ein Mensch gemäß dem Gleichnis Jesu von der kostbaren Perle (Mt 13,45-46) den entscheidenden Schatz des Lebens gefunden hat. Wie unterschiedlich dieses Schatzfinden im Leben der Menschen sein kann, belegen die folgenden Zeugnisse sehr eindrücklich. Wie kein Eichenblatt dem anderen gleicht und so wie es unter den unzähligen Sternen und Schneeflocken keine Kopien gibt, so hat auch jeder Mensch, der den Ruf Jesu hört, seine ganz persönliche, individuelle und unwiederholbare Geschichte mit dem lebendigen Gott.

2. Wie habe ich die Geschichten ausgesucht? Es war mir ein Anliegen, möglichst unterschiedliche Lebenswege darzustellen, damit der Leser sieht, wie Gott überall und auf mannigfache Weise rettet. Jeden habe ich persönlich angesprochen und gebeten, das entsprechende Zeugnis niederzuschreiben. Ich freue mich, dass alle Angesprochenen zugesagt haben. Gott fragt nicht nach unserer Herkunft. Für ihn zählt nicht, aus welchem Land wir kommen, welche Sprache wir sprechen oder was wir zuvor geglaubt und getan haben. Gott hat den einen einzigen Wunsch, dass wir das rettende Evangelium seines Sohnes annehmen und nicht verlorengehen (Joh 3,16; 1Tim 2,4).

Zeugnisse in manchen Büchern sind entweder so simpel, dass ein anderer das Wirken Gottes schwer nachvollziehen kann, oder sie sind so abgehoben, dass sie den Leser ebenfalls nicht ansprechen. In der Seelsorge treffe ich auf die unterschiedlichsten Leute. Manche sagen mir: »Ich bin so schlecht, da kann Gott mich überhaupt nicht annehmen.« Andere hingegen gehen regelmäßig zur Kirche, und sie meinen, eine Bekehrung ist bei ihnen gar nicht nötig. In dieser Spanne befinden wir uns als Menschen des 21. Jahrhunderts. Damit sich letztlich irgendwo jeder wiederfindet, habe ich versucht, ein entsprechendes Spektrum von Beispielen zusammenzutragen.

Die folgenden Berichte der einzelnen Männer und Frauen sind spannend zu lesen. Sicherlich wird jeder Leser die einzelnen Geschichten für sich unterschiedlich bewerten. In manchen Lebenswegen werden wir Linien wiederfinden, die wir leicht nachvollziehen können, weil wir uns ein Stück weit darin selbst erkennen. Das kann uns dann besonders ansprechen. Es kann aber auch sein, dass manch eines der berichteten Wunder von dem einen oder anderen Leser nicht gleich nachvollzogen werden kann. Versichern kann ich, dass alle Personen sehr nüchterne und klar denkende Zeitgenossen sind. Weil ich alle persönlich kenne, ist es verständlich, warum ich in den meisten Zeugnissen namentlich erwähnt werde. Dort ist auch etwas hinsichtlich des persönlichen Bezugs zu der betreffenden Person ausgesagt. In manchen Fällen habe ich dem Zeugnis ein kleines Vorwort (VW) vorangestellt, das durch ein VW-Z mit der folgenden Zeugnisnummer eingeleitet wird und nach der Überschrift ein eingeklammertes (gi) enthält. Alle sind durchweg glaubhafte Zeugen. Niemand hat aus Sensationslust oder aus einem momentanen Enthusiasmus heraus geschrieben. Das Motiv aller war Gehorsam gegenüber Jesus, der seine Jünger beauftragte und auch befähigte: »Ihr werdet ... meine Zeugen sein!« (Apg 1,8).

3. Was ist der Zweck dieser Geschichten? Sie haben eine mehrfache Funktion:

• Sie sollen die großen Taten Gottes verherrlichen.

• Sie sollen zeigen, dass es Wunder nicht nur in biblischen Zeiten gegeben hat, sondern dass Gott auch heute ganz real handelt.

• Sie sollen Mut machen und einladend wirken, auch selbst den Weg des Glaubens zu gehen.

4. Zur Länge der Zeugnisse: Die Bibel berichtet uns von zahlreichen Einzelpersonen, auf welch individuelle Weise sie zum Heil fanden. Die wohl kürzeste Geschichte ist die Bekehrung des Zöllners Matthäus. In nur einem einzigen Vers (Mt 9,9) wird berichtet, wie er ein Nachfolger Jesu wurde. In Johannes 4 hingegen wird in großer Ausführlichkeit, nämlich in 42 Versen, berichtet, wie die samaritische Frau Schritt für Schritt zu dem »Heiland der Welt« (V. 42; Elb 2003) fand. So sind auch die im Folgenden genannten Lebenswege bezüglich der Länge unterschiedlich. Manchmal sollte nur kurz geschildert werden, aus welcher Lebenssituation jemand zu Jesus fand oder wie er in einer besonderen Lage Gottes Hilfe und Führung erlebte.[29] In einigen Fällen wurden jedoch viele kleine Details erzählt, auf die ich nicht verzichten wollte, um das behutsame und lebensverändernde Eingreifen Gottes leichter nachvollziehen zu können. In manchen Fällen war es mir darüber hinaus wichtig, das geografische oder historische Umfeld festzuhalten.

5. Redaktion und Dank: Die Berichte wurden nach Erhalt redaktionell überarbeitet, ohne dabei den Inhalt zu verändern. Ich habe immer wieder versucht, mich in die Situation des Lesers zu versetzen, ob er wohl die einzelnen Details nachvollziehen kann. Häufig habe ich in Zusammenarbeit mit den Berichtenden noch Aspekte ergänzt, die der Leser gerne wissen möchte. Die inhaltliche Endfassung hat die Journalistin *Bettina Hahne-Waldscheck* redaktionell überarbeitet und hier und da die Texte auf guten Lesefluss hin verbessert. Schließlich wurden den Autoren ihre Texte zur letzten Überprüfung zugeschickt. Die Zeugen haben dem Druck in der jetzt vorliegenden Form zugestimmt. Allen möchte ich sehr herzlich für alle investierte Mühe danken.

Werner Gitt

---

29 Vgl. diesbezüglich insbesondere Z2 zum Thema »Hilfe« und Z9 zum Aspekt der »Führung«.

Zeugnisse aus Europa

Z1: Vom Stasi-Offizier zum Mitarbeiter Christi

Meine Biografie ähnelt bis in mein junges Erwachsenen-
alter sicher einigen Lebensläufen von Menschen aus der früheren DDR. Mein Name ist *Karl-Heinz Irmer*, und ich wurde
am 4. August 1952 in Elgersburg (Kreis Ilmenau/Thüringen) als
unerwünschtes Kind geboren. Da meine Mutter mich nicht
haben wollte, zog mich meine Oma auf. Sie war eine sehr liebe,
aber auch sehr resolute Frau, die besonders durch das schwere
Leben in den Kriegs- und Nachkriegsjahren geprägt war. Von
allen Familienmitgliedern – und so auch von mir – wurde
meine Großmutter nur »Mama« genannt, und sie war das un-
umstrittene Oberhaupt unserer Familie. Nach meiner heutigen
Einschätzung war sie eine gläubige Frau, und so kam ich in mei-
ner Kindheit fast unbewusst mit dem christlichen Glauben in
Berührung, ohne dass dies meine weitere Entwicklung in der
Jugend beeinflusst hätte. Sehr gut kann ich mich noch an die
Zeit meiner Kindheit erinnern, als Oma regelmäßig in ihrem
Zimmer in der Bibel las. Das tat sie heimlich, weil die anderen
Familienmitglieder wegen ihres atheistischen Weltbildes Omas
Verhalten strikt ablehnten. Ich bemerkte auch immer wieder, wie
Oma für sich alleine betete und auch oft mit dem Pastor sprach,
der gleich nebenan in unserer Straße wohnte.

Alle anderen Mitglieder meiner Familie waren eindeutig kom-
munistisch geprägt und engagierten sich sehr in den verschiedenen politischen Organen des Staates. So war es nur konsequent, dass auch ich im kommunistischen Sinne erzogen
wurde. Obwohl ich ein ungewolltes Kind war und im kommunistischen Umfeld aufwuchs, erlebte ich dennoch eine sehr

schöne Kindheit und Jugend in der DDR. Als ich neun Jahre alt war, nahm eine Tante von mir meine Oma und mich zu sich nach Mühlhausen. Tante *Hanna* hatte Veterinärmedizin studiert und konnte mir und meiner Oma mehr materiellen Wohlstand bieten, und so verlebte ich einige schöne Jahre als »Kind« der Tierärztin. Hier wurde besonders meine Liebe zu Tieren geweckt, und ich begleitete meine Tante gerne zu den »tierischen Patienten« in den Dörfern. Erst viel später merkte ich, dass sie durch diesen materiellen Wohlstand ihre fehlende Liebe zu mir auszugleichen versuchte.

Viele Jahre später erfuhr ich, dass meine Tante Offizierin im besonderen Einsatz beim »Ministerium für Staatssicherheit«[30] war und sie den Dienstgrad eines Majors bei der Stasi hatte. Aufgrund ihrer politischen Haltung war sie schnell in der Hierarchie aufgestiegen, und zwar von der einfachen Tierärztin zur stellvertretenden Bezirkstierärztin.

Mein Weg in die Stasi
Meine Tante übte einen sehr starken politischen Einfluss auf mich aus. Nicht ohne geringen Druck drängte sie mich schon

---

30 »Das Ministerium für Staatssicherheit der DDR (kurz MfS oder Stasi) ... war der Inlands- und Auslandsgeheimdienst der DDR und zugleich Ermittlungsbehörde (Untersuchungsorgan) für ›politische Straftaten‹. Das MfS war innenpolitisch vor allem ein Unterdrückungs- und Überwachungsinstrument der SED gegenüber der DDR-Bevölkerung, das dem Machterhalt diente. ... Das MfS wurde am 8. Februar 1950 gegründet. ... Der Sprachgebrauch der SED, der das MfS als ›Schild und Schwert der Partei‹ bezeichnete, beschreibt die ihm zugedachte Funktion im politisch-ideologischen System der DDR. ... Das MfS war kein klassisches Abwehr- und Aufklärungsorgan, da seine Kompetenzen weit über die eines normalen Nachrichtendienstes hinausgingen. Im Gegensatz zu Nachrichtendiensten in westlichen Demokratien, wo es eine strikte Gewaltenteilung zwischen Exekutive, Legislative und Judikative gibt, hatte das MfS auch polizeiliche und staatsanwaltliche Befugnisse. Selbst die Überwachung und Verfolgung von Parteimitgliedern waren erlaubt. ... So war das MfS primär ein Überwachungs- und Repressionsorgan der SED, das die DDR-Gesellschaft in allen Bereichen kontrollierte, und erst in zweiter Linie ein Auslandsnachrichtendienst.«
Quelle: http://de.wikipedia.org/wiki/Ministerium_für_Staatssicherheit (abgerufen am 27. 11. 2013).

sehr früh in eine von ihr gewünschte Richtung. Mit 15 Jahren trat ich der Sektion Fallschirmspringen der Gesellschaft für Sport und Technik, einer vormilitärischen Organisation der DDR, bei. Hier erfüllte sich ein Kindheitstraum, der allerdings durch meine Tante stark initiiert wurde, auch wenn mir dies damals nicht bewusst war. Am Ende der 10. Klasse stellte sich für mich die Frage nach der Berufsausbildung. Leider wurde es mir aufgrund meines sozialen Status verwehrt, das Abitur abzulegen. Ich wurde zur Klasse der Intelligenz gerechnet, und Kinder dieser Schicht hatten in der DDR kaum die Möglichkeit, ein Abitur abzulegen. Die Kommunisten gingen davon aus, dass in der bisherigen Geschichte Deutschlands die Intelligenz den Interessen des Kapitals und der kapitalistischen Herrschafts-Elite verpflichtet gewesen sei, und darum sollte diese Klasse nun systematisch beseitigt werden. So war mir die Verwirklichung meines eigentlichen Wunschtraums, Veterinärmedizin zu studieren, verwehrt. Sicherlich hätte meine Tante ihren Einfluss als Stasi-Mitarbeiterin geltend machen können, um mir das Abitur mit anschließendem Studium ermöglichen zu können. Das tat sie aber nicht, weil sie mich unbedingt in eine Stasi-Laufbahn lenken wollte.

Aufgrund dieser Einschränkung entschloss ich mich nun zu einer Facharbeiterlehre, um danach Offizier bei den Fallschirmjägern der Nationalen Volksarmee zu werden. Bereits mit 16 Jahren unterschrieb ich eine Vorverpflichtung, um mich als Berufssoldat bei der Armee zu bewerben. Ich erlernte den Beruf eines Werkzeugmachers und schloss meine Lehre mehr schlecht als recht ab, da ich diese Ausbildung nur als notwendige Voraussetzung für eine spätere Laufbahn bei der Armee ansah. Im Mai 1972 sollte ich zur Armee einberufen werden, aber es entwickelte sich alles völlig anders. Bis heute weiß ich nicht genau, wer hinter den Kulissen die Fäden gezogen hatte. Ich bin mir aber ziemlich sicher, dass meine Tante einen großen Anteil an der folgenden

Entwicklung hatte, da sie über die notwendigen Kontakte zu der betreffenden Institution der DDR verfügte.

Anfang Februar 1972 wurde mir auf meiner ersten ungewollten konspirativen Zusammenkunft mit einem Mitarbeiter des MfS völlig überraschend eröffnet, ich könne Berufssoldat beim MfS werden. Über dieses Angebot war ich sehr erstaunt, und ohne jegliche Bedenken nahm ich es an. Durch meine Tante hatte ich schon recht früh erfahren, dass nur besonders ausgesuchte, vom Kommunismus völlig überzeugte Personen beim MfS arbeiten durften. Aufgrund meiner kommunistischen Prägung öffnete sich für mich diese Tür, und ich betrachtete es damals als eine große Ehre, dass gerade ich ausgesucht wurde.

Ich war mächtig stolz über dieses Angebot, und so unterzeichnete ich kurzerhand eine Verpflichtung zum Dienst beim MfS. Am 4. April 1972 wurde ich dann zum Wachregiment »Feliks Dzierzynski«[31] in Berlin einberufen, und es begann ein Abschnitt meines Lebens, der mich bis heute tief geprägt hat. Ich erhielt nun im Wachregiment der Staatssicherheit (Stasi) eine militärische Ausbildung, die sich aber in vielem von der sonst üblichen unterschied. Wir wurden ziemlich umfangreich unterwiesen und lernten die verschiedenen militärischen Aufgaben, besonders diejenigen im Sicherungs- und Wachdienst der Stasi, kennen. In diesem Wachregiment sollte ich drei Jahre verbleiben, um danach als Berufssoldat meinen Dienst in einer Stasi-Einheit auszuüben.

Jetzt begann auch eine junge weibliche Person in meinem Leben eine große Rolle zu spielen. *Brigitte* kannte ich schon seit mei-

---

31 Benannt nach dem polnisch-sowjetischen Berufsrevolutionär *Feliks Edmundowitsch Dzierżyński* (1877–1926), dem Gründer und ersten Chef der sowjetrussischen Geheimpolizei Tscheka und der sowjetischen Nachfolge-Organisation, der GPU.

ner Schulzeit. Wir waren eng miteinander befreundet, aber ich sah sie damals nie mit den Augen, mit denen ich sie jetzt als junger Erwachsener ansah. Wir verliebten uns, und es war für uns recht schnell klar, für immer zusammenbleiben zu wollen. Ganz bewusst beabsichtigten wir, nicht zu heiraten; unsere Liebe wollten wir uns täglich neu beweisen. Wir lebten »wie ein richtiges Ehepaar« zusammen.

Brigitte war Krankenschwester von Beruf. Sie hatte sich einen ganz normalen Mann mit einem normalen Beruf gewünscht, aber keineswegs einen Berufssoldaten des MfS. Unsere Liebe schweißte uns zwar zusammen, aber es war für sie äußerst schwer, meinen Beruf zu akzeptieren, wenn man insbesondere bedenkt, welche negativen Emotionen der Dienst beim MfS bei der Bevölkerung der DDR auslöste. Im November 1972 wurde ich dann völlig überraschend nach einer umfangreichen Befragung in eine neue Diensteinheit versetzt, und ich unterschrieb meine Verpflichtung als Mitarbeiter des MfS. Bei dieser Diensteinheit in Berlin-Lichtenberg handelte es sich um die neu gegründete Hauptabteilung XXII des MfS, der sogenannten »Anti-Terror-Einheit« der Staatssicherheit, die nach den Olympischen Spielen 1972 in München aufgrund des Anschlages auf die israelische Mannschaft gegründet worden war.

Auch hier war ich wieder mächtig stolz auf mich, denn in dieser Einheit wurden wirklich nur die besten Mitarbeiter der Stasi eingesetzt. Selbst unter den Mitarbeitern der Stasi war diese Einheit kaum bekannt, aber dennoch sehr gefürchtet. Dies bedeutete für mich einen großen Karrieresprung. Aufgrund meiner Leistungen stieg ich auf der Karriereleiter rasch nach oben, und sehr bald wurde ich zum Offizier des MfS befördert. Der Dienst in dieser Einheit war sehr hart; trotzdem erfüllte es mich mit großem Stolz, zu den Besten zu gehören. Ich war zu diesem Zeitpunkt von der kommunistischen Ideologie und von der Rechtmäßigkeit der Arbeit des MfS zutiefst überzeugt. Alles passte so gut in mein einseitig geprägtes Weltbild, und über die Mängel in der DDR machte ich mir keinerlei Gedanken.

Ich möchte betonen, dass ich durch meinen Dienst bis dahin noch nicht mit irgendwelchen Unrechtmäßigkeiten im MfS konfrontiert worden war. Hinzu kam noch, dass es mir aufgrund meiner Stellung in der Stasi materiell sehr gut ging und ich mir fast jeden Wunsch erfüllen konnte, da mir als Offizier in dieser Spezialeinheit der Stasi jede Möglichkeit offenstand, meine materiellen Bedürfnisse zu befriedigen.

Zweifel am System

Erste Zweifel an meiner beruflichen Tätigkeit kamen auf, als ich feststellen musste, dass ich daran beteiligt war, Personen ausländischer Staaten, darunter auch der Bundesrepublik Deutschland, in unserer Diensteinheit zu Verbrechern auszubilden. Ich erfuhr davon, dass zum Beispiel Mitglieder der terroristischen Rote-Armee-Fraktion (RAF) der Bundesrepublik Deutschland, aber auch Bürger afrikanischer und lateinamerikanischer Staaten in unserer Einheit ausgebildet wurden. Dies geschah in völligem Gegensatz zu den offiziellen Verlautbarungen der DDR, denn die Partei- und Staatsführung betonte bei jeder passenden Gelegenheit, in der DDR würde der Terrorismus in anderen Staaten und besonders in der Bundesrepublik Deutschland zutiefst abgelehnt. Weiterhin wurde immer wieder darauf verwiesen, dass die DDR nie afrikanische oder lateinamerikanische Staaten militärisch unterstütze oder gar ihre Bürger militärisch ausbilde. Mein kommunistisches Weltbild bekam dadurch die ersten Risse, und ich versuchte nun, meinen politischen Horizont zu erweitern. Es war durch einen Befehl des MfS streng verboten, sich in westlichen Medien zu informieren, und bis dahin hatte ich mich auch fast immer an diesen Befehl gehalten.

Von nun an begann ich, mich systematisch in Nachrichtensendungen und Politmagazinen des Fernsehens und anderer Medien der Bundesrepublik zu informieren. Ich stellte fest, dass diese Informationen im Gegensatz zu den Verlautbarungen in den Medien der DDR in den meisten Fällen der Wirklichkeit entsprachen. Aufgrund dieser neuen Erkenntnisse, die ich nun erstmals erhielt, wurden meine Zweifel am DDR-System, aber auch meine Gewissensbisse immer größer und bohrender.

Leider konnte ich mich über diese Thematik nur mit *Brigitte* austauschen, und sehr bald stellte auch sie in ihrem eigenen Alltag den großen Unterschied zwischen den Verlautbarungen der DDR und der erlebten Realität fest. Die Gespräche mit ihr, aber hauptsächlich auch meine eigenen Erfahrungen blieben natürlich nicht ohne Konsequenzen für mich, denn nun stellte ich in Partei- und Dienstversammlungen bei der Stasi sehr unliebsame Fragen. Die unbefriedigenden Antworten, die ich durch meine Vorgesetzten erhielt, verstärkten immer mehr meine inneren Zweifel an der Arbeit des MfS, besonders an den Zielen der führenden Genossen der Sozialistischen Einheitspartei Deutschlands (SED) und somit auch an der Richtigkeit des Sozialismus in der DDR.

Eine folgenschwere Entscheidung

Nach tiefen inneren Kämpfen wollte ich mich nicht mehr länger an den Verbrechen der DDR mitschuldig machen. Ich sah es nun als notwendige Konsequenz an, mich vom Dienst beim MfS entpflichten zu lassen. Diese Entscheidung fiel mir sehr schwer, aber aufgrund der vollen Unterstützung durch *Brigitte* tat ich dann Ende 1979 doch diesen Schritt, der nicht nur für mich folgenschwer war. Als meine Tante dies von mir erfuhr, war sie geradezu schockiert, und sie versuchte, mich mit allen Mitteln von diesem Entschluss wieder abzubringen. Mein Anliegen wurde von der Stasi überhaupt nicht akzeptiert, und besonders der politischen Begründung meiner Entpflichtungserklärung wurde heftig durch die führenden Mitarbeiter des MfS widersprochen.

Als erste Konsequenz meines Antrags wurde ich sehr schnell zur Bezirksverwaltung Erfurt des MfS versetzt. Ich behielt zwar noch meinen Dienstgrad, aber mir war sofort klar, dass dies eine Straf-versetzung innerhalb der Stasi war, wobei ich durch diese Ver-setzung in meinem Entschluss umgestimmt werden sollte. Das MfS setzte mich nun als Gruppenleiter zur Transitüberwachung in der Abteilung XIII auf der Autobahn im Bezirk Erfurt ein.

Auch in dieser Diensteinheit merkte ich schon bald, wie ich mich wieder an den Verbrechen der DDR mitschuldig machte, denn durch meinen Dienst wurden sowohl Bürger der DDR als auch der Bundesrepublik Deutschland zu langjährigen Haftstrafen durch Gerichte der DDR verurteilt. Eigentlich geriet ich durch diese Versetzung von der Abteilung XXII zur Abteilung XIII vom Regen in die Traufe, und darum stellte ich bald einen erneuten Antrag auf Entpflichtung vom Dienst beim MfS.

Auch dieser Antrag wurde wieder durch die entsprechenden Organe der Stasi abgelehnt, und so musste ich notgedrungen weiterhin meinen Dienst auf der Transitstrecke zwischen der Bundesrepublik Deutschland und Westberlin im Bezirk Erfurt verrichten. Trotz meines Entpflichtungsantrags erhielt ich zu meiner großen Überraschung im Herbst 1981 den Vater-ländischen Verdienstorden in Bronze. Als Begründung dazu hieß es, ich habe einen hervorragenden, beispielhaften Dienst beim MfS durchgeführt. Ich bin mir sicher, durch diese Auszeichnung, die zudem mit 6000 Mark dotiert war, sollte ich in meinem Entschluss umgestimmt werden. Während dieser gesamten Zeit wurde ich in meinem Anliegen von *Brigitte* voll unterstützt, obwohl wir beide zu diesem Zeitpunkt nicht wissen konnten, welche ernsten Konsequenzen das für sie noch haben sollte.

Plötzlich im Gefängnis

Am 4. Januar 1982 wurde ich für mich völlig überraschend in einer Dienststelle der Abteilung VIII durch mir fremde Mitarbeiter des MfS verhaftet. Nie hatte ich mir bis zu diesem Zeitpunkt vorstellen können, wie weit doch die Stasi das Rechtssystem der DDR verletzen konnte, wenn es ihr um die Durchsetzung ihrer politischen Ziele ging. Durch das entsprechende Organ der Stasi wurde mir nun die absurde Behauptung vorgeworfen, ich habe für den amerikanischen Geheimdienst CIA Spionage betrieben.

Hinter Gittern.

Mir selbst war durch meinen Dienst bekannt, dass ein derartiger Vorwurf gegen mich sehr schwerwiegend war, da für solch ein Vergehen eines Offiziers der Stasi die höchsten Strafen der DDR, ja, sogar die Todesstrafe vorgesehen waren. Schlagartig wurde mir bewusst, auf welch glattes und äußerst gefährliches Parkett ich mich durch meinen Entpflichtungsantrag begeben hatte. Nun wurde mir auch »die große Ehre« zuteil, die Gefängnisse des MfS näher kennenlernen zu dürfen, die der viel gepriesenen Menschlichkeit der DDR absoluten Hohn sprachen. Ich wurde zuerst in die Untersuchungshaftanstalt der Stasi nach Erfurt in die Andreasstraße eingeliefert und erlebte dort hautnah, wie der hochgelobte Humanismus der DDR mit Füßen getreten wurde.

Das gesamte Rechtssystem der DDR wurde in diesen Gefängnissen der Stasi völlig ausgehebelt. Selbst das »Recht« auf Suizid wurde akribisch unterbunden. Jeder Kontakt zur Außenwelt war unterbrochen; es drang kein einziger Sonnenstrahl in die Zellen dieser Stasi-Gefängnisse, und die Häftlinge dieser Anstalten hatten noch nicht einmal das laut Strafprozessordnung der DDR zugebilligte Recht, einen Rechtsanwalt zu konsultieren.

Nach etwa drei Wochen wurde ich dann in die berüchtigte zentrale Untersuchungshaftanstalt des MfS nach Berlin-Hohenschönhausen verlegt. Hier erlebte ich das härteste Jahr meines Lebens, und es ist heute noch ein Wunder für mich, welchen Leidensdruck ich in dieser Zeit auszuhalten vermochte. In dieser Anstalt wurde solch ein ungeheurer psychischer Druck auf mich, aber auch auf die anderen Kameraden ausgeübt, dass ich dies nur als psychische Folter bezeichnen kann. Hier zeigte sich das wahre, hässliche Gesicht dieser kommunistischen Diktatur.

Heute (2009) – gerade 20 Jahre nach der friedlichen Revolution in der DDR – möchte ich noch einmal betonen: Bei diesem Staat handelte es sich ganz klar um einen Unrechtsstaat. In der DDR wurde alles getan, um die Macht und die Privilegien einer sehr kleinen Gruppe der führenden Mitglieder der Sozialistischen Einheitspartei Deutschlands (SED) zu sichern. Darauf war das gesamte Rechtssystem der DDR abgestimmt. Aber zu meinem großen Glück lernte ich in dieser Haftanstalt auch Kameraden kennen, die mir zu einer wichtigen Stütze und richtungsweisend für mein weiteres Leben wurden. Besonders möchte ich hier *Clemens Merz* erwähnen, mit dem ich längere Zeit eine Zelle in Berlin-Hohenschönhausen teilen musste. Er wurde mir in dieser Zeit ein wertvoller Freund. Er war studierter Theologe und gläubiger Christ. Durch ihn erfuhr ich zum ersten Mal seit vielen Jahren etwas Näheres über den christlichen Glauben. Viele Stunden haben wir darüber gesprochen.

Anfang April 1982 durfte mich meine Lebensgefährtin *Brigitte* für eine halbe Stunde in der Untersuchungshaftanstalt Berlin-Hohenschönhausen besuchen. Wir konnten uns zwar nicht über den Vorwurf gegen mich unterhalten, aber sie versicherte mir völlig überzeugend, fest an meiner Seite zu stehen. Leider sollte dies ihr einziger Besuch bei mir sein.

Der feige Mord

Am Montag, dem 19. April 1982, wurde ich wieder zu einem Verhör geholt, und der zuständige Vernehmer der Stasi teilte mir »mit tiefem Mitgefühl« mit, meine Lebensgefährtin sei am Vortag auf einem Truppenübungsplatz in der Nähe von Ohrdruf ermordet worden. Ich schrie und tobte und hatte sofort einen eindeutigen Verdacht. Dem Offizier schrie ich ins Gesicht, die Stasi habe meine Lebensgefährtin ermordet. Ich glaubte in diesen Momenten, ohne *Brigitte* nicht mehr weiterleben zu können.

Ich machte mich auch noch in den folgenden Jahren für ihren Tod selbst verantwortlich. Besonders in dieser für mich äußerst schweren Zeit war *Clemens Merz* mir eine große Stütze, und ihm verdanke ich auch, dass ich weiterleben konnte und wollte. Trotz alledem war der christliche Glaube noch nicht bis in mein Herz gelangt. Vielmehr dachte ich noch immer, bei der Bibel handle es sich um von Menschen erfundene Legenden, auch wenn sie sehr gut für mich klangen. *Brigittes* Tod hatte aber trotz des Beistands durch *Clemens* unauslöschliche, tiefe Spuren in mir hinterlassen, und so machte ich mir nun sehr ernsthafte Sorgen um mein eigenes Leben.

Der Druck in mir selbst und der psychologische äußere Druck durch die Vernehmer, dazu die Belastung durch das unwürdige Leben in diesem Gefängnis, wurden nun so groß, dass ich bereit war, ein »Geständnis« abzulegen. Ich hatte eine große Angst davor, dass man mich vielleicht zum Tode verurteilen könnte, und so erhoffte ich mir durch diese erpresste Bereitschaft eine geringere Strafe.

Verurteilung und Haftzeit
Durch das Militärobergericht der DDR in Berlin wurde ich zu einer Freiheitsstrafe von fast fünf Jahren verurteilt. Meine Haftzeit dauerte vom 4. Januar 1983 bis zum 23. Dezember 1987. Aufgrund des massiven psychischen und auch physischen Drucks hatte ich beim Verhör schließlich gestanden, einige Jahre für den amerikanischen Geheimdienst als Spion gearbeitet zu haben, obwohl es überhaupt nicht zutraf. Dies alles war eine große Farce, aber dennoch war ich froh, nur zu dieser vergleichsweise »geringen« Strafe verurteilt worden zu sein. Zu meiner großen Überraschung unterbreiteten mir Mitarbeiter der Staatssicherheit am Abend meiner Verurteilung den Vorschlag, ich solle einen Ausreiseantrag nach Westberlin stellen. Wenn ich darauf

einginge, würde ich noch am gleichen Abend in Westberlin in Freiheit sein. Welch ein verlockendes Angebot, aber mir blieb eigentlich nur die Wahl, diesen Vorschlag abzulehnen, weil ich wusste, dass der Minister für Staatssicherheit den Befehl gegeben hatte, jeden übergelaufenen Mitarbeiter der Stasi zu liquidieren. In den folgenden Jahren meldete sich regelmäßig nach Jahresablauf ein Mitarbeiter der Stasi, um mich zu fragen, ob ich nun endlich meinen Entschluss ändern würde. Doch ich sah darin weiterhin nur eine Falle.

Bis zum Januar 1983 verblieb ich noch in der Untersuchungshaftanstalt Berlin-Hohenschönhausen. Anschließend wurde ich in die Sonderhaftanstalt des MfS (Bautzen II) verlegt und verbrachte hier etwa fünf Jahre. Dieses Gefängnis unterstand offiziell dem Ministerium des Innern der DDR, aber sämtliche wichtigen Entscheidungen wurden durch Mitarbeiter der Stasi getroffen.

Es war eine sehr schwere Zeit in dieser Sonderhaftanstalt der Stasi, und sehr oft fühlte ich mich sehr einsam und völlig verlassen. Besonders belastend war es für mich immer dann, wenn andere Kameraden Besuch von ihren Familienmitgliedern oder auch nur einen Brief von ihnen erhielten.

Meine gesamte Familie hatte auf Wunsch meiner Tante den Kontakt zu mir abgebrochen und betrachtete mich als einen Verräter an ihren Idealen. In dieser schweren Zeit war ich sehr dankbar, wenn mir andere Kameraden zur Seite standen und mir Trost und Hilfe gaben. In diesem Gefängnis herrschte eine beachtliche Solidarität unter den Häftlingen, da es sich zu 90 Prozent um politisch Inhaftierte handelte, die sich gegenseitig unterstützten und auch halfen. Obwohl ich in einem Stasi-Gefängnis war und die Bediensteten uns als die wahren Verbrecher in der DDR

Gefängniszelle in Bautzen (nach der Wende aufgenommen).

betrachteten, gab es beim Personal auch Ausnahmen. Es war für uns Häftlinge ermutigend, hier einige wenige zu finden, die uns menschlich und gefühlvoll begegneten.

Im Dezember 1987 wurde ich dann »wegen guter Führung« knapp zwei Wochen vor Ablauf der Haftzeit aus dem Gefängnis entlassen. Aufgrund dieser vorzeitigen Entlassung erhielt ich eine dreijährige Bewährung mit Arbeitsplatzbindung und der Verpflichtung, mich regelmäßig bei der Abteilung Inneres des Rates des Stadtbezirkes Erfurt-Nord zu melden.

Leben ohne Sinn

Mein Leben war recht sinnlos geworden; ich hatte keine Familie und auch keine Freunde, und es gab nur noch die Arbeit in wechselnden, ungeliebten Jobs. Man hatte mir eine Wohnung zugewiesen, in der man nicht menschenwürdig leben konnte, und so verbrachte ich meine Freizeit hauptsächlich in Kneipen. Am Anfang ging es mir eigentlich nur darum, nicht mehr einsam zu sein, aber sehr bald hatte ich das Gefühl, durch den Alkohol wenigstens für einige Stunden meinem trostlosen Leben entfliehen zu können.

Politische Wende

Es war für mich völlig überraschend, als im Herbst 1989 die politische Wende kam. Ich hatte mich zwar an den Demonstrationen in Erfurt beteiligt, aber nicht mit einem so schnellen Ende der DDR gerechnet. Plötzlich war ich voller Hoffnung, auch mein Leben würde sich nun endlich zum Besseren wenden, aber wieder wurde ich enttäuscht. Da sich sehr schnell der Kaderleiter meines Betriebes, ein ehemaliger Oberstleutnant der Armee, zum Personalchef »gewendet« hatte, war ich einer der Ersten auf meiner Arbeitsstelle, die von der Arbeitslosigkeit betroffen waren. Da ich nun noch nicht einmal einen Job hatte, sah ich im Alkohol wiederum die einzige Möglichkeit, meinem tristen Alltag zu entkommen.

Falsche Hoffnung

Ostern 1990 lernte ich bei einer Veranstaltung in Erfurt Mitglieder der Bahai-Religionsgemeinschaft kennen, die ihren

Ursprung auf den schiitischen Islam im damaligen Persien zurückführt. Sehr schnell schloss ich mich der Gemeinschaft an, denn ich glaubte, in meinem verpfuschten Leben konnte nur noch ein Gott helfen. Ich erkannte aber sehr bald, dass es dort keine Hilfe für mich gab. Der Gott in dieser Religion forderte von mir bestimmte Leistungen, die ich einfach nicht erbringen konnte. Es gab derart viele Verbote und Regeln, die in meiner Situation einfach nicht einzuhalten waren. Sehr schnell war mir bewusst, so ein Gott konnte mir auch nicht helfen, und ich verließ die Bahai-Gemeinde bald wieder.

Evangelisation in Erfurt

Anfang Juli 1991 wurde ich zu einer Evangelisation der Baptisten in Erfurt, Magdeburger Allee, eingeladen. An diesem Abend sprach Professor *Werner Gitt*, und vieles, was ich von ihm hörte, löste in mir einen starken Widerspruch aus. Zu tief saß noch in mir die atheistische Erziehung. Ich hatte aber an diesem Abend die Möglichkeit, mit Herrn *Gitt* ein sehr langes Gespräch zu führen. Er nahm sich zwei Stunden Zeit für mich, um auf meine Fragen und Zweifel einzugehen. Ich war bei aller Skepsis sehr beeindruckt, mit welcher Liebe Herr *Gitt* von seinem Glauben und von Jesus Christus sprach. Wir sprachen ebenso über meine Zeit als Stasi-Offizier und all meine persönliche Schuld. Dabei kamen wir auch auf den gewaltsamen Tod meiner Lebensgefährtin zu sprechen. Zum ersten Mal in meinem Leben sagte mir jemand, dass nicht ich am Tod von *Brigitte* schuldig bin, sondern der mir unbekannte Mörder. Herr *Gitt* erklärte mir, dass nur Jesus Christus uns von aller persönlichen Schuld befreien kann. Eindringlich bat er mich, meinen persönlichen Hass auf *Brigittes* Mörder abzulegen, denn Hass würde mein eigenes Leben zerstören. Am Ende der Unterredung fragte er mich, ob er für mich und meine Probleme und Nöte beten dürfe. Obwohl ich nicht daran glaubte, dass mir ein solches Gebet helfen könnte, hatte ich nichts dagegen einzuwenden. Ich war sehr beeindruckt davon, mit welchen Worten und welch tiefer Überzeugung er das Gebet für mich sprach.

Obwohl Herr *Gitt* auf alle meine Fragen ausführlich einging und für mich betete, konnte er mein Herz noch nicht erreichen. An diesem Abend bedauerte ich im Stillen meinen Gesprächspartner, denn es war mir unverständlich, wie solch ein gebildeter und kluger Mann noch an diese aus meiner Sicht überholten und veralteten Vorstellungen glauben konnte. Trotz dieser angenehmen Begegnung war der Glaube an Gott für mich noch absolut inakzeptabel, und ich verdrängte ihn einfach aus meinem Leben. Ich spürte aber tief in meiner Seele, dass ich einen festen Halt und auch wieder eine Perspektive für mich brauchte, denn ohne feste Grundlage war mein Leben eigentlich völlig sinnlos geworden.

Heute gehören die für den Glauben sehr hilfreichen und vor allem leicht verständlichen Bücher von Herrn *Gitt* zu meiner Lieblingslektüre. Ich bin froh, ihn in der Baptistengemeinde persönlich kennengelernt zu haben, und gebe seine Bücher gerne weiter.

Die Wende meines Lebens

Ende Juli 1991 begab ich mich wieder einmal auf den Anger[32] in Erfurt; ich wollte mich eigentlich nur mit einem Kumpel treffen, um mit ihm auf die Suche nach der nächsten Flasche Schnaps zu gehen. Auf dem Anger sah ich einen jungen Mann, der unter Zuhilfenahme einer Schautafel eine Predigt über Jesus Christus hielt. Sofort verließ ich diesen Platz, denn aufgrund mei-

---

32 Der Anger ist der zentrale Platz der thüringischen Landeshauptstadt Erfurt. Er befindet sich zwischen Dom und Hauptbahnhof im Südosten der Altstadt. Es ist ein lang gestreckter Platz, dessen nordöstliches Ende das Einkaufszentrum ANGER 1 bildet. Das südwestliche Ende wird vom Angerbrunnen markiert. Die Gesamtlänge beträgt etwa 600 Meter.

ner schlechten Erfahrung mit der Bahai-Religionsgemeinschaft wollte ich nicht in die Fänge einer neuen Sekte geraten. Am nächsten Tag zog es mich jedoch wieder an diese Stelle, und zu meiner freudigen Überraschung hörte ich einen Chor amerikanischer Jugendlicher. Ich lauschte aufmerksam diesem schönen Gesang; da ich aber der englischen Sprache nicht mächtig war, verstand ich den Text leider nicht. Nach einiger Zeit wurde ich von einem netten Mann angesprochen, und dieser lud mich zu einem Film in eine nahe gelegene Schule ein. Da ich sowieso nichts Besseres zu tun hatte, nahm ich diese Einladung an. Ich ahnte nicht, dass dieser Nachmittag mein Leben völlig verändern sollte.

Ohne jede Vorwarnung in Bezug auf den Inhalt des Films sah ich nun den berühmten Jesus-Film nach dem Lukas-Evangelium. Als ich merkte, dass ich in eine christliche Veranstaltung geraten war, wollte ich eigentlich sofort wieder verschwinden, aber dieser Film zog mich dann doch irgendwie in seinen Bann. Es war für mich beeindruckend, diesen Jesus zu sehen und die tiefe Liebe dieses Mannes zu den Menschen in diesem Film zu erleben. Nach der Veranstaltung blieb ich aufgrund der herzlichen Einladung noch bei dieser Gruppe von amerikanischen und deutschen Christen.

Ich spürte eine tiefe Liebe unter diesen Menschen, wie ich sie nie zuvor erlebt hatte, obwohl ich nicht alles verstehen konnte. Ich wurde ganz selbstverständlich in diese Gruppe integriert und konnte so direkt Christen in ihrem Umgang untereinander und mit fremden Menschen hautnah erleben. Mit einigen dieser Christen führte ich tiefe und fruchtbare Gespräche; mein Leben konnte ich aber an diesem Tag noch nicht Jesus Christus anvertrauen.

Ereignisse nach einer schlaflosen Nacht

In der folgenden Nacht fand ich kaum Schlaf, denn ich musste über so vieles in meinem Leben nachdenken, und es gingen mir all die unterschiedlichen Gespräche mit den verschiedenen Christen durch den Kopf. Ich erinnerte mich an die Gespräche mit dem Christen im Gefängnis, an das Gespräch mit *Werner Gitt* und an die verschiedenen Gespräche mit den Christen am vergangenen Abend. Den gesamten nächsten Tag verbrachte ich bei dieser Gruppe und lernte so Christen in ihrem normalen Alltag kennen. Wieder hatte ich gute Gespräche mit einigen von ihnen. Inzwischen hatte ich erkannt, ich sollte mein Leben endlich Jesus Christus anvertrauen. Vor diesem so überaus wichtigen Schritt war mir allerdings noch bange. Ich ahnte, damit würde eine Wende bezüglich meiner bisherigen Lebensführung einhergehen. Würde Gott in mein Leben treten, würde sich einiges grundlegend verändern.

Schließlich ließ ich alle Zweifel und Ängste beiseite und bat an diesem Abend Jesus Christus, in mein Leben zu kommen. Jener Mann, der mich an dem vorherigen Tag zum Film eingeladen hatte, heißt *Günther Schulz*, und er ist Lehrer an der Bibelschule Breckerfeld/Westfalen. Er begleitete mich auf diesem Weg zu Jesus und ist mir seit diesem Tag ein treuer Freund geworden.

An diesem Abend konnte ich überhaupt noch nicht ahnen, welche Veränderungen nun in meinem Leben eintreten sollten. In dem Augenblick damals verspürte ich allerdings noch nichts. Eines aber war mir klar: Ich wusste mich fortan zu Jesus Christus gehörig und war gespannt, was weiterhin mit mir geschehen würde. Es traten keine großen Wunder ein, aber im Zusammensein mit den anderen Christen und durch das Studium der Bibel spürte ich allmählich sehr positive Veränderungen in meinem Leben. Im Frühjahr 1992 konnte ich für 14 Tage die

Bibelschule Breckerfeld als Gastschüler besuchen und lernte dort viele grundlegende biblische Wahrheiten kennen.

In der christlichen Gemeinde, der ich mich im November 1991 angeschlossen hatte, lernte ich eine sehr liebe Frau kennen, und es geschah, was ich nie mehr zu erleben glaubte. Ich verliebte mich in *Gudrun*, und am 26. Februar 1993 heirateten wir in der Missionsgemeinde Erfurt (die sich jetzt in der Kartäuser Straße trifft). Trotz dieser Liebe hatte meine Frau immer noch viele Probleme mit mir, insbesondere wegen des Alkohols. Diese Bindung löste sich bei mir nicht sofort. Erst nach einigen Therapien wurde mir bescheinigt, dass ich nicht alkoholkrank bin, sondern aufgrund der Umstände nur ein gestörtes Verhältnis im Umgang mit Alkohol habe. Was den Glauben betraf, stand ich damals sogar vor der großen Herausforderung, Großveranstaltungen in Erfurt an verantwortlicher Stelle zu organisieren. Ich konnte nur staunen, wie Gott einen ehemaligen Offizier der Staatssicherheit beim Bau seiner Gemeinde gebrauchen konnte.

Die Evangelisation ProChrist 93 mit *Billy Graham* wurde von Essen aus auch in die Thüringenhalle Erfurt per Satellit übertragen. Vor Ort hatte ich die entsprechenden Vorbereitungen verantwortlich mitorganisiert. Ganz plötzlich spürte ich tief in meinem Herzen, welches große Wunder Jesus Christus für mich getan hatte, und am ersten Abend konnte ich meine Gefühle nicht mehr verbergen: Ich weinte vor Glück wie ein kleines Kind. Es wurde mir jetzt sehr wichtig, dass ich nun endlich mit meiner ganz persönlichen Schuld als Offizier der Staatssicherheit umgehen konnte. Meine persönliche Schuld in Bezug auf die Verbrechen der Stasi konnte ich meinem Herrn Jesus Christus abgeben und von ihm die Gewissheit der Vergebung erfahren. Mir ist sehr wohl bewusst, durch meinen Dienst bei der Stasi habe ich vielen Personen großen Schaden seelischer und auch körperlicher Art zugefügt. Alle diese Personen möchte ich hiermit um Vergebung bitten. Endlich konnte ich auch mit erfahrenen Christen über den Tod meiner Lebensgefährtin sprechen, da ich mir an ihrem Tod immer noch selbst die Schuld gab. Auch hier erfuhr ich seelsorgerliche Hilfe, und mir wurde die übermächtige Last der Schuld an ihrem Tod von meinem Herzen genommen.

Karl-Heinz Irmer und Frau *Gudrun.*

Mir wurde es nun zu einem Bedürfnis, meine Gaben für andere, viel schwächere Mitglieder unserer Gesellschaft einzusetzen, und so organisierte ich mit Gottes Hilfe, völlig auf mich allein gestellt, mehrere Benefizveranstaltungen für krebskranke Kinder, die zu einem vollen Erfolg wurden. Daneben arbeite ich als Mitarbeiter einer privaten Sicherheitsfirma in Erfurt. In den letzten Jahren konnte ich auch immer wieder als Zeitzeuge Jugendlichen über meine persönlichen Erfahrungen in einer Diktatur berichten. Es ist mir sehr wichtig geworden, mit diesen Jugendlichen aufgrund meines Lebensweges die Demokratie in unserem Staat bewusster zu gestalten und ihnen sowie auch Erwachsenen über mein Leben mit meinem Herrn Jesus Christus zu berichten. Natürlich ist mir bewusst, dass es auch in unserer Demokratie und dem freiheitlichen Leben Fehler und Schwächen gibt, aber ich möchte jeden ermutigen, selbst Verantwortung zu übernehmen.

Wenn ich heute über mein Leben nachdenke, erkenne ich immer deutlicher: Der Herr Jesus hat mich eigentlich mein gesamtes Leben lang begleitet – auch in der Zeit, als ich ihn noch nicht kannte oder ihn sogar ablehnte. Mein Herr Jesus hat mich sehr oft in meinem Leben, besonders in schweren Tagen, beschützt und mir Kraft gegeben, und er hat dann nach vielen Jahren den entscheidenden Platz in meinem Leben eingenommen. Ich kann meinem Herrn nur immer wieder danken, dass er für meine ganz persönliche Schuld freiwillig ans Kreuz von Golgatha gegangen ist und mir ein Leben in der Gemeinschaft mit ihm ermöglicht hat.

Danken möchte ich an dieser Stelle auch den vielen Christen, die mich auf dem Weg mit Jesus Christus begleitet haben. Manches in meinem Leben ist durchaus nicht einfacher geworden, auch wenn mir mein Herr vorangeht und mich beschützt. Ich habe eine sehr seltene, schwere Krankheit, und ich bin auch nicht mit materiellem Wohlstand überhäuft. Meine liebe Frau und ich haben in den letzten zehn Jahren aufgrund der materiellen Probleme keinen Urlaub machen können; dies tut mir für meine Frau im Herzen weh. Trotz dieser Schwierigkeiten wissen wir beide uns aber bei unserem Herrn geborgen, und aufgrund der großen Gnade und Barmherzigkeit unseres Herrn können wir beide sicher sein, dass uns eine herrliche Zukunft im Reich unseres Herrn bevorsteht.

Ich möchte diesen Lebensbericht mit unserem Hochzeitsspruch aus Jesaja 12,2 beenden, der meine liebe Frau und mich trostreich begleitet:

>Siehe, Gott ist mein Heil;
ich will vertrauen und lasse mir nicht grauen;
denn der HERR, der HERR, ist meine Kraft
und mein Lied, und er ward mir zum Heil!«[33]

Karl-Heinz Irmer, 99089 Erfurt

Z2: Gesandt nach China

>Gott kann jeden gebrauchen, um diese Welt zu verändern!?«
>Gott kann aus jedem etwas machen!«
>In den Schwachen ist Gott stark.«

Wie oft habe ich Sätze wie diese gehört und sie mit den großen Missionaren in Afrika in Verbindung gebracht. Aber sollten solche Aussagen auch für mich gültig sein? Ich, *Sarah Overmeyer* (geb. am 11. Juli 1986), machte 2006 mein Abitur, bin 25 Jahre alt (Stand: Frühjahr 2012) und versuche, mein Leben als Christin irgendwie zu meistern. Aufgewachsen bin ich in einem christlichen Elternhaus, und von klein auf besuchte ich die Gottesdienste und Kindergruppen der Braunschweiger Friedenskirche, einer Baptistengemeinde. Mit elf Jahren nahm ich bewusst Jesus Christus als meinen Herrn an und lebte ganz zufrieden in mei-

---

[33] Zitiert nach der Schlachterbibel (Schlachter 1951).

nem Kinderglauben. Nach einer kurzen Glaubenskrise im Teenageralter entwickelte ich dann ein ganz neues Interesse, Gott umfassender kennenzulernen, und bezeugte dies mit meiner Taufe Silvester 2003. Zurückblickend würde ich mein Glaubensleben als sehr konstant beschreiben – mit leichten Tiefs, aber leider auch nur schwachen »Höhepunkten«.

Durch Bibellesen, Predigten und Glaubensgrundkurse habe ich viel über Gott kennengelernt und auch persönliche Führungen erlebt, doch ich wollte mehr – mehr von dem, was ich im Kopf wusste, sollte auch ins Herz rutschen. Anfang der 12. Klasse traf ich die Entscheidung, ganze Sache mit Gott zu machen, vor allem in der Schule. Ich betete, Gott möge mich gebrauchen und mir zeigen, wie sein Plan für mein Leben aussieht. 2006 machte ich mein Abitur, und damit stand ich vor der Frage: »Wie sieht mein nächster Schritt aus?«

Schon seit einigen Jahren fühlte ich mich zur Missionsarbeit hingezogen. Ich konnte mir nicht vorstellen, ohne Vorbereitung bzw. Schulung damit zu beginnen. Ich betete intensiv und informierte mich über verschiedene Missionsgesellschaften. Dabei stieß ich Anfang 2006 auf eine mir bis dahin unbekannte Jüngerschaftsschule einer Missionsgesellschaft, deren Grundsatz lautet: »Gott kennen und ihn bekannt machen«.

Nachdem ich mich im Internet näher darüber informiert hatte, war ich sehr angesprochen; es war genau das, was ich gesucht hatte. Und so bewarb ich mich, erhielt eine Zusage und fuhr freudig, gespannt und mit dem sicheren Gefühl »ich tue das Richtige« im September 2006 zu der entsprechenden Ausbildung. Da ich mit dem unsere verstandesmäßigen Grenzen sprengenden Wirken Gottes noch nicht so vertraut war, meldete sich auch die Stimme der Vernunft, die mir einflößte: »Greife nicht zu hoch,

halt den ›Glaubens-
ball‹ flach, es gibt auch
ein geistliches Hoch-
puschen«, wie ich es
von manchen Camps
her kannte. Was würde
mich wohl wirklich
erwarten? Und konnte
ich mich einfach auf
das einlassen, was ich
mir so wünschte?

Ich war eine von
68 Studenten, die aus
20 verschiedenen Na-
tionen zusammen-
trafen; alle kamen aus
dem gleichen Grund:
Sie wollten in ihrem

Chinesin mit Kind, 2007.

Leben etwas tun, was aus dem Alltag herausragt, und gleichzeitig
die Beziehung zu Gott vertiefen. Sie wollten Gott zum Mittel-
punkt ihres Lebens werden lassen und durch fundierten, muti-
gen und einsatzbereiten Glauben die noch nicht von dem Evangelium Erreichten aufsuchen.

In der dreimonatigen Lehrphase unterrichteten wochenweise
erfahrene Lehrer aus dem In- und Ausland. In dieser Zeit erfuhr
ich die befreiende und verändernde Wahrheit und Kraft des
Wortes Gottes in vielen Bereichen meines Lebens sehr persönlich. Echtes, ehrliches Ergriffensein von Gott und sein Handeln
an uns Menschen wurden mir immer wichtiger. Mein Vertrauen
zu Gott vertiefte sich, und die Bibel faszinierte mich zunehmend.
Diese Botschaft und der, der hinter diesem Wort steht, mussten

in der ganzen Welt bekannt werden, und ich durfte demnächst in einem Land seine Botschaft weitergeben.

So begann jeder Schüler, nach acht Wochen um sein missionarisches Einsatzland zu beten. Nach dem vorgesehenen Plan sollten die Teams für mindestens zehn Wochen speziell in das 10/40-Fenster[34] ausgesandt werden, d. h. in die Länder dieser Welt, in denen die Not bezüglich des Evangeliums am größten ist und die auch zu den ärmsten Ländern gehören. Als die neun verschiedenen Einsatzländer vorgestellt wurden, sprach mich Indien sehr an, und ich hatte auch den Eindruck, mit dieser Entscheidung für mich das Richtige gefunden zu haben. Dort lag der Hauptfokus auf der Arbeit unter Kindern, und das war auch die von mir besonders favorisierte Zielgruppe. Unsere Entscheidung mussten wir bei der Leitung zu einem vereinbarten Termin schriftlich begründet und somit verbindlich abgeben. Ich sah mich zu diesem Zeitpunkt schon in Indien. Doch Gott hatte offensichtlich einen anderen Plan mit mir, denn beim Bibellesen und Beten fand ich keinen inneren Frieden, was meine Absicht anging. Stattdessen machte er mir in meiner Stillen Zeit deutlich, dass er mich in China haben wollte. Darüber war ich zutiefst erschrocken, denn China stand auf meiner Rangliste der Länder auf dem letzten Platz. Ich reagierte darauf mit heftigem Weinen und einem klaren »NEIN!«

---

34 Mit dem 10/40-Fenster bezeichnet man jene Länder, die zwischen dem 10. Breitengrad südlich des Äquators und dem 40. Breitengrad nördlich davon liegen. In der Ost-West-Ausdehnung reicht das Fenster von Westafrika bis nach Japan. Von den weltweit 50 am wenigsten evangelisierten Ländern liegen 37 im 10/40-Fenster. In diesen 37 Ländern leben jedoch 97 % der Bevölkerung der oben genannten 50 Länder. Obwohl zu dieser Region nur etwa ein Drittel der Landfläche der Erde gehört, wohnen in diesem 10/40-Fenster zwei Drittel der Erdbevölkerung. Näheres hierzu auf folgender englischsprachigen Website: http://www.joshuaproject.net/10-40-window.php (abgerufen am 22.11.2013). Eine kurze deutschsprachige Information finden Sie unter: http://www.evangelium.de/themen-und-impulse/weltmission/wo-werden-noch-missionare-gebraucht.html (abgerufen am 22.11.2013).

Am nächsten Morgen kam meine Leiterin auf mich zu, um nochmals die Begründung für die Auswahl meines Landes zu hören. Etwas zögerlich sprach ich von Indien und versuchte, das so überzeugend wie möglich darzulegen. Doch noch während dieses Gespräches brach meine Unsicherheit wieder durch. Aller Friede und die Freude, nach Indien zu gehen, verschwanden augenblicklich. Das empfand ich als sehr seltsam.

Ich zog mich daraufhin zurück und überprüfte betend meine Entscheidung. Ich erhielt nicht die gewünschte klare Antwort, und so betete ich außerdem noch mit einigen Freunden. Noch immer konnte ich mich nicht mit China anfreunden, bis eine Mitarbeiterin nach der Schilderung dessen, was ich seit gestern innerlich erlebt hatte, sagte: »Mensch *Sarah*, willst du es denn noch schriftlich? Das ist doch so eindeutig von Gott!« Nun begann ich, es zu begreifen. Sie hatte ja so recht. In meinem Geist wusste ich, dass dies tatsächlich Gottes Reden gewesen war. Hatte ich nicht schon oft um konkrete Führung gebetet, und nun erlebte ich sie. Anstatt JA zu sagen, war ich noch immer unsicher und fragte nach weiteren Bestätigungen …! Nein, das wollte ich nicht wieder machen, und so fand ich schließlich mein JA zu China. Kaum hatte ich eingewilligt, da beschenkte Gott mein Vertrauen mit Freude und einem tiefen inneren Frieden.

Anfang Januar 2007 machten wir uns auf den Weg. Unsere größten Sorgen waren die Finanzen und die Visa. Auch hier erlebten wir Gottes »Timing«, denn erst einen Tag vor unserer Abfahrt erhielten wir das letzte Visum. Nach langer, anstrengender Reise erreichten wir China – wir, d. h. zwölf junge Menschen im Alter von 17 bis 26 Jahren aus fünf verschiedenen Ländern. Wir waren sieben Deutsche, eine Engländerin, eine Schweizerin, zwei Amerikaner und eine Kenianerin. Wir waren uns bewusst, aus

Sarah Overmeyer mit chinesischen Kindern, 2007. ▶

Fröhliche chinesische Kinder, 2007. ▼

uns selbst heraus im Grunde nichts bewegen zu können, aber wir waren bereit, uns von Gott gebrauchen zu lassen. Was mir dabei so klar wurde: Gott erwartet kein tolles Programm von uns, keine redegewandten Sprecher oder Ähnliches, sondern er wirkt durch uns; wir müssen nur bereit sein zu gehen.

Die ersten vier Wochen verstrichen schnell, aber auch unser Budget schmolz dahin. Unsere Aufenthaltsgenehmigungen waren nur 30 Tage gültig. Die Hoffnung auf ein zweites Visum wurde uns schon in Deutschland bei der Ausländerbehörde genommen. Man wollte dem vorbeugen, dass naive Touristen, wie wir es beispielsweise waren, völlig in China »verloren gehen« und dann kostenaufwendig gesucht werden müssen. Das war nicht gerade sehr ermutigend, aber wir fuhren dennoch los. Es bedeutete wieder einmal: Wir können selbst nichts regeln, aber Gott kann!

Nach einem Monat waren unsere Visa abgelaufen, und dies bedeutete: Für eine Verlängerung mussten wir nach Hongkong fahren. Das war für uns eine sehr teure Fahrt und würde unsere letzten finanziellen Reserven aufbrauchen. Selbst wenn wir die Visa erhielten – die deutschen Beamten machten uns nicht gerade viel Hoffnung –, so hätten wir überhaupt kein Geld mehr für die kommenden Wochen. Es galt, eine nicht ganz leichte Entscheidung zu fällen, aber wir hielten tapfer daran fest, Gottes Botschafter zu sein. Was erlebten wir? Wir beantragten die zwölf Visa, und noch am selben Tag hielt jeder von uns sein neues 60-Tage-Visum in Händen. Dank sei Gott!

Parallel dazu fingen wir an, intensiver für Geld zu beten. In einer dieser Gebetszeiten wurde mir anhand verschiedener Bibelstellen ganz klar, dass Gott zugesagt hatte, auch in dieser Hinsicht für uns zu sorgen.

Anschließend sprach ich mit den anderen über diese Gewissheit, und am nächsten Tag fuhren wir von Hongkong nach Nanning zurück. Zwei Tage darauf kauften wir, wie an jedem Morgen, Brot bei einem Bäcker für unser Frühstück. Noch sehr verschlafen fanden wir uns zusammen, um unser altvertrautes, nicht sehr spannendes Frühstück einzunehmen. Doch dieser Morgen war anders als sonst. Ein Team-Mitglied brach sich zuerst ein Stück vom Brot ab – also so, wie wir es mit dem Brot immer handhaben. Dabei rief er – *Alexander*, der 17-jährige Deutsche – überrascht: »Da ist Geld im Brot!« Mein erster Gedanke war: ›Da ist dem Bäcker wahrscheinlich ein Cent ins Mehl gefallen.‹ Nur allzu kurz konnte ich darüber weiter nachdenken,

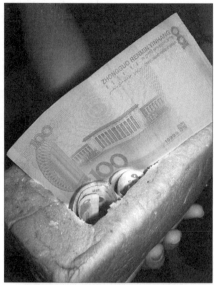

▲ Frisch vom Bäcker gekauftes Brot mit eingebackenen chinesischen Geldscheinen im Wert von 10 000 Yuan (etwa 1000 Euro), 2007.

◀ Neue unversehrte Geldscheine aus dem Brot, 2007.

◀ *Sarah Overmeyer* zeigt den Gesamtstapel an Geldscheinen, die die jungen Missionarinnen im Brot fanden, 2007.

denn schon war das Geschrei im Raum groß. Es ging nämlich nicht darum, dass ein Cent in diesem Brot eingebacken war, sondern darum, dass das ganze Brot randvoll mit sorgfältig aufgerollten Geldscheinen gefüllt war! Das alles war in der Tat sehr ungewöhnlich – keine Frage! Nach unserem Eindruck waren es ausschließlich neue, offensichtlich ungebrauchte Scheine. Sie waren vom Backvorgang weder versengt noch mit Mehl bestäubt, obwohl das Brot nach unserer Wahrnehmung ohne jeden Zweifel vollständig gebacken worden war. Es könnte aber auch sein, dass das Geld erst nach dem Backvorgang eingelegt wurde, denn auf der Unterseite des Brotes sahen wir etwas, was einem Deckel glich. Dieser könnte sehr präzise aus dem Brot herausgeschnitten und dann wieder draufgesetzt worden sein. Denkbar wäre es darum auch, dass das Geld erst nach dem Backvorgang in das ausgehöhlte Brot gelegt und anschließend mit dem »Deckel« säuberlich verschlossen wurde. Wie immer es auch geschah – für uns war es ein Wunder Gottes.

Insgesamt fanden wir 10 000 Yuan, das sind umgerechnet etwa 1000 Euro. Unsere Herzen jubelten und waren voller Dank, und unser Verstand hatte alle Mühe, das Gesehene auch nur annähernd zu fassen. Nach diesem Wunder hatten wir keinerlei Geldnot mehr und waren dazu noch in der Lage, an die im Land stationierten Missionare Geld verteilen zu können.

Wie sah unsere Missionstätigkeit aus? Offiziell ist das Missionieren in China nicht möglich, denn es ist ein kommunistisches Land. So reisten wir als Touristen durchs Land und blieben jeweils etliche Tage an einem Ort. In Bezug auf einige Städte kannten wir Adressen von »Missionaren«, die wir auch aufsuchten. Privat durften wir aber nicht übernachten, denn wir mussten für jede Stadt einen Zettel ausfüllen, dem man entnehmen konnte, in welchem Hotel wir wohnten und wie lange wir dort blieben. In manchen Hotels war es möglich, für nur umgerechnet drei bis fünf Euro zu übernachten. Unsere Missionstätigkeit möchte ich als »Freundschaftsevangelisation« bezeichnen. Aufgrund unseres Aussehens wurden wir überall sofort als Ausländer erkannt. Besonders die jungen Chinesen sind gern bereit, mit anderen zu reden und ihre Englischkenntnisse anzuwenden. So fanden wir schnell Kontakt zu anderen jungen Leuten und freundeten uns in den ein bis zwei Wochen, in denen wir jeweils an einem Ort waren, schnell mit ihnen an. Auf diese Weise konnten wir ihnen unseren Glauben bezeugen und das Evangelium erklären. Wer einige Zeit mit uns zusammen war, hatte hinterher etliches von Jesus gehört. In manchen Fällen konnten wir mit den jungen Leuten beten. In einem Ort gab es sogar eine »christliche Bar«, die von den Behörden erlaubt war. Als Getränke gab es Kaffee und grünen Tee. Den etwa 50 Besuchern konnten wir von unserem Glauben an Jesus erzählen. Wir duften einige komplette Abende mit Liedern, Anspielen und Zeugnissen gestalten. Wie viele der Gäste Christen bzw. Nichtchristen waren, vermag ich nicht zu sagen, weil auch die Gläubigen zunächst zurückhaltend sind.

In fast jeder Stadt oder jedem Dorf haben wir mit den Straßenkindern gespielt. Von den Touristen und den Reichen werden sie überhaupt nicht beachtet, wohl aber von ihren Eltern. Kinder haben einen hohen Stellenwert in China. Biblische Geschichten konnten wir nur in den Kinderheimen erzählen, denn dort hatten wir eine Übersetzerin. Einmal konnten wir der ganzen Dorfbevölkerung das Evangelium weitergeben. Es war ein kleines Bergdorf, das weit abgeschnitten von der nächsten Stadt liegt. Dort war die Gefahr, »erwischt« zu werden, sehr gering.

Gott versorgte uns nicht nur auf wunderbare Weise mit Geld; er machte uns auch mit einheimischen Christen bekannt. So

konnten wir für sie beten und sie ermutigen, im Glauben dran-
zubleiben und weiterhin treu zu sein. Ein besonderes Erlebnis
hatten wir in einer großen Stadt auf der Insel Hainan. Dort kannten wir weder irgendeine Gemeinde noch Missionare, mit denen
wir hätten zusammenarbeiten können. Ja, wir wussten nicht einmal, ob es hier überhaupt Christen gab. Wir hatten inzwischen
eine wichtige Lektion gelernt, nämlich Gott in allem zu vertrauen: Nun waren wir gespannt, was wir hier erleben durften.

An einem Abend besuchten wir mit einigen chinesischen
Jugendlichen, die wir tagsüber kennengelernt hatten, ein Café.
Ein 15-jähriger schüchterner Junge begann in schwachem Englisch ein Gespräch mit mir, und einer der ersten Sätze, die er zu
mir sagte, war: »Ich wollte dir sagen, dass ich Christ bin.« Ich
war total erfreut, denn genau dafür hatten wir konkret gebetet.
Er erklärte uns weiterhin, dass er und seine Familie keinen Kontakt zu Christen in der riesigen Stadt hätten; vielleicht seien sie
die Einzigen.

Ich danke Gott so sehr für diese Zeit in China und bin schon
sehr gespannt, was er in der Zukunft mit mir vorhat. Eines ist
mir klar geworden: Christsein bedeutet mehr, als einmal in der
Woche zum Gottesdienst zu gehen und sich durch moralische
oder ethische Ansichten von anderen Leuten zu unterscheiden.
Mit Jesus zu gehen, verheißt ein spannendes, aufregendes Leben,
das einen selbst glücklich macht und Gott die Ehre gibt.

Bei unserem China-Einsatz erlebten wir die Realität des Wortes
Gottes. Er hat verheißen, dass er uns erhören will, wenn wir ihn
in der Not anrufen (vgl. Ps 50,15).

Sarah Overmeyer, 38114 Braunschweig

VW-Z3: Weil bei Gott kein Ding unmöglich ist (gi)

Im folgenden Zeugnis wird eine derart grausame und entsetzliche Kindheit geschildert, dass ich vor der Frage stand: Sollte so eine erschütternde Geschichte in dieses Buch überhaupt aufgenommen werden? Manche Freunde, die ich befragte, empfahlen die Streichung und hatten nachvollziehbare Gründe dafür. Andere, und das waren deutlich mehr, plädierten unbedingt dafür und gaben ebenso plausible Gründe an.

Nach längerem Abwägen habe ich mich dann doch dazu durchgerungen, gerade dieses Zeugnis mit aufzunehmen. Ich möchte aber an dieser Stelle vorsorglich alle jene Leser mit einem sensiblen Gemüt darum bitten, dieses Zeugnis zu überspringen. Dieses Buch ist geschrieben, um die Siege Jesu zu proklamieren und um die Leser im Glauben zu stärken oder um Menschen zu ermutigen, in ähnlich gelagerten Fällen selbst den Glauben zu wagen. Dazu dient auf jeden Fall auch dieses Zeugnis, aber was die Betreffenden zuvor durchlitten, ist kaum vorstellbar. Sie mussten nicht nur ein tiefes Tal durchwandern, sondern auch durch ungeahnte dämonische Abgründe schreiten. Es wird aber gerade hier in besonderer Weise deutlich, dass der Teufel der Besiegte ist und sich Jesus als der Sieger über alles und über alle erweist.

Immer wieder begegnen uns Menschen, von denen wir den Eindruck haben, sie seien unbekehrbar. Kein Argument kann sie treffen, und es scheint so, als ließe sich ihre Grundeinstellung (z. B. eine atheistische Lebensphilosophie) durch nichts erschüttern. Weiterhin gibt es Zeitgenossen, die von sich meinen, sie seien mit ihren Sünden so tief gesunken, dass Gott sie nicht mehr annehmen kann. Das folgende Zeugnis belegt sehr eindrucksvoll: »Was bei den Menschen unmöglich ist, das ist bei Gott möglich« (Lk 18,27). Jesus nimmt wirklich die Sünder an, wie tief auch jemand gefallen ist. Aus Personenschutzgründen stellt sich die Zeugin nicht mit ihrem Namen vor, sondern schreibt unter dem selbst gewählten Pseudonym *Johanna*.

Z3: Aus der Gewalt der Finsternis hin zu Gott

Meine Kindheit war geprägt von einem lieblosen Elternhaus, sexuellem Missbrauch, Drogen und Prostitution. Von besonderer Bedeutung aber war, dass meine Familie einem satanistischen Kult angehörte, dem ich, ohne eine Wahl zu haben, dienen musste. Wenn ich hier von mir erzähle, dann nicht, um den Leser zu schockieren, sondern um zu zeigen, dass Gott sogar ein völlig zerstörtes Leben heil machen und zum Guten führen kann.

Frühe Kindheit

Ich wurde 1977 geboren. Meine ersten vier Lebensjahre wohnte ich mit meinen Eltern und meinem zwei Jahre älteren Bruder in Hessen. Mein Vater war damals häufig beruflich unterwegs. Diese Zeit nutzte meine Mutter, um sich mit anderen Männern zu treffen. Als mein Vater herausfand, dass sie fremdging, prügelte er sie noch mehr als sonst. Ich musste zusehen, wenn er sie schlug und vergewaltigte. Wenn meine Mutter unterwegs war, missbrauchte er mich. Meine Erinnerungen daran beginnen mit drei Jahren, vorher sind sie nur bruchstückhaft. Meine Mutter wusste davon, schien aber nichts dagegen zu haben.

Als ich vier war, holte uns mein Großvater mütterlicherseits in einer Nacht-und-Nebel-Aktion zu sich nach Augsburg, weil meine Mutter die Gewalt in der Ehe nicht mehr aushielt. Später, bei der Scheidung, wollte mein Vater unbedingt das Sorgerecht für mich. Er betrachtete mich als Eigentum. Das Gericht entschied gegen ihn. Wir blieben bei der Mutter, mussten jedoch jedes zweite Wochenende unseren Vater besuchen. Inzwischen hatte mein Vater eine Frau mit sieben Kindern geheiratet, darunter vier Töchter. Bei den Besuchen schlief ich im Zimmer der Jüngsten. Und wieder kam mein Vater und missbrauchte seine Stieftochter und mich. Auch in dieser Ehe musste er seine Neigungen nicht verheimlichen.

Der Kult hieß »Familie«

In Augsburg, wo meine Mutter aufgewachsen war, lebten alte Freundschaften auf. Eine ihrer Freundinnen war für ihre übernatürlichen Kräfte bekannt. Hier beginnen meine ersten Erinnerungen an diese schrecklichen Versammlungen, in denen Satan angebetet wurde. Ich musste immer mit. Man traf sich meist nachts auf dem Gelände bestimmter Mitglieder oder im Wald. Die Dinge, die dort geschahen, sind so unglaublich, dass es mir lange unmöglich war, darüber zu sprechen. Das alles ist nicht zu verwechseln mit den sogenannten »Gruftis«, die sich aus Überzeugung schwarz kleiden und auf Friedhöfen treffen.

In den Kult, in dem ich aufwuchs, wird man meist hineingeboren. So gehörten neben meiner Mutter auch die meisten unserer Verwandten dazu. Die Organisation ist streng hierarchisch strukturiert. Die Mitglieder an der Spitze haben enge Kontakte zu Kulten und Geheimlogen ähnlicher Art im In- und Ausland. Davon sind viele engagiert in Prostitution, Kinder- und Drogenhandel sowie im gewalt- und kinderpornografischen Bereich.[35] Verschwiegenheit nach außen ist höchstes Gebot, weshalb die Öffentlichkeit kaum etwas von diesen Gruppierungen erfährt. Ihr Einfluss auf führende wirtschaftliche und politische

---

35 »Renate Rennebach-Stiftung i. G. für Opfer von ritueller Gewalt«, Quelle: http://www.renate-rennebach-stiftung.de (abgerufen am 22. 11. 2013).

Kreise muss enorm sein. Geld, Macht und sexuelle Perversion schaffen die Grundlage der Zusammenarbeit. Viele Kunden werden bei ihren zweifelhaften Sexpraktiken gefilmt und sind so erpressbar. Wer will schon, dass seine pädophilen Neigungen und andere Gräueltaten an die Öffentlichkeit gelangen? Kindern wird von klein auf vermittelt, dass der Kult, der bei uns »Familie« hieß, die höchste Instanz ist. Sie werden bewusst dazu erzogen, diesem später bedingungslos zu dienen. Dazu werden Mind-Control-Techniken[36] und extreme Foltermethoden eingesetzt, wie z. B. ständig wiederholter sexueller und körperlicher Missbrauch.

Horror pur

In bestimmten Kreisen war bekannt, dass man bei uns gegen Bezahlung seine perversen Wünsche und Neigungen an Kindern befriedigen konnte. Obwohl meine Mutter mittlerweile eine gute Arbeit im Warenversand hatte, war sie der Meinung, dass ich auch etwas zum Haushalt beisteuern sollte. Abends holten mich fremde Männer ab und brachten mich erst am nächsten Morgen wieder zurück. Einige dieser Männer waren mir von den Treffen bekannt. Bei den Messen[37] waren zwar alle mit Kutten verhüllt, aber an der Stimme oder am Körpergeruch erkannte ich doch, wer sich dahinter verbarg.

---

36 Mind Control: Dabei werden verschiedene Techniken kombiniert angewendet, z. B. Konditionierung, Manipulation, Stromschläge, Hypnose, Drogen. Die Identität des Opfers (d. h. sein Denken und Fühlen, sein Verhalten und seine Einstellung) wird nahezu zerstört. Die Opfer werden systematisch darauf abgerichtet, den Tätern nach ihrem Belieben zu Willen zu sein und ihre Befehle mit absolutem Gehorsam zu befolgen.

37 Kultische Handlung, in der als das oberste Weltprinzip das/der Böse verehrt wird. Durch eine Umkehrung der Handlungen des christlichen Gottesdienstes und der Gebete sowie eine Verhöhnung der Andersgläubigen will man seine Zugehörigkeit zu dem Bösen deutlich machen. Es werden Texte in fremden Sprachen gelesen, und es herrscht eine sehr bedrohliche Stimmung. Benutzte Symbole sind z. B. Pentagramme, umgekehrte Kreuze, Ziegenköpfe.

Ein Beispiel von vielen, das in mir besonders schlimme Erinnerungen hervorruft, sind die Wochenenden auf dem Gutshof eines Satanisten. Es wurden Filme mit kinderpornografischen Inhalten gedreht, meist mit viel Gewalt. Es gab auch Kinder, die dies nicht überlebten. Für die Aufnahmen gab es Bereiche, die als Schulzimmer, Krankenhaus oder Sadomaso-Räume ausgestattet waren. Entweder wurden die Filme über Insidernetze teuer verkauft, oder sie landeten in Privatsammlungen. Nachts wurden in einem Kellerverlies unter der Scheune Messen gefeiert. Es ging darum, Satan zu ehren, ihm zu dienen und Opfer zu bringen. An besonderen Feiertagen waren dies auch Kinder, Frauen oder Tiere. In alledem wurde deutlich, dass die Kultmitglieder nicht nur an Satans Existenz, sondern auch an seine Versprechen glaubten, ihnen Macht und Geld zu verschaffen.

Als ich fünf war, redete ich kaum mehr. Da die Einschulung kurz bevorstand, wurde meiner Mutter bewusst, dass sie wegen meiner Apathie in Erklärungsnot kommen könnte. Zudem hatte ich starke Hustenanfälle und musste mich dauernd übergeben. Die Bekannten meiner Mutter empfahlen ein Erholungsheim in Oberbayern. Auch dort wurde man nachts geholt und zu »Freiern« gebracht. Manche Mädchen kehrten nicht zurück. Tagsüber war es auch nicht viel angenehmer: Die Betreuer und Pfleger des Heims schlugen sofort zu, wenn ihnen etwas nicht passte. Da sie meinen Aufenthalt verlängerten, wurde ich erst später eingeschult und verpasste den Anschluss. Freundschaften waren aber generell kaum möglich, da es mir nicht erlaubt war, andere Kinder nach Hause einzuladen. Umgekehrt durfte ich die Wohnung nur verlassen, um in die Schule zu gehen.

Zu dieser Zeit hatte meine Mutter einen neuen Lebensgefährten, der bald bei uns einzog. Beide tranken viel Alkohol. Bei unserem »Stiefvater« reichte in diesem Zustand schon ein falscher

Blick, um auszurasten. Dann schlug er auf meinen Bruder oder mich ein. Er fand immer einen Grund, und wenn nicht, dann stachelte meine Mutter ihn an, indem sie sich zum Beispiel über uns beschwerte. Trotz des Alkoholkonsums ging es bei meiner Mutter beruflich bergauf. Ihre Redegewandtheit und ihr sicheres Auftreten halfen ihr, vor anderen gut dazustehen. Nur wenige ahnten, wie kalt und berechnend sie sein konnte und zu welchen Gemeinheiten sie fähig war. Auch die Tatsache, dass mein »Stiefvater« bei der Polizei war, änderte nichts daran, dass wir weiterhin zu den Treffen fuhren. So lernte ich, dass der Kult fast überall etwas zu sagen hat.

Auf manchen Fahrten bekamen wir Limonade, die müde machte. Trotzdem merkte ich, dass wir lange unterwegs waren, unter anderem auch daran, dass die Autokennzeichen anders als in Deutschland aussahen. Im Ausland fanden sehr große Versammlungen statt. Es gab noch mehr Männer, die einen vergewaltigten. Sie waren wie besessen und verhielten sich schlimmer als Tiere. Nach mehrtägigen »Feiern« musste man zu einem sogenannten »Therapeuten«. Er stellte sicher, dass keiner erzählte, was man gesehen hatte. Eine Methode dazu war die »Kiste«. Man wurde dort nackt auf engstem Raum eingeschlossen, was extreme Panik auslöste. Hinzu kam oft noch ekliges Ungeziefer. Wenn sie einen wieder rausholten und man wieder besser Luft bekam, war man nur noch dankbar. Noch heute habe ich »Kisten«-Albträume, Angst vor engen Räumen und eine Phobie vor allem, was krabbelt.

Die schlimmsten Schmerzen wurden durch das »Gerät« ausgelöst. Erst später verstand ich, dass es sich um Stromschläge handelte. Es wurde an allen Körperteilen angesetzt, bis hin zur Ohnmacht. Die uns damit traktierten, wussten wohl sehr gut Bescheid, wie weit man gehen konnte, ohne den Tod zu riskieren. Wenn die Schmerzen unerträglich waren, kam mir öfter der Gedanke, ›wenn Jesus, der viel stärkere Schmerzen hatte als ich, es überlebte, dann werde ich es auch überleben‹. Das half mir in meiner Angst. Oft handelte ich mit Gott – obwohl ich keine Ahnung habe, woher ich von ihm wusste –, dass er mich noch diesen Tag oder bis zu meinem nächsten Geburtstag überleben lassen möge. Ich hatte große Angst vor dem, was nach dem Tod kommen würde.

Anders als für die meisten Menschen löste die Erwähnung des Wortes »Urlaub« bei uns Kindern Panik aus. In den sogenannten »Ferienlagern« wurde Gehorsam und völlige Unterwerfung gelehrt. Dieses Ziel erreichten die Betreffenden mit Foltermethoden wie Kontrolle aller menschlichen Bedürfnisse (z. B. Schlafentzug), grelles Licht, Nadelstiche und hohe Töne. Mehrere Stunden am Tag musste satanisches Gedankengut auswendig gelernt werden, aber auch Dinge, die unsinnig erschienen, wie z. B. Zahlenkombinationen. Sich zu verweigern, hatte schlimme Folgen. Als ich mit elf Jahren schwanger war, wurde mein Kind nach einigen Tagen geopfert. Von da an hatte ich nur noch den Wunsch wegzukommen – egal, wie und wohin.

Drogenszene
Mit zwölf Jahren lernte ich in Augsburg Leute kennen, die Drogen nahmen. Bei ihnen fühlte ich mich wohl, weil sie mich annahmen, wie ich war. Ich wusste, dass Drogen süchtig machen und viele Leute daran sterben. Aber genau das zog mich an. Es schien mir der einzige Ausweg, um den Horror zu beenden. Immer wieder die Angst vor den schrecklichen Treffen – das war unerträglich. Auf der Straße fühlte ich mich sicherer als zu Hause, wo sie jederzeit kommen konnten. Einige Obdachlose nahmen sich meiner an, ohne aber dabei sexuell aufdringlich zu werden.

Nachdem ich mich mit einer Frau angefreundet hatte, die als Prostituierte arbeitete, zog ich mit ihr umher. Zuerst bat sie mich, die Autonummern ihrer Freier zu notieren, und gab mir Geld dafür. Sie selbst hatte immer genug, um sich schicke Kleidung, Schminke und Drogen zu kaufen. Als ich nach einiger Zeit anfing, die Angebote ihrer Freier anzunehmen, war das nichts Neues, nur dass ich besser behandelt wurde als von den »Kunden« meiner Mutter.

In die Spielhallen, Bars und Bordelle, in denen ich mit knapp 14 verkehrte, durfte man zwar erst ab 18 Jahren hinein, doch die Besitzer warnten mich immer frühzeitig. Sie wussten immer schon vorher, wann eine Razzia oder eine Polizeikontrolle anstand. Einer der Freier führte mich in die höheren Kreise ein, wo reiche Männer viel Geld ausgaben, um eine Minderjährige zu »besitzen«. In der Schule und zu Hause schien mein Doppelleben keinem aufzufallen. Ich schaffte sogar den qualifizierenden Hauptschulabschluss. Meiner Mutter gegenüber erfand ich dauernd neue Geschichten, bis plötzlich die Polizei vor unserer Tür stand und meine Lügen aufflogen. Eine gute Freundin von mir galt als vermisst, und sie wollten alles über unsere »Nebentätigkeit« wissen. Bald darauf erfuhr ich, dass sie tot war. Meine Angst wurde immer größer. Auch an Treffen des Kultes musste ich weiterhin teilnehmen. Mittlerweile nahm ich alles an Drogen, was ich bekommen konnte.

Weg von zu Hause

Mit knapp 15 wurde ich nach einem Selbstmordversuch in die Kinderpsychiatrie eingeliefert. Da ich heroinsüchtig war und als verhaltensauffällig galt, beschloss das Jugendamt, mich in einer heilpädagogischen Jugendwohngruppe unterzubringen. Es fiel mir schwer, mich in der neuen Umgebung zurechtzufinden. Ganz anders als vorher war es hier erwünscht, seine eigene Meinung zu haben und auch mal zu widersprechen. Mit der Zeit lebte ich mich ein, aber ich konnte es nicht ertragen, wenn mir jemand zu nahe kam. Ich duschte und badete mehrmals täglich, weil ich mich andauernd schmutzig fühlte. Doch den inneren Schmutz konnte ich nicht abwaschen. Es war ein ständiges Auf und Ab. Nachts plagten mich Albträume; ich schlief wenig, tagsüber hatte ich oft schlimme Angstzustände und fühlte mich innerlich total zerrissen. Ich versuchte, damit umzugehen, indem ich mir Arme und Beine aufschnitt. Begonnen hatte ich damit schon sehr früh. Mehrere Alkoholvergiftungen und weitere Selbstmordversuche folgten. Aus Angst, wieder in der Psychiatrie zu landen, versprach ich, mich zu ändern. So verletzte ich mich nur noch an Stellen, die man nicht sah. Die verordneten Gespräche mit der Psychologin waren nicht sehr effektiv, da ich das Schweigen von klein auf gelernt hatte. Die jahrelange Folter hatte ihre Wirkung nicht verfehlt.

Eines Tages rief mein Onkel in der Wohngruppe an. Die Betreuer waren angetan von seinem Verantwortungsbewusstsein seiner Nichte gegenüber. Bei mir jedoch löste der Anruf Panik aus. Gegen meinen Willen wurde beschlossen, dass ich die Ferien bei meinen Großeltern und meinem Onkel in Hamburg verbringen sollte. Ich ahnte, was dort passieren würde. Meine Hoffnung, der »Familie« zu entrinnen, hatte sich zerschlagen. Kurz darauf besuchte er mich mit seinem noblen BMW. Anders als von meiner Mutter, die keinen der Gesprächstermine wahrnahm, waren von ihm alle begeistert. Seine gewandte und charmante Art kam gut an – und auch, dass er viel Geld hatte. In Hamburg bestätigten sich meine Befürchtungen. Sie holten mich vom Bahnhof ab, brachten mich in ein kahles Zimmer und fesselten mich zwei Tage nackt auf ein Bett. Der »Therapeut«, der dann kam, war mir schon von früher bekannt, und ich wusste, wie erbarmungslos er war. Immer wieder schlug er mich und setzte

Strom ein, wobei er mir androhte, mich auf diese Art sterben zu lassen, sollte ich eine Silbe in der Wohngruppe oder anderswo erzählen. Die darauf folgenden Drogenabstürze und Selbstverletzungen wurden jedes Mal heftiger, sodass die Wohngruppe mir schließlich verbot, weiter nach Hamburg zu fahren.

Ein normales Leben?

Mit 18 zog ich in eine eigene Wohnung bei München und schloss meine Ausbildung als Bürokauffrau ab. Beim Jugendamt galt ich inzwischen als »nicht therapierbar«. Die Drogen halfen mir, den Alltag durchzustehen, und gaben mir ein Gefühl der Stärke und Geborgenheit. In dem Copyshop, in dem ich danach arbeitete, hatte ich das erste Mal den Eindruck, etwas zu leisten. Nach außen hin war alles »normal«. Ich hatte eine Wohnung sowie eine feste Arbeit und schaffte sogar die Führerscheinprüfung. Die Wirklichkeit aber sah anders aus. Ich arbeitete so viel, weil ich es in meiner Wohnung nicht aushielt. Sobald ich allein war, überkam mich Panik, und ich konnte nur mit starken Beruhigungsmitteln einschlafen. Tagsüber nahm ich Speed und andere Aufputschmittel, um Leistung zu bringen. So war ich der Meinung, meinen Körper im Griff zu haben.

Ich besuchte wieder öfter meine Mutter in der Hoffnung, dass sie sich geändert habe. Unsere Gespräche waren oberflächlich, über die Vergangenheit sprachen wir nie. So fuhr ich jedes Mal enttäuscht zurück. In dieser Zeit starb mein Stiefvater infolge seiner Alkoholsucht an Leberzirrhose. Meine Mutter bat mich, für einige Wochen Urlaub zu nehmen, um bei ihr zu wohnen. Mein Bruder war schon mit 14 ausgezogen. Es schockierte mich, wie kalt und berechnend sie auf den Tod ihres jahrelangen Partners reagierte und wie sie sich auf das Geld der Lebensversicherung freute. Häufig war sie unterwegs, während ich allein zu Hause war. Eines Abends stand plötzlich einer aus der »Familie« im

Wohnzimmer. Ich war wie erstarrt. Er nahm mich einfach mit. Die Tage und Erlebnisse, die folgten, waren so entsetzlich, dass ich sie aus meiner Erinnerung verdrängt habe. Ich weiß nur noch, dass ich danach nicht mehr leben wollte, weil ich merkte, dass der Kult mich wohl nie aufgeben würde.

Auf meiner Arbeitsstelle fing mein Chef an, mich sexuell zu belästigen, sodass ich schließlich kündigte. Es dauerte nicht lange, bis ich wieder ganz in die Drogenszene abgerutscht war. Alles erschien sinnlos und leer. Meine Hoffnung auf ein normales Leben war dahin.

Der letzte Selbstmordversuch

Mit Anfang 20 war ich obdachlos. Ich schlief in Tiefgaragen, auf Heizungsschächten oder in Notschlafstellen. Um meine Drogensucht zu finanzieren, ging ich wieder der Prostitution nach. Der Abstieg in das Rotlichtmilieu ging schnell. Ich hatte Kontakt zu Zuhältern, Klubs, Bars und deren Besitzern. Auf der einen Seite hatte ich das Gefühl, nicht allein zu sein, andererseits schreckte es mich ab, wie roh und brutal es dort zuging. Mein Tagesablauf bestand darin, Männer zu »bedienen«. Das ganze Geld ging für die Heroinsucht drauf, die immer stärker wurde. Schließlich ließ ich mich mit Methadon substituieren[38]. Trotzdem änderte sich an meinem Lebensstil nichts, im Gegenteil: Ich trank immer mehr Alkohol, schluckte Beruhigungsmittel und stumpfte mehr und mehr ab. Es gab kaum nüchterne Phasen. Die Hauptsache war: nicht nachdenken. Immer häufiger lag ich mit einer Überdosis im Krankenhaus. Oft ließ ich es darauf ankommen. Es war mir egal, ob ich wieder aufwachte. Mehrmals drohten mir die Ärzte mit Zwangsentzug.

---

38 Substitution: Heroinabhängigen wird ein Ersatzstoff verschrieben, um von der Droge loszukommen (z. B. Methadon, Polamidon).

Auf einer Toilette im Bahnhofsviertel vergewaltigte mich ein Mann, der einen Hass auf alle Prostituierten hatte. Daraufhin nahm ich eine Überdosis Tabletten und alles, was ich noch an Drogen hatte. Das war im Frühjahr 1998. Es war mir ernst damit, mein Leben zu beenden. Doch Gott ließ mich nicht sterben. Als ich zwei Tage später im Krankenhaus aufwachte und gehen wollte, ließen die Ärzte einen Richter kommen. Ihm konnte ich nichts vormachen. Er beschloss, mich sofort in ein psychiatrisches Krankenhaus zum Zwangsentzug einzuliefern. Ich kam mit polizeilicher Begleitung in das Münchener Bezirkskrankenhaus Haar auf die geschlossene Station. Dort hatte ich mit meiner Überzeugungskunst wieder mehr Erfolg. Bereits nach drei Wochen durfte ich raus, natürlich nur unter der Bedingung, sofort eine Therapie in einer Frauen-Wohngruppe anzutreten. Aber kaum war ich dort (unter so vielen Frauen, die mir wenig sympathisch waren), gab ich meinen Vorsatz, clean zu bleiben, schnell wieder auf. Ich fuhr direkt zum Bahnhof, um mir Drogen zu besorgen. Und alles ging so weiter wie bisher.

Gott greift ein

In der Drogenszene in München fielen mir damals Leute auf, die belegte Brötchen, Kaffee und Bücher verteilten. Ich ging ein paarmal hin, um mir auch etwas zu essen zu holen, doch lieber beobachtete ich sie aus sicherer Entfernung. Sie waren als »die Christen« bekannt. Als mir einer erzählte, dass Jesus jedem helfen könne, dachte ich: ›Jedem schon, aber mir nicht. Wenn der meinen Lebensstil kennen würde, hätte er bestimmt keine Lust mehr, mit mir zu reden.‹ In dieser Hinsicht war ich mir sicher. So überraschte es mich, dass ich immer wieder zum Abendessen in die Gemeinderäume eingeladen wurde. Als ich mich schließlich mal traute hinzugehen, spürte ich eine mir unbekannte Wärme. Am meisten beeindruckte mich aber, wie die Christen die »fertigsten« Leute mit Achtung behandelten, auch mich.

Sie waren irgendwie anders. Trotzdem schien mir das alles nicht ganz geheuer. Meiner Meinung nach waren alle Menschen berechnend, niemand gab etwas ohne Gegenleistung.

Körperlich baute ich in dieser Zeit stark ab. Immer noch verliefen die Tage nach demselben Schema: Drogen nehmen, trinken, rumhängen, Geld beschaffen. Wegen meiner unerlaubten Prostitution wurde ich einige Male von der Polizei festgenommen. Als ich dann zwei Wochen nach Aichach ins Gefängnis musste, war das ein großer Schock für mich. Dort war ich gezwungen, auf die Drogen zu verzichten. Jetzt war ich mit mir und mit meinen Gedanken alleine. Die Angstzustände und die Albträume waren im Gefängnis noch schlimmer. Ein Trost war eine Postkarte, die mir einer der Christen geschrieben hatte. Aber der letzte Satz ärgerte mich total: **Gott macht keine Fehler!**

Nach meiner Entlassung ließ mich der Gedanke an Gott und die Christen nicht mehr los. Von Anfang an war mir beigebracht worden, dass Christen lächerliche, naive Figuren sind und dass Luzifer stärker ist als Gott. Aber jetzt stand ich oft vor den Gemeinderäumen, wenn sie sich trafen, und hörte von draußen zu. Hinein traute ich mich jedoch nicht. Aber als einer der Christen, der sich als *Lorenz* vorstellte, mich und andere öfter zum Frühstück einlud, ging ich doch mit. Er erzählte uns viel von Jesus, und wir fingen an, zusammen in der Bibel zu lesen. Immer noch war ich der Meinung, mir könne niemand helfen, aber das Leben, das ich führte, machte mir zunehmend zu schaffen. Damals bat ich Jesus das erste Mal um Hilfe. Ich war allerdings der Meinung, dass ich zuerst clean werden müsse, bevor mir Gott helfen könne.

Umkehr in ein neues Leben

Nach diesem Gebet wollte ich den Entschluss, von den Drogen loszukommen, endlich umsetzen. Doch als ich nach dem Entzug eine Therapie im Schwarzwald antrat, fühlte ich mich schrecklich. Selbst dann, wenn mich jemand ansprach, bekam ich vor Angst Schweißausbrüche. Es war mir unmöglich, mich mitzuteilen. Ohne Drogen ekelte ich mich vor mir selbst. Ich kam mit den Albträumen und Erinnerungen nicht klar. Nach einer Woche war mein einziger Gedanke: ›Weg, weg und mich betäuben‹. Im nächsten Dorf kaufte ich mir sofort Alkohol. Danach war ich zwar betäubt, aber ich hasste mich, weil ich wieder versagt hatte. Ich dachte, so könne ich Gott nicht mehr unter die Augen treten. Ich hatte meine Chance vertan. Auch vor den Christen schämte ich mich und mied den Kontakt.

Gott aber ging mir nach. Immer wieder traf ich *Lorenz* am Bahnhof oder an der Methadon-Ausgabestelle. In den Gesprächen über Gott kapierte ich langsam, dass ich nicht zuerst mein Leben regeln musste, um zu Gott kommen zu können, sondern dass Gott mich so annimmt, wie ich bin – mit all meinen Fehlern, meinen Sünden und meiner Schuld. Dabei ließ mich ein Satz aus der Bibel nicht mehr los: »Rufe mich an am Tag der Not; ich will dich erretten, und du wirst mich verherrlichen« (Ps 50,15; RELB). Kurz darauf war ich zu einer Veranstaltung eingeladen, wo ehemalige Drogenabhängige berichteten, wie sie frei geworden waren. Das machte mir Hoffnung, dass es vielleicht doch noch Rettung für mich gab.

Zwei Monate später wurden meine Angstzustände unerträglich. Ich hatte das Gefühl durchzudrehen. Es musste sich etwas ändern in meinem Leben. Da bat ich Gott, mir zu helfen. Und wieder kam mir der Vers aus Psalm 50 in den Sinn. Ich schlug den Vers in der Bibel nach und las dann auch den nächsten Psalm, der mich tief berührte:

»Sei mir gnädig, o Gott, nach deiner Gnade; tilge meine Vergehen nach der Größe deiner Barmherzigkeit! Wasche mich völlig von meiner Schuld, und reinige mich von meiner Sünde! Denn ich erkenne meine Vergehen, und meine Sünde ist stets vor mir. Gegen dich, gegen dich allein habe ich gesündigt und getan, was böse ist in deinen Augen; damit du im Recht bist mit deinem Reden, rein erfunden in deinem Richten. Siehe, in Schuld bin ich geboren, und in Sünde hat mich meine Mutter empfangen« (Ps 51,3-7; RELB).

Diese Verse konnte ich von Herzen mitbeten. Ich bat Jesus, mir zu vergeben. Ich wollte, dass er in mein Leben kommt. Nach dem Gebet wurde ich ruhiger, und die Angst war nicht mehr so groß. Ich hatte das Gefühl, nicht mehr allein zu sein. Aber mir war auch bewusst, dass ich immer noch drogensüchtig war. Damals war ich 23 Jahre alt.

Vertrauensaufbau und Beziehungen
Nach meiner Bekehrung hatte ich den Eindruck, jetzt erst recht Probleme zu haben. Es fiel mir sehr schwer, Kontakte aufzubauen, weil ich vor Angst oft kein Wort herausbrachte. Vor allem die Menge der Menschen in der Gemeinde machte mir zu schaffen. Es half mir, dass *Lorenz* da war und mich ermutigte, dorthin zu kommen. Das erste Mal in meinem Leben interessierte sich jemand ernsthaft für mich und zeigte mir, dass ich ihm wichtig war. Nicht selten holten er und andere aus der Gemeinde mich vom Hauptbahnhof ab, wenn ich kurz vor einem Rückfall stand, oder auch danach. Mich erstaunte immer wieder, wie viel Geduld er mit mir hatte und wo er die Kraft hernahm. *Lorenz* hatte mir zwei Dinge klargemacht: Gott kann jedem helfen, der

erstens sich helfen und zweitens sich etwas sagen lässt. Er traf Absprachen mit mir und erwartete, dass ich mich daran hielt. Wir vereinbarten, dass ich ihn rechtzeitig anrief, wenn ich in der Gefahr stand, mich selbst zu verletzen oder rückfällig zu werden. Auch regelmäßig zum Hauskreis und in die Gemeinde zu kommen, gehörte dazu. Und erstaunlicherweise hielt ich mich daran.

Mit der Zeit hatte ich auch mehr Kontakt zu anderen Gemeindemitgliedern. Ich lernte, was Freundschaft heißt. In der »Familie« gab es keine Freundschaften. Wer um Hilfe bat, wurde verachtet, denn dadurch zeigte man Schwäche. Nun war alles ganz anders.

Schritt für Schritt
Drei Monate, nachdem ich mich für ein Leben mit Jesus entschieden hatte, bekamen Glaubensgeschwister das erste Mal mit, dass meine Probleme tiefere Ursachen hatten. Im Tablettenrausch hatte ich Erlebnisse aus meiner Kindheit preisgegeben. Ab da fing meine Mauer an, Risse zu bekommen. Zu diesem Zeitpunkt hatte mir Gott schon gezeigt, dass mein Leben in seiner Hand ist und dass er es gut meint mit mir. Außerdem hatte ich in *Lorenz* einen geistlichen Vater an die Seite gestellt bekommen, dem ich vertrauen konnte. Mein sehnlichster Wunsch war es, dass *Licht* und *Wahrheit* in mein Leben kamen. Ein heftiger Rückfall in meine alten Lebensgewohnheiten machte mir zudem deutlich, dass sich ohne ein *stabiles Umfeld* nicht wirklich etwas ändern würde. Zwei Frauen aus der Gemeinde waren bereit, mich aufzunehmen. Durch das Lesen in der Bibel wurde mir klar, wie verdreht mein Denken war. Mit Worten wie Gehorsam, Erziehung, Hingabe, Opfer und Demut kam ich nicht zurecht. In der »Familie« hatten sie eine ganz andere Bedeutung. *Gehorsam* z. B. hieß völlige Unterwerfung und bedeutete, ohne Widerspruch alles zu tun, was von einem verlangt wurde. *Erziehung* beinhaltete im Kult Foltermethoden wie Stromschläge, Schlaf-

entzug, eiskaltes Wasser, Hunger, Durst. Stück für Stück ersetzte die Wahrheit die Lüge. Im Wort Gottes hatte ich nun etwas Absolutes, auf das ich mich verlassen konnte. Auch bei den Schuldgefühlen half mir Gottes Wort zu unterscheiden, wann *ich* verantwortlich bin und wann es der Kult war, der mir eingeredet hatte, schuldig zu sein. So erfuhr ich praktisch – und das bis heute – , was Jesus in Johannes 8,31-32 sagt: »Wenn ihr in meinem Wort bleibt, so seid ihr wahrhaft meine Jünger; und ihr werdet die Wahrheit erkennen, und die Wahrheit wird euch frei machen« (RELB).

Erst zwei Jahre nach meiner Bekehrung konnte ich mit *Lorenz* das erste Mal über die Zeit in der »Familie« reden. Noch mehr als bisher baten wir Gott um Führung und Hilfe auf dem Weg der Heilung. Es war uns bewusst, dass nur Jesus solch tiefe Wunden heilen kann. Stückweise wurden die Erinnerungen offenbar. Meist dauerte es sehr lange, ehe ich eine Sache aussprechen konnte. Danach brachten wir die Verletzungen im Gebet zu Jesus. Bibelstellen wie 1. Korinther 10,13; Psalm 91 und Psalm 23 waren mir ein großer Trost.[39] Als wir anfingen, über die traumatischen Erlebnisse zu reden, suchte ich automatisch nach Möglichkeiten, mich der schmerzhaften Realität zu entziehen. Dies erreichte ich beispielsweise durch intensives Betrachten des Fußbodens oder anderer Gegenstände. Als Kind hatte ich diese und andere Techniken entwickelt, um starke Schmerzen auszuhalten, ohne durchzudrehen. Was früher als Überlebensmechanismus diente, behinderte jetzt die Heilung.

---

39 1. Korinther 10,13: »Aber Gott ist treu, der euch nicht versuchen lässt über eure Kraft, sondern macht, dass die Versuchung so ein Ende nimmt, dass ihr's ertragen könnt.«
Psalm 91,1.11: »Wer unter dem Schirm des Höchsten sitzt und unter dem Schatten des Allmächtigen bleibt .... Denn er [d.h. Gott] hat seinen Engeln befohlen, dass sie dich behüten auf allen deinen Wegen.«

Rückblickend muss ich sagen, dass ich zeitweise sehr verzagt war. Immer neue Erinnerungen kamen hoch, und ich dachte, das würde nie aufhören. Zwar merkte ich, dass sich vieles verändert hatte, aber es ging mir zu langsam voran. Doch Gott hat seinen eigenen Zeitplan. Er heilt Schritt für Schritt. *Lorenz* ließ sich von meinen destruktiven Äußerungen nicht abschrecken, sondern ermutigte mich immer wieder. Die Mischung aus Liebe, Geduld, Langmut, aber auch Ermahnung und Zurechtweisung halfen mir. Alleine durfte ich mich nicht mit meiner Vergangenheit beschäftigen. Dies sollte nur bei den regelmäßigen Treffen geschehen. Dies ist deshalb so wichtig, weil man sonst von den Erinnerungen überschwemmt wird und in großer Gefahr steht, »Dummheiten« zu machen. Immer wieder staune ich, wie viele meiner seelischen Verletzungen Gott bereits geheilt hat. So manches wird mir erst durch die Rückmeldungen anderer bewusst.

Echtes Leben

Der Umzug in eine Wohngemeinschaft von vier Frauen aus der Gemeinde war wieder ein Schritt, durch den ich stabiler wurde. Dort war ich einfach Mitbewohnerin und hatte ein eigenes Zimmer. Mittlerweile war ich verlässlicher und deshalb nicht mehr auf ständige Betreuung angewiesen. Es entwickelte sich eine ungezwungene Freundschaft zu einer Mitbewohnerin, wodurch ich offener wurde. Mit ihr lernte ich, herzlich zu lachen. So wie sich die Beziehung zu Frauen entspannte, veränderte sich auch meine Aversion gegen alles, was mit Familie zu tun hatte. In der Gemeinde konnte ich miterleben, wie die Familien völlig anders miteinander umgingen, als ich es von früher her kannte. Das Vertrauen, das man mir entgegenbrachte, als ich auf die Kinder aufpassen durfte, half mir, wiederum sicherer im Umgang mit Menschen zu werden.

Auch wenn ich sonntags inzwischen gerne in den Gottesdienst gehe, gibt es dort manches, was mir noch Probleme bereitet, wie z. B. das Abendmahl. Viele der satanistischen Rituale sind an die christlichen angelehnt, allerdings unter umgekehrtem Vorzeichen. Die Erinnerungen daran lösen noch heute häufig Übelkeit und heftige Kopfschmerzen aus. Doch auch hier merke ich, wie Jesus dabei ist, mich zu heilen.

Da ich keine normalen familiären Beziehungen habe, tröstet es mich, unter den Glaubensgeschwistern der Gemeinde so etwas wie eine neue Familie gefunden zu haben. Dies durfte ich besonders in schwierigen Zeiten erfahren, speziell bei meinen Krankenhaus-Aufenthalten. Dort bekam ich so viel Besuch, dass meine Mitpatienten verwundert waren. Mich selbst hat das auch sehr berührt.

Wegen massiver Rückenschäden wurde ich mehrmals operiert. Die Gewalt in meiner Kindheit hatte neben seelischen auch bleibende körperliche Schäden hinterlassen. Auch hier vertraue ich Gott, dass er das Richtige für mich tun wird. **Gott macht keine Fehler!** So haben mich meine Lähmungen in den Beinen bestimmt vor manchem Rückfall bewahrt. Dabei ist mir die seelische Gesundung weit wichtiger als die körperliche. Mein Wunsch, mit Kindern zu arbeiten, ist aufgrund der Rückenschäden nicht mehr möglich. Nachdem die engen Grenzen meiner körperlichen Belastbarkeit deutlich geworden sind, hat mir Gott gezeigt, dass es noch genug andere sinnvolle Dinge für mich gibt, mit denen ich anderen dienen kann. So begann ich, mich für Computer zu interessieren, und merkte, mir liegt das. Es war neu für mich, etwas gut zu können.

Ein wichtiger Vers der Bibel ist für mich Kolosser 1,13: »Er hat uns errettet aus der Macht der Finsternis und versetzt in das

Reich des Sohnes seiner Liebe« (RELB). Diese Zusage half mir in meiner Angst, die ich vor Übergriffen durch Leute aus der Organisation hatte. Früher musste ich miterleben, wie sie ihre Drohungen wahr machten. Jetzt aber lernte ich, dass Jesus den Teufel bereits besiegt hat. Auch wenn die Albträume mich bis heute quälen, tröstet mich der Gedanke, dass ich unter dem Schutz Gottes stehe.[40] Immer wieder gibt es Tage, an denen bestimmte Ereignisse plötzlich die alten Ängste und Verletzungen hochkommen lassen, wie zum Beispiel an Halloween, einem großen Feiertag des Kultes. Ich bin so dankbar, dass Gott mich aus dem Horror herausgeholt hat. Auch wenn ich weiß, dass die innerlichen und äußerlichen Narben bleiben werden, deckt Gott die schlimmen Erlebnisse immer weiter mit guten Erfahrungen zu.

Viele fragen mich, wie ich mit dem, was man mir angetan hat, umgehe. Ich habe keinen Hass auf die Menschen von damals, aber ich weiß, dass Gott gerecht ist. So kann ich die Sache getrost IHM überlassen, wie es in der Bibel heißt: »Mein ist die Rache« (RELB).[41] Ich bin Gott sehr dankbar, dass er mir vergeben hat, und will nie mehr zurück in das alte Leben. So denke ich im Winter oft an die Zeiten der Obdachlosigkeit und bin froh über mein warmes Zimmer. Jesus hat mir Frieden ins Herz gegeben und mich reich gesegnet. Er hat mir vielfach ersetzt, was ich in der Kindheit nicht hatte.

Aufgrund meiner Vergangenheit wird mir das Thema »sexueller und ritueller Missbrauch« stets ein großes Anliegen sein. Seit einigen Jahren beten wir in einem kleinen Kreis für Menschen mit ähnlichen Erfahrungen. Mit meiner Geschichte möchte ich andere Christen auf die Not der Betroffenen aufmerksam

---

40 »Wer unter dem Schirm des Höchsten sitzt, [wird bleiben] … unter dem Schatten des Allmächtigen« (Ps 91,1).
41 Vgl. z. B. Römer 12,19.

machen, die aus Angst fast nie an die Öffentlichkeit treten. Ich möchte die Hilfe, die ich erfahren habe, weitergeben. Der Bibelvers aus 2. Korinther 1,4 drückt das treffend aus:

>»... der uns tröstet in all unserer Bedrängnis, damit wir die trösten können, die in allerlei Bedrängnis sind, durch den **Trost**, mit dem wir selbst von Gott getröstet werden« (RELB).

Johanna

Z4: Ausprobiert

Was ich ausprobiert habe? Ich habe ausprobiert, ob an der christlichen Botschaft für mich und meine Frau etwas dran ist. Kann man das überhaupt, so etwas ausprobieren? Ja, das geht! Herr Professor *Werner Gitt* hatte mir das schon vor nunmehr 20 Jahren gesagt. Aber richtig glauben konnte ich das erst, nachdem ich es selbst versucht hatte. Rückwirkend betrachtet, war es für mich damals unvorstellbar, dass die christliche Botschaft einen Menschen so sehr verändern und ganz praktisch ins alltägliche Leben eingreifen kann. Dass mir – einem ausgemachten Realisten – so etwas passieren konnte, erscheint mir heute als ein Wunder ohnegleichen. Das begann bei mir nicht mit einem Paukenschlag, sondern entwickelte sich Schritt für Schritt im Laufe von Jahren und hat auch noch nicht aufgehört. Mit großer Leidenschaft lebe ich inzwischen, woran ich glaube, und mache immer noch neue Erfahrungen.

Wie alles anfing
Ich, *Fritz Hespelt,* geboren am 20. Februar 1937 in Kiel, war damals 50 Jahre alt. Ich war schon einmal verheiratet, und seit 1974 bin ich wieder verheiratet. Ich bin Vater von vier Töchtern,

gehöre der Evangelisch-Lutherischen Kirche an und wohne in München. Von der Ausbildung her bin ich Diplom-Ingenieur (Fachhochschule Hamburg, Fachrichtung Elektrotechnik) und war als Vertriebspromoter bei Siemens für das Computergeschäft an Hochschulen und Forschungseinrichtungen verantwortlich. Herrn Dr. *Gitt* lernte ich 1972 kennen. Mit meinem damaligen Chef, Herrn Dipl.-Ing. *Helmut Sabersky*, verkaufte ich als Vertriebsbeauftragter in Norddeutschland von Hamburg aus den damals größten deutschen Computer mit der Modellbezeichnung TR 440. Zwischen vier und zwanzig Millionen DM kosteten die Anlagen damals. In dieser Größenklasse war der Markt überschaubar, und wir wussten um alle Institutionen mit einem großen Bedarf an Rechenkapazität. So kannten wir auch Herrn Dr. *Gitt*, den Leiter des Fachbereichs Informationstechnologie (damals »Datenverarbeitung«) von der *Physikalisch-Technischen Bundesanstalt* (PTB) in Braunschweig. Die PTB gehörte später zu unseren acht Großkunden. Wie bei all solchen Großprojekten waren bei der Akquisition bis zu einem Vertragsabschluss und der anschließenden Wartung und Betreuung viele intensive Kontakte erforderlich. Da blieb es gar nicht aus, dass man sich auch als Geschäftspartner persönlich kennen und mehr oder weniger schätzen lernte. Besonders gut, fair und vertrauensvoll war die Zusammenarbeit mit den Verantwortlichen aufseiten der PTB. Wir konnten uns einfach aufeinander verlassen, auch mündliche Aussagen galten beiderseitig als verbindlich. So wurden bei unseren Besuchen nach getaner Arbeit natürlich auch private Dinge ausgetauscht. Und nach einer Veranstaltung, an der auch einige Ehepartner teilnahmen, höre ich die Frau meines Chefs noch heute zu mir sagen: »Herr *Gitt* ist aber ein frommer Mann.« Auch meiner Frau *Birgitt* (geb. am 10.9.1944 in Becklingen/Lüneburger Heide) war das im Gegensatz zu mir gleich aufgefallen. Selbst als ich während der Industriemesse in Hannover einmal einer Einladung von Herrn *Gitt* zu einer abendlichen

Vortragsveranstaltung der IVCG – der Internationalen Vereinigung Christlicher Geschäftsleute[42] – ins *Holiday Inn* gefolgt war, bemerkte ich nicht, dass es eigentlich um mich ging. Der Referent war Vorstandsvorsitzender eines österreichischen Stahlkonzerns. In seinem Vortrag sprach Dr. *Ostermann* über seine Glaubenserfahrungen als Geschäftsmann. Das Gespräch darüber mit Herrn *Gitt* beim anschließenden Essen war zwar anregend, doch persönlich berührt hat mich der Abend nicht. Das sollte sich erst nach mehr als zehn Jahren ändern, und zwar geschah es 1987 anlässlich einer Vortragsreihe von Herrn *Gitt* in München. Er erinnerte sich, dass ich dort hingezogen war, und schickte mir per Post eine Einladung, einfach an Siemens München, denn eine genaue Anschrift von mir hatte er ja nicht. Bei den vielen dortigen Siemens-Standorten und 50 000 Mitarbeitern erreichte sie mich über einige Umwege, aber dennoch gerade rechtzeitig. Ich war ziemlich überrascht und wusste nicht so recht, was ich damit anfangen sollte. Das Thema war für mich als Ingenieur gar nicht so uninteressant. Es sollte unter anderem um Erfindungen und Patente gehen. Schließlich machten meine Frau und ich uns auf den Weg, einen der fünf Vortragsabende zu besuchen, nicht zuletzt aus Höflichkeit. Das wurde dann ein spannender Abend!

Die Begegnung in einem großen Münchener Modehaus
Zu unserer Überraschung verbarg sich hinter der für den Vortrag angegebenen Adresse ein großes Modehaus in der Fußgängerzone mitten in München. Die Geschäfte hatten zwar schon geschlossen, aber bei *Mühlhäuser* gingen die Leute noch ein und aus. Als wir eintraten, wurden wir in den ersten Stock gelotst. »Oberbekleidung« stand an einem Wegweiser. Doch davon war jetzt nicht mehr viel zu sehen. Die Kleiderständer

---

42 Die IVCG ist eine missionarisch wirkende Vereinigung, die insbesondere in großen Städten regelmäßige Treffen in Hotels durchführt. Die Zielgruppe, die mit dem Evangelium erreicht werden soll, sind Verantwortliche in Wirtschaft und Wissenschaft.

waren alle weggeräumt; stattdessen waren eine Menge Stühle, ein Rednerpult und ein Overheadprojektor aufgestellt. Und als es dann losging, war es so voll, dass noch etliche Leute stehen mussten. Der Vortrag war spannender, als ich es erwartet hatte. Meine Frau hat noch heute in Erinnerung, um wie viel genialer das Fliegen von Insekten als das unserer Flugkörper ist. Bezüglich wirtschaftlicher Energiebilanz und Gleit-Effektivität liegen Welten zwischen den beiden Systemen. Und ich erinnere mich noch gut an die von *Edison* erfundene Glühlampe und besonders an seine Erfindung des Mikrofons. Herr *Gitt* verglich das technische Mikrofon mit dem menschlichen Gehör, das viel komplizierter und effektiver sei, denn es ist eine geniale Erfindung unseres Schöpfers. Selbst meine Frau, die sich sonst für technische Zusammenhänge wenig interessiert, hatte nachempfinden können, dass zwischen diesen physikalischen Sachverhalten im direkten Vergleich Welten liegen, die von der Forschung wohl niemals voll zu erschließen seien. Das alles beeindruckte uns sehr. Das Kommen hatte sich gelohnt, und wir freuten uns schon darauf, diesen Abend schön ausklingen zu lassen.

Aber vorher wollten wir noch ein paar Worte mit Herrn *Gitt* wechseln, denn schließlich waren wir ja seinetwegen gekommen. Doch wie schon vor dem Vortrag war auch unmittelbar danach gar nicht an ihn heranzukommen, so viele Leute umgaben ihn ständig. Wir mussten also warten, setzten uns in ein nahe gelegenes Straßencafé und schauten ab und zu mal rein, ob sich die Lage inzwischen entspannt hatte. Es war fast Mitternacht, als wir Herrn *Gitt* endlich begrüßen konnten. Und zu unserer Überraschung blieb es nicht bei ein paar netten Worten. Er fragte uns doch tatsächlich zu dieser späten Stunde noch, ob wir nicht in einem Gebet, das er uns vorsprechen würde, Gott bitten wollten, dass er uns unsere Schuld vergibt, und ihm versprechen wollten, uns in unserem Leben von ihm leiten zu lassen. Darauf waren wir nun überhaupt nicht gefasst, und wir versuchten, uns so elegant wie möglich zu drücken. Doch das war gar nicht so einfach. Herr *Gitt* und ich waren über Jahre verbindliche und verlässliche Partner in unseren geschäftlichen Beziehungen gewesen. Da konnte ich mich nicht mit fadenscheinigen Gründen herausmogeln oder mal eben etwas versprechen. Hinzu kam noch, dass ich mir ja eigentlich gar keiner Schuld bewusst war, für die ich mich hätte entschuldigen müssen. Auch hatte ich das mit der Sünde noch nie begriffen, und warum *ich* ein Sünder sein sollte, sah ich schon gar nicht ein. ›Was die Kirchen und frommen Leute damit immer nur haben‹, dachte ich. Meiner Frau und mir ging es sehr gut; wir waren rundherum glücklich. Natürlich hatten wir noch Träume, wer hat die nicht? Aber wir waren froh und zufrieden mit dem, was wir waren und hatten – Familie, Reihenhaus, zwei Autos. … Wir hatten nichts Unrechtes getan, alles hatten wir auf anständige Art und Weise selbst erreicht. Warum sollten wir uns in dieser schönsten Zeit unseres Lebens auf etwas völlig Neues einlassen?

Doch anstatt einfach »Nein« zu sagen, versuchten wir, dem Thema auszuweichen. Und ich hatte auch eine Idee, wie ich das mit aller Höflichkeit anstellen wollte. Als Ingenieur wusste ich nur zu gut, dass alle Theorien und Berechnungen der Erprobung bedurften. Weil das auch Herr *Gitt* als Dr.-Ing. kennen musste, antwortete ich ihm: »Ich kann nichts versprechen, was für mich reine Theorie ist. Nach meiner Lebens- und Berufserfahrung reichen mir Argumente bei einem solchen diffusen Thema wie *Glaube* nicht aus. Auf jedes Pro gibt es ein Kontra. Daher kann ich das Gebet jetzt nicht guten Gewissens nachsprechen. Ich denke aber gern noch mal darüber nach. Ja, wenn man das ausprobieren könnte. Aber das kann man mit Gott sicher nicht machen.« Und ich dachte, dass sich damit das Gebet wohl von selbst erübrigen würde. Doch nichts hatte sich erübrigt. Ich höre

Herrn *Gitt* noch heute sagen: »Natürlich geht das! Das steht schon in der Bibel.« Er blätterte zu den letzten Seiten des Alten Testaments im Buch des Propheten Maleachi, zeigte auf den Vers 10 im dritten Kapitel und las ihn uns vor: »Bringt aber die Zehnten in voller Höhe in mein Vorratshaus, auf dass in meinem Hause Speise sei, **und prüft mich** hiermit, spricht der HERR Zebaoth, ob ich euch dann nicht des Himmels Fenster auftun werde und Segen herabschütten die Fülle.«

»Der Weg ist für jeden anders, der zum Glauben führt«, sagte Herr *Gitt* dann, »und für Sie ist eben das Ausprobieren der Weg.« Damit war unser Widerstand gebrochen. Wir nickten ihm zu, er begann zu beten – und wir sprachen seine Worte bewusst nach. Wir baten um Vergebung unseres Verschuldens in Bezug auf unsere Beziehung zu Gott und versprachen, ganz konsequent ausprobieren zu wollen, ob der Glaube an den Gott der Bibel nicht doch ganz praktische Auswirkungen auf unser Leben haben könnte. Es war spät geworden. Auf dem Nachhauseweg haben meine Frau und ich nicht mehr viel darüber gesprochen. Wir waren im wahrsten Sinne des Wortes überwältigt. Wenn ich mich richtig erinnere, haben wir jedoch trotz allem gut schlafen können.

Zunächst passierte nicht viel
In den ersten Wochen danach lief eigentlich alles wie gewohnt weiter. Wir bekamen zwar von Herrn *Gitt* noch einen Brief mit sicher gut gemeinten Ratschlägen. Doch die berührten uns wenig. Auf die Empfehlung hin, uns zum Beispiel mit ein paar Bibelstellen zu beschäftigen, musste ich erst auf dem Speicher nach meiner Konfirmandenbibel suchen. Ich hatte seitdem nicht mehr hineingeschaut. Ich fand sie schließlich in einem Umzugskarton. Wir hatten sie nach neun Jahren immer noch nicht ausgepackt. Ein wenig gespannt war ich zwar schon, was wohl in

den Bibelversen stehen würde, die Herr *Gitt* für uns ausgesucht hatte. Doch die Enttäuschung war groß: Sie waren mir so fremd, dass ich absolut nichts verstand und auch nichts damit anfangen konnte. Und sein Rat, uns einer lebendigen Gemeinde anzuschließen, kam auch nicht bei mir an. Ich wollte doch den christlichen Glauben ausprobieren und nicht probeweise in irgendeine Gemeinde gehen. Wenn wirklich mehr dran sein sollte, als ich bisher davon hielt, dann müsste das schon überall ausprobiert werden können – auch in der Kirche, der ich seit Langem angehörte.

Einige Monate später kam dann Bewegung in die Sache. Herr *Gitt* hatte uns für eventuelle Fragen noch den Verleger Dr. *Ingo Resch* als Ansprechpartner in München genannt. Das haben wir zwar nie in Anspruch genommen, doch seiner Einladung zu einem weiteren Vortragsabend der IVCG bin ich gefolgt. Ich erinnere mich zwar nicht mehr, um was es ging, aber ich muss

Birgitt und *Fritz Hespelt*, 2009.

mich bei dem Thema und im Kreise der Gäste und Veranstalter, Dr. *Kurt Scheffbuch* sowie *Gerti* und *Roland Gunka*, wohlgefühlt haben. Ein Angebot an diesem Abend, einmal gemeinsam ein ganzes Wochenende zu verbringen, hatte mich so sehr interessiert, dass ich meiner Frau zu Hause vorschwärmte, wie schön das sein könnte. Wir sollten uns doch einmal so ein schönes oberbayerisches, goldenes Oktoberwochenende am Chiemsee ganz ohne Kinder gönnen. Das gefiel auch ihr. Die notwendigen organisatorischen Vorbereitungen wurden getroffen, und so fuhren wir ganz entspannt los.

Ein wunderschöner weißblauer Himmel strahlte über uns, als wir in bester Stimmung in unserem Hotel direkt am Chiemsee ankamen. Und wir freuten uns auf zwei richtig schöne Tage. Dass es auch noch ein bisschen Programm geben sollte, wollten wir gerne mitnehmen. Das begann dann auch ganz vielversprechend. Unter der Leitung der mir vom Vortragsabend her bekannten Personen wurden verschiedene Abschnitte aus dem Neuen Testament in moderner Übersetzung gelesen, über die dann ganz locker geredet wurde. Meiner Frau und mir gefiel das und den ca. dreißig anderen Leuten offensichtlich auch. Doch in einem zweiten Teil nach einer Kaffeepause und einem schönen gemeinsamen Spaziergang nahmen wir uns mehr und mehr zurück. Die Themen hatten eine Tiefe erreicht, der wir nicht mehr richtig folgen konnten, weil uns das sehr fremd vorkam. Wir waren froh, als es endlich zum Abendessen ging und in den anschließenden Gesprächsrunden bei Wein und Bier wieder richtig nett wurde.

Eine aufregende Nacht
Als wir gegen 23 Uhr auf unser Zimmer gingen, hatte sich unsere Anspannung wieder gelegt. Wir unterhielten uns noch über einige Leute und legten uns mit dem Gefühl schlafen, dass das Neue Testament wohl doch nicht das Richtige für uns sei. Wir

konnten jedoch nicht einschlafen. Eine Unruhe hatte uns beide befallen, die uns schließlich wiederaufstehen ließ. Einen konkreten Grund dafür konnten wir nicht ausmachen. Putzmunter verbrachten wir noch die halbe Nacht im Gespräch über das, was wir gehört und diesbezüglich schon früher erlebt hatten. Groß weitergekommen sind wir dabei in dieser Nacht allerdings nicht. Doch in einem waren wir uns einig: Die Tatsache, dass wir in dieser Nacht so richtig aufgekratzt waren, nachdem wir doch so entspannt, unbekümmert und froh gestimmt angereist waren, konnte nicht von ungefähr gekommen sein. Diese Beschäftigung mit dem Neuen Testament musste das in uns ausgelöst haben, und dies, obwohl wir gar nicht alles richtig verstanden hatten.

Dem nächsten Tag, es war ein Sonntag, wollten wir wieder die schönen Seiten abgewinnen. Das herrliche Wetter, das gute Frühstück und Mittagessen hätten wir auch in vollen Zügen genießen können, wenn uns nicht ein paar »Unverbesserliche« mit ihren bohrenden Fragen »gestört« hätten. Doch das steckten wir weg. Wir hatten unsere Selbstsicherheit wiedergefunden. Etwas wirklich Persönliches haben wir nicht mehr von uns gegeben. Das Einzige, wozu man uns noch überreden konnte, war die Zusage, zu einem weiteren Treffen zu kommen, das in der folgenden Woche in München stattfinden sollte.

Natürlich waren wir schon gespannt, wie es da wohl zugehen würde, als wir ein privates Haus betraten. Die Gastgeber, ein freundliches Ehepaar jüngeren Jahrgangs, führten uns in einen größeren Raum, in dem bereits eine Menge im Kreis aufgestellter Stühle standen. Als sich alle Gäste gesetzt hatten und wir in die Runde blickten, erkannten wir, dass die meisten schon am Chiemsee dabei gewesen waren. Sie hatten auch alle das rote Neue Testament dabei, das uns dort ausgehändigt worden war. Noch gut in Erinnerung geblieben ist mir die Vorstellungsrunde. Neben der üblichen, mehr oder weniger langen persönlichen Vorstellung sollte auch erzählt werden, wie es einem an dem Wochenende und den Tagen danach ergangen war. Was da so alles vorgebracht wurde, hat meine Frau und mich schon sehr erstaunt. Die meisten Leute kamen richtig ins Schwärmen über ihre Empfindungen und die Gespräche bei der Bibelarbeit, wie sie das Programm vom Chiemsee nannten. Mit der Bibel arbeiten, das hatten wir noch nie gehört, geschweige denn getan. Umso mehr waren alle verwundert, als meine Frau ziemlich betroffen erzählte, dass es ihr diesbezüglich richtig schlecht gegangen war. Nach ein paar Andeutungen, wie wir die Nacht verbracht hatten, gab sie das Wort an mich weiter. Auch mir waren die Aussagen der anderen total überzogen vorgekommen. Ziemlich nüchtern bestätigte ich daher nur, was meine Frau und ich empfunden hatten, und fügte noch etwas diplomatischer an, dass ich dem Ganzen auch etwas Positives abgewinnen könne: Ich wollte nämlich das Herrn *Gitt* gegebene Versprechen einlösen, die Sache gründlich zu erproben. Deshalb würde ich auch nicht gleich aufgeben, sondern noch weiter dabeibleiben wollen.

Zwischenbilanz der Erprobung
Es gab dann weitere wöchentliche Treffen, bei denen es immer wieder um die Bibel ging. Eingangs wurde auch ein wenig gesungen, Persönliches ausgetauscht und nach etwa zwei Stunden alles mit einer Gebetsrunde abgeschlossen. Dabei fühlten wir uns anfangs auch ganz wohl. Doch dann wurde es zunehmend schwieriger: Vor allem hatte ich Probleme damit, wie zu einem Thema Verse aus der ganzen Bibel herangezogen wurden, die dann meines Erachtens recht willkürlich interpretiert wurden. Wenn es um die Betrachtung von zusammenhängenden Bibeltexten ging, konnte ich das besser nachvollziehen. Wie einige Dinge mit absolutem Anspruch kommentiert und als einziger Weg für uns Neue ausgegeben wurden, löste bei meiner Frau

und mir Misstrauen aus. Wir waren ja bereit, uns vorbehaltlos auf die Bibel als einzige Quelle für unseren Glauben an Jesus Christus einzulassen. Doch was uns nicht plausibel erschien, konnten wir bei allem Wohlwollen nicht akzeptieren. Diese Haltung hatte sich nach und nach in den ersten Monaten bei uns herauskristallisiert. Und weil ich den Eindruck hatte, mit meinen Erklärungsversuchen bei den anderen auf Unverständnis zu stoßen, hielten wir uns immer mehr zurück. Wir fühlten uns zunehmend unwohl und wären vermutlich auch weggeblieben, wenn nicht eine der Frauen, die uns wie eine »Hardlinerin« vorgekommen war, in unsere Nähe umgezogen wäre und wir nicht gemeinsam im Auto von diesen Abenden nach Hause gefahren wären. Da kamen auf der Heimfahrt überraschend gute Gespräche auf. Ich denke, wir begannen, uns auch wirklich zu mögen. Bei den Gruppenabenden änderte das zunächst nicht viel, doch von einer Frau, die als »Opinionleader«[43] galt, fühlten wir uns wenigstens verstanden. Und den Durchbruch schafften wir, nachdem wir das Ehepaar *Gunka*, das den Kreis leitete, einmal zu uns nach Hause eingeladen und die beiden uns besucht hatten. Wenn ich das damals richtig gedeutet habe, war ihnen erst bei dieser Begegnung aufgegangen, wie ernst uns alles war und wie sehr wir unter unseren eigenen kritischen Anmerkungen und ihren Reaktionen darauf gelitten hatten. Und als sie bei der Verabschiedung noch für uns beteten und uns Gottes Segen wünschten, fühlten wir uns richtig an- und aufgenommen. Noch heute fühlen wir uns sehr verbunden, obwohl wir uns nur noch selten sehen.

Das gehört heute zu meinen schönsten Erfahrungen, wenn ich Leute wiedersehe, mit denen ich eine gewisse Zeit aufrichtig verbunden war – sich bei aller Verschiedenheit mit einer Freund-

---

43 Engl. für »Meinungsführer«. Hier ist ein Mitglied der Gesprächsgruppe gemeint, das im Rahmen der persönlichen Kommunikation sagt, »wo es langgeht«.

lichkeit wiederzubegegnen, die nicht aus Höflichkeit, sondern aus tiefstem Herzen kommt und sich darauf gründet, dass Jesus Christus Herr und gemeinsame Mitte unseres Lebens ist. Das gibt mir das wohltuende Gefühl, als wären wir selbst nach langer Zeit nie getrennte Wege gegangen. Für mich ist das ein Zeichen dafür, dass wir in unserem Leben und Glauben ein gemeinsames klares Ziel vor Augen haben. Als Gemeinschaft von Gläubigen sind wir auf dem Weg in eine herrliche Zukunft. Wir sind unterwegs in eine göttliche Welt, in die Jesus die Seinen führt. Dort geht unsere irdische Sehnsucht und Hoffnung in Erfüllung. Das ewige Leben kennt weder Leid noch Tod. Es ist ein Leben in Gerechtigkeit, Frieden und Freude, und das auch noch ohne Ende – ewig!

Veränderungen in unserem Leben

Auf einem solchen Weg sind meine Frau *Birgitt* und ich seit nunmehr über 20 Jahren unbeirrt unterwegs. Für mich ist diese Kontinuität ein Zeichen, auf einem für uns richtigen Weg zu sein. Und ich bin überglücklich, dass meine Frau sich gleichzeitig mit mir auf die Erprobung eingelassen hat. Das ist insofern erstaunlich, als doch vorher Glaubensfragen nie ein ernsthaftes Thema bei uns waren. Wir haben zwar unsere Kinder taufen und konfirmieren lassen, Weihnachten waren wir auch in der Kirche, doch einen persönlichen Glauben, eine regelrechte Lebensbeziehung zu Jesus Christus kannten wir nicht. Auf die Frage nach ihrem Motiv antwortet meine Frau heute:

»Ich spürte einfach, dass mir etwas fehlte – und das, obwohl es mir besser ging als je zuvor. Finanziell waren wir gut gestellt, alle vier Töchter waren gesund und entwickelten sich gut, meine Ehe war und ist sehr glücklich. Dennoch war ich immer wieder auf der Suche nach etwas, was bleibend ist. Begonnen hatte das damit, dass ich im August 1982 mein Baby wegen einer Krebserkrankung verlor. Trotz meines Alters von 38 Jahren hatte ich mich sehr darauf gefreut. Und als ich nach einer erfolgreichen Operation im September 1983 meine kleine *Daniela* im Arm halten konnte, fühlte ich mich geborgen und behütet – aber woher kam das? Ich begann zu ahnen, dass wir in unserem Leben nicht alles aus eigener Kraft erreicht hatten. Und wahrscheinlich war es auch kein Zufall, dass ich mich gerade in dieser Phase an eine Jahre zurückliegende Begegnung mit einem Kunden meines Mannes in Hamburg erinnerte. Schon dort hatte Herr Dr. *Gitt* zu mir gesagt, dass die Bibel ein Anleitungsbuch für das Leben sei. Ich hatte damals zwar nichts damit anfangen können, aber vergessen habe ich diesen Satz nicht. Das war auch der Grund, warum ich 1987 zur Veranstaltung im Modehaus *Mühlhäuser* mitgegangen bin. Ich bin Herrn Dr. *Gitt* und den vielen anderen Menschen noch heute von Herzen dankbar, die mich ein wenig – manchmal auch etwas mehr – bedrängt haben, mich doch einmal ernsthaft auf die Frohe Botschaft einzulassen.«

Parallel zu all diesen Erlebnissen waren meine Frau und ich dem Rat gefolgt, in der Gemeinschaft einer Gemeinde Rückhalt zu suchen. Darüber soll wieder meine Frau berichten:

»Das lief für mich sehr reserviert an. Soweit es ging, besuchte ich alle Gottesdienste der Evangelischen *Gustav-Adolf-Kirche* (München-Ramersdorf). Am meisten sprachen mich die Gebete und die Predigt an, doch diese kam mir mit zehn bis fünfzehn Minuten viel zu kurz vor. Ansonsten war mir da auch nicht nach Feiern zumute. Vieles konnte ich nicht von Herzen nachempfinden. Doch ich hatte ein dickes Fell, schließlich wollte ich ja wissen, um was es da ging. Ich hielt mich daher bei den Gemeindeveranstaltungen, die ich regelmäßig besuchte, sehr zurück. Meist kam ich als Letzte und ging wieder als Erste. Das ging so etwa ein Jahr lang – bis mich mitten im Sommer nach einem Gottesdienst zwei Mitglieder der Gemeinde nach meiner Mitarbeit fragten.

Obwohl ich etliche Ausreden hatte und einer meiner Gesprächspartner, Herr *Günter Baltuttis*, nur zehn Jahre älter war als ich, entschärfte er das meiste mit der Art eines verständnisvollen Vaters. Einerseits gefiel mir ganz gut, wie er meine Maßstäbe einfühlsam und freundschaftlich zurechtrückte. Andererseits ging mir seine direkte Art der Ermutigung schon auf den Keks. Das sah ich ihm aber nach, als er mich und meine Familie am Ende unseres Gesprächs einlud, in den Sommerferien mit auf eine Gemeindefreizeit nach Kärnten zu fahren. Für beides erbat ich mir noch einige Tage Bedenkzeit. Dann sagte ich zu, ich wollte ja alles genau wissen. In Kärnten begann dann eine echte Freundschaft. Bis heute fühle ich mich ihm und seiner Frau *Margrit* zutiefst verbunden, trotz einiger erheblicher Turbulenzen in unserem gemeinsamen Umfeld und bei uns selbst. Nach der Rückkehr begann ich, mich in der Gemeindearbeit zu engagieren, und zu den jährlichen Freizeiten mit der Bibel fahren wir nach wie vor.«

Rückblickend muss ich sagen, dass meine Frau und ich bei allem, was sich in unserem Leben verändert hat, gar nicht so viel selbst beigetragen haben. Wir haben uns eher etwas abwartend, neugierig und ohne große Vorbehalte auf Neues eingelassen. Wir verhielten uns etwa nach dem Motto eines uralten Liedtextes aus unserem Evangelischen Gesangbuch, auf den ich erst viel später gestoßen bin: »Erneure mich, o ewigs Licht, / und lass von deinem Angesicht / mein Herz und Seel mit deinem Schein / durchleuchtet und erfüllet sein.« Das muss wohl meine Frau auch auf die Idee gebracht haben, uns nachträglich kirchlich trauen zu lassen. Denn als sie gehört hatte, dass am 6. Dezember 1988 eine Adventsfeier der Gemeinde stattfinden sollte, überraschte sie mich damit, das bei dieser Gelegenheit gern nachholen zu wollen. Auch mir war es ein inneres Anliegen. Für diesen Termin gab es auch noch eine weitere gute Begründung. Es war unser Hochzeitstag, den wir vierzehn Jahre zuvor für die standesamtliche Trauung auf den Nikolaustag gelegt hatten, damit ich ihn nicht so leicht vergesse. Und der adventlich geschmückte Rahmen eines Saales gefiel mir auch besser als die Kirche. Wir sprachen also mit dem Pfarrer und vereinbarten, die Trauung in den letzten Teil der Adventsfeier einzuschieben. Das sollte ohne Vorankündigung geschehen, damit der eigentliche Charakter der adventlichen Gemeindeveranstaltung gewahrt bliebe. Nachdem wir alles geklärt, unsere Kinder und Eltern informiert und ansonsten Vertraulichkeit vereinbart hatten, fehlte uns nur noch ein Trauspruch, der unsere Situation gut beschrieb. Wir stöberten so lange die fett gedruckten Verse im Neuen Testament der Lutherbibel durch, bis wir endlich einen fanden, von dem wir beide überzeugt waren, dass er gut zu uns passte: »Ist jemand in Christus, so ist er eine neue Kreatur; das Alte ist vergangen, siehe, Neues ist geworden.« Wir fanden ihn im Neuen Testament in 2. Korinther 5, Vers 17. Erst später fiel uns auf, dass dieser Vers in unserer Kirche jedes Jahr der Wochenspruch am dritten Sonntag nach Ostern ist. Für meine Frau und mich ist dies immer wieder eine schöne Erinnerung und große Freude. Übrigens löste die Trauung unter allen Leuten, die zur Adventsfeier gekommen waren, große Begeisterung und Freude aus.

Unser Leben gewinnt an Tiefe

Diese ersten eineinhalb Jahre nach unserer Begegnung mit Herrn *Gitt* in München waren doch für uns eine sehr ereignisreiche Zeit geworden. In unserem Denken und Fühlen war etwas hängen geblieben von einem herrlichen, tröstlichen, übernatürlichen Ordnungsprinzip, das uns beschäftigt hatte und uns immer noch nicht losgelassen hat. Und das muss uns auch innerlich ausgeglichener, dankbarer und zufriedener gemacht haben. Denn in diesen größeren Zusammenhang gestellt, entspannte sich einiges in unseren Anschauungen und Wertvorstellungen. Wir begannen, Situationen neu zu beurteilen. Dinge bekamen ein anderes Gewicht und einen Sinn, den wir bis dahin nicht gesehen hatten. All das führte unter anderem auch dazu, dass uns wichtig wurde, unsere Ehe und unser ganzes Leben unter Gottes Segen zu führen.

Ja, die Zwischenbilanz unserer Erprobung war schon sehr vielversprechend. Besonders den Vortragsveranstaltungen der IVCG hatten wir viel zu verdanken. Und so mochten wir auch nicht »Nein« sagen, als uns die Organisation solcher Veranstaltungsreihen angetragen wurde. Wir konnten uns zwar nicht recht vorstellen, wie uns das mit dem kleinen Team gelingen sollte, das sich da zusammengefunden hatte, doch wir stellten uns mit umso größerem Gottvertrauen dieser Herausforderung. Wir waren jedes Mal wieder erstaunt, wie viele Leute zu den Vorträgen kamen. Dann waren zahlreiche Gespräche zu führen. Dank sei Gott, wir wussten, dass wir damit nicht alleingelassen waren. Unser Herr Jesus war stets da, und Menschen, die von unserer Arbeit wussten, haben uns mit ihren guten Wünschen und Gebeten begleitet. Zufrieden und zuversichtlich trug uns unser Glaube durch diese Zeit. So ging es, bis uns nach einigen Jahren ein einschneidendes Ereignis alle sehr erschütterte.

Der unerwartete Test

Es war am 10. Oktober 1993 um Mitternacht, wir waren gerade nach einem Vortragsabend wieder zu Hause angekommen, da bekam ich beim Gassi gehen mit unserem Hund einen schweren Herzinfarkt. Ich hatte mich zwar nach einem Sturz gegen eine Mauer gerade noch wieder aufrappeln können und war auch noch irgendwie instinktiv vor meiner völligen Bewusstlosigkeit zu Hause angekommen, aber daraus aufgewacht bin ich erst wieder am nächsten Vormittag im Krankenhaus. Meine Frau saß am Bett, und meine ersten Worte waren: »Bis hierher war alles Theorie. Jetzt wird sich herausstellen, ob das auch hält, woran wir glauben.« Mit großer Spannung erwartete ich, wie das ausgehen würde. Ansonsten war ich ziemlich ruhig und zuversichtlich. Angst hatte ich nicht, auch nicht davor, dass bei den zu erwartenden operativen Eingriffen etwas schiefgehen könnte, obwohl das Risiko deutlich höher als normal eingeschätzt wurde. Ich hatte sogar den Eindruck, meine Besucher waren betroffener und hatten Trost nötiger als ich, wenn sie mich zu ermutigen suchten. Mir war vielleicht auch gerade deshalb mein täglicher Bibellese-Kalender neben meiner Frau der wichtigste Begleiter in der nächsten Zeit. Ich glaubte fest daran, dass Gott mir durch sein in der Bibel aufgezeichnetes Wort in dieser Zeit besonders nahe sein würde. Und das habe ich dann auch erlebt. Genauso habe ich immer wieder gespürt, wie die vielen Leute, die von meiner neunwöchigen Behandlung im Krankenhaus und in der Rehabilitation wussten, mich in stiller Anteilnahme begleitet und mir im Gebet beigestanden haben.

Nach einer Woche ging es mir wieder besser, und nach zwei Wochen stand meine Entlassung an. Doch dann kam einer der Ärzte, die zur Station gehörten, aus dem Urlaub zurück und hielt eine neue Diagnose mithilfe eines Herzkatheters für unbedingt notwendig. Nachdem ich sofort zugestimmt hatte, wurde auch gleich ein Termin gemacht. Nach dieser Entscheidung betete ich zum ersten Mal einen Psalmvers, obwohl mich Psalmen eigentlich nicht so sehr ansprachen. Ich war in meiner Bibellese darauf gestoßen: »Errette mich aus dem Schlamm, dass ich nicht versinke, dass ich errettet werde vor denen, die mich hassen, und aus den tiefen Wassern« (Ps 69,15). Offensichtlich war das ein Hilferuf von jemandem, dem das Wasser bis zum Hals stand.

Die Herzkatheter-Untersuchung ergab dann, dass eine Arterie der Herzhinterwand an einer Stelle zu 95 Prozent verschlossen war und diese nach ein paar Tagen mit einer sogenannten Ballon-Dilatation bei einem zweiten Katheter-Eingriff geweitet werden sollte. Eine Woche nach der relativ gut verlaufenen Dilatation hieß es dann: »Ab morgen können Sie ein paar Tage zu Hause verbringen und anschließend zur Rehabilitation nach Bad Wiessee am Tegernsee fahren.« Es ist einfach unbeschreiblich, wie dankbar und glücklich meine Frau und ich waren. Das wäre sicher jeder gewesen. Doch dass wir uns die ganze Zeit über getröstet und getragen fühlten, führen wir auf unseren Glauben zurück. Unsere ganze Hoffnung und Zuversicht hatte sich auf unseren Herrn Jesus gegründet. Wie er Menschen nahekommt und Einfluss auf ihre Gedanken, Empfindungen und Wahrnehmungen nimmt, haben wir in dieser Zeit erfahren. Das hat unseren Glauben weiter gestärkt, nämlich die Gewissheit, dass er Leben schenkt, unser Begleiter ist und unser Leben über den irdischen Tod hinaus erhält. Davon sind wir auch heute noch, gut anderthalb Jahrzehnte später, überzeugt.

Ausprobiert, und …

… eine Bekehrung vom »stillen Teilhaber« einer Kirchengemeinde zum tätigen Mitglied in der Nachfolge Jesu erlebt. Meine Frau ist tätig als Pfarramtssekretärin sowie in anderen Bereichen und ich als Lektor, Kirchenvorsteher, Synodaler, Sänger, Bläser und Prädikant[44]. Zu allem haben wir uns eher herausgefordert als verpflichtet gefühlt. Unsere Entscheidungen, das zu tun, waren in unserer persönlichen Beziehung zum Herrn Jesus gereift. Das ließ uns zuversichtlich und voller Erwartungen annehmen, was auf uns zukam. Wir waren nicht die Macher, wir ließen uns leiten. Und im Laufe der Zeit sind wir auch zu der

---

44 Der Prädikant (lat. *praedicare* = predigen) ist in der Evangelischen Kirche ein speziell ausgebildeter Prediger, der selbstständig wie ein Pastor ehrenamtlich Gottesdienste hält.

Erkenntnis gelangt, dass wir gar nicht immer alles selbst wissen und verstehen müssen. Im Nachhinein ist das eigentlich ganz logisch, denn der Glaube ist weder an Intelligenz noch an Bildungsgrad, Alter oder Besitzstand gebunden. Die Hingabe an Jesus – ohne Wenn und Aber, mit und ohne Verstehen – wurde uns zum Schlüssel für eine geistliche Gemeinschaft mit Jesus und den Seinen. Weil aber anfangs bei uns das Nichtverstehen ein unüberwindbares Hindernis für den Glauben war, mussten wir wohl oder übel etwas dazulernen.

Unsere Kinder haben noch nicht zu einem solchen Glauben gefunden. Aus allen ist »etwas geworden«, und wir haben ein gutes Verhältnis zu ihnen und den fünf Enkeln, doch Funken, die wir versprühen, haben noch kein Feuer entfacht. Wir beten weiter, wie es auch andere Eltern tun, die wir kennen und die sich in vergleichbarer Situation befinden. Wir waren nicht immer ganz frei von belastenden Gedanken, wie andere das wohl »geschafft« haben und wir nicht. Doch inzwischen fühlen wir uns davon durch die Liebe, die uns mit unserem Herrn Jesus verbindet, befreit. Das Leben, das wir mit all unseren Unzulänglichkeiten führen, verstehen wir als Geschenk Gottes. Nach bestem Wissen und Gewissen versuchen wir, das Optimale daraus zu machen, auch wenn das nicht immer gelingt. Wir vertrauen darauf, dass Jesus die Menschen so sehr liebt, dass er denen, die ihn lieben, vergeben und ein Leben ohne ständige Schuldgefühle und schlechtes Gewissen schenken will. So verstehen wir auch unsere Bitten um Vergebung der Sünden, womit wir im Modehaus *Mühlhäuser* in der Münchener Fußgängerzone begonnen haben. Wir fühlen uns wahrhaftig befreit.

Bei der Erprobung war mir von Anfang an wichtig, die Bibel als Anleitung zum Leben anzunehmen, danach zu leben und anderen so viel wie möglich erklären zu können. Dafür habe ich viel gelesen, regelmäßig Kongresse, Bibelwochen und Hauskreise – unsere geistliche Heimat – besucht. In Andachten und Gottesdiensten habe ich das schon bald aus dem Stegreif weitergegeben. Und als wir einen neuen Pfarrer in unserer Gemeinde bekamen, war dieser ganz überrascht als er mitbekam, dass ich gar kein Prädikant war.

Inzwischen wurde ich zum Prädikantendienst für zwölf Gemeinden im Dekanat berufen und habe dabei gelobt, das Evangelium von Jesus Christus zu verkünden, wie es in der Heiligen Schrift gegeben und im Bekenntnis der Evangelisch-Lutherischen Kirche bezeugt ist. Rückendeckung hatte und finde ich immer bei unserem Pfarrer. Er unterstützt mich, wenn es mir mehr um Schrift und Bekenntnis als Quelle und weniger darum geht, was Leute daraus machen oder gemacht haben.

Inzwischen kann ich hier gut meinen Glauben leben und Dienst tun. Meine persönliche Frömmigkeit ist für mich nicht statisch, sondern ein lebenslanger Lernprozess. Meine Antwort auf die Frage, warum ich glaube, wird daher für andere immer individuell, unvollständig und nicht schlüssig bleiben. Ich bemühe mich, auf meinem Glaubensweg Gemeinschaft und Bekenntnis zu leben, die biblischen Aussagen umzusetzen und andere zum Nachdenken zu ermutigen, ihren eigenen Weg zu Christus zu finden. Dies in einer überzeugenden Art und Weise zu fördern, ist mir zu einem großen Anliegen geworden.

Dipl.-Ing. *Fritz und Birgitt Hespelt,* 81735 München

Z5: Ein Traktat brachte mich zurück zu Gott

Meine Eltern hatten sechs Kinder, von denen ich, *Maria Funk* (geb. *Epp*), das dritte war. Als das zweite Kind, mein Bruder, mit sieben Monaten starb, zerbrach unser Familienglück. Von diesem Zeitpunkt an suchte mein Vater Trost in der Flasche. So war er bereits Alkoholiker, als ich am 28. Mai 1963 in Mittelasien, in der Stadt Kant in Kirgisien (Kirgisistan), zur Welt kam.

Als Baby sterbenskrank
Mit drei Monaten wurde ich schwer krank – so hat man es mir erzählt. Ich hatte keine Kraft mehr zum Saugen, und meine Mutter musste mir alles mühsam einflößen. Längere Zeit verbrachte sie deshalb mit mir im Krankenhaus, bis wir ohne sichtbaren Erfolg entlassen wurden. Sie haben meiner Mutter gesagt, sie könne mit ihrem Kind nach Hause gehen, um es dort in Ruhe sterben zu lassen. Viele Nächte lang legte sie ihre Kleidung nicht ab, um immer wieder mit mir nach draußen gehen zu können, damit ich besser Luft bekommen möge. Sie hatte doch schon einen Sohn verloren – und jetzt auch noch eine Tochter?

Sie hörte nicht auf zu beten, hatte aber immer das Gefühl, die Decke des Hauses verhindere, dass ihre Gebete bis zum Himmel emporstiegen. Eines Abends flehte sie draußen Richtung Himmel: »Lieber Vater im Himmel, dein Wille geschehe, wenn du auch dieses Kind haben willst, dann nimm es.« Danach ging sie mit mir ins Haus zurück. Von dem Tag an wurde sie deutlich ruhiger. Kurz darauf hörte sie vor dem Fenster Schritte; jemand trippelte zur Haustür. Es war unsere Masseurin aus dem Ort – sie kannte viele Heiltechniken, konnte Gelenke einrenken und war versiert, wenn es um spezielle Massagen ging. Sie sagte spontan: »*Lena*, wir können dem Kind helfen.« Und sogleich begann sie, mich zu massieren. Ich war nur noch Haut und Knochen und blau angelaufen, doch durch die Berührungen kam wieder Leben in meinen kleinen Körper, und nach langer Zeit begann ich, endlich wieder zu saugen. Gott hatte mich doch noch nicht zu sich nehmen wollen.

Meine betende Mutter

Das dritte Kind meiner Eltern war zwar gerettet, doch mein Vater war zu dem Zeitpunkt bereits so abhängig, dass er nicht mehr vom Alkohol loskam. Einen Alkoholiker im Haus zu haben, das verursacht Frust, Wut und Gewalt. Meine Mutter war eine starke, gottesfürchtige Beterin, die nicht aufhörte, an Heilung für meinen Vater zu glauben. Sie hatte unablässig für ihn gebetet, und nach zehn Jahren war es so weit. Mein Vater (geb. 1938) bekehrte sich 1973 (das war noch in Kirgisien) und kam dann endlich vom Alkohol los. Kein Mensch in der Stadt hatte geglaubt, dass aus diesem Menschen noch etwas werden würde. Aber bei Gott ist bekanntlich kein Ding unmöglich! Seitdem ist er ein engagierter Mitarbeiter in der Gemeinde.

Im Mai 1976 sind wir von Kirgisien nach Deutschland gekommen; das war noch zu kommunistischer Zeit. Mein Vater ist zwar in Kirgisien geboren, aber er ist deutscher Herkunft und fühlte sich immer als Deutscher. Er hat darum mehrfach Ausreiseanträge gestellt, bis der letzte endlich genehmigt wurde. Über die Durchgangslager Friedland (bei Göttingen) und Massen (bei Unna) gelangten wir schon wenige Wochen später nach Espelkamp (ca. 25 km nordwestlich von Minden gelegen; die Stadt wurde 1949 planmäßig als Siedlung für Vertriebene gegründet).

Mit sechzehn Jahren bat ich Gott um drei für mich ganz wichtige Dinge, die er später in meinem Leben auch erhören würde. Eines davon war, dass Gott mir einen guten Mann schenken möge, der mich liebt. Dieses Gebet erhörte Gott bereits zwei Jahre später, wofür ich ihm noch heute sehr dankbar bin. *Dieter* und ich heirateten, als ich achtzehneinhalb Jahre war. Wir bekamen zwei wunderbare Söhne, *Johnny* und *Benjamin,* die uns große Freude bereiteten. Trotz dieses Glückes wollte ich vom Glauben bereits bei der Eheschließung nichts mehr wissen.

Wir drei ältesten Geschwister – *Irina, Maria* (ich) und *Helena* – hatten Gott bewusst den Rücken gekehrt. Wir wurden dermaßen streng erzogen, dass wir dieses Joch abschütteln wollten. Ich war damals 18 Jahre alt, und nun widmeten wir uns in vollen Zügen dem weltlichen Treiben. Alles, was es an Partys und Festen gab, nahmen wir mit. So verbrachten wir ganze Wochenenden mit Feiern, Tanzen, Alkohol trinken und Rauchen. Für unsere gläubigen Eltern war das eine sehr schwere Zeit: Die Töchter mit ihren Partnern »hatten die Welt lieb gewonnen«, wie sie es ausdrückten. Die zwei jüngsten Geschwister *Nelly* und *Arthur* jedoch ließen sich nicht vom Glauben abbringen. Gott sei der Dank dafür!

Meine Mutter jedoch gab die Hoffnung nie auf, dass wir zu Gott zurückkehren würden. Ihr Glaube war fest und unerschütterlich. Ich hatte immer sehr hohen Respekt vor ihr. Sie war liebevoll, weise, diszipliniert und ordentlich und erwies sich als innerlich starke Frau, obwohl sie zehn Jahre – von sechs bis sechzehn – an Tuberkulose gelitten hatte und seit ihrem 39. Lebensjahr jeden zweiten Tag zur Dialyse musste. Wir konnten über alles reden, nur nicht über Gott und die Gemeinde. Sie versuchte alles Erdenkliche, damit ich zum Glauben zurückfände, und gab mir Kassetten, Prospekte, Briefe, Einladungen zu besonderen Gemeindeveranstaltungen, aber ohne Erfolg. Über meine stete Ablehnung war sie oft sehr traurig. Wenn ich sie aufsuchte und sie von Gott zu reden anfing oder eine Kassette auflegte, reagierte ich sehr harsch und abweisend: »Mama, ich bin zu dir zu Besuch gekommen, und ich will von keinem deiner Prediger berieselt werden!« Es war schon ganz schön hart, was das Herz meiner Mutter erleiden musste. Es ging ja nicht nur um mich, die ich sie mit dem Unglauben enttäuschte, sondern auch um meine beiden Schwestern mit ihren ebenso ungläubigen Männern.

Eine treue Beterin stirbt

Am 28. Mai 2003 sollte anlässlich meines 40. Geburtstags eine große Party steigen, zu der es aber nicht kam. Ich konnte mich nicht so recht freuen, zu sehr dachte ich an meine liebe Mutter (geb. 1939), die gerade einen Monat vorher, am 27. April 2003, gestorben war. Ihren letzten Tag auf dieser Erde hatte sie bei mir verbracht. Als ich sie nach Hause fuhr, hatte sie noch gesagt: »Liebe *Maria*, ich werde es wohl auf dieser Erde nicht mehr erleben, mit dir zusammen auf einer Kirchenbank zu sitzen. Ich möchte dich aber im Himmel wiedersehen! Ich bin gewiss, die Gebete, die ich Tag und Nacht gesprochen habe, gehen nicht verloren!« Das war ihr letzter Tag. Noch am selben Abend ist sie zu ihrem himmlischen Vater gegangen. Das war die schrecklichste Nacht meines Lebens. Ich hatte sie doch so geliebt. Unsere treue Beterin war gegangen. Zu ihrer Beerdigung wollte ich keinen anderen Prediger als *Viktor Enns*. Diesen Mann hatte uns Gott, wenn wir in Not waren, immer wieder als denjenigen geschickt, der uns zur Seite stand. Zur Zeit der Beerdigung sollte er aber zu einem missionarischen Einsatz in Russland sein. Ich kann es heute noch kaum fassen, aber am Beerdigungstag war er mit einem Mal da – für Gott sind Wunder kein Problem. Als er am Grab sprach, ist ein für uns Kinder wichtiger Satz gefallen: »Seid nicht traurig, eure Mama ist nur vorausgegangen.«

Von da an war nicht nur meine Mama beerdigt, sondern auch mein Lachen und meine Freude am Leben waren »zu Grabe getragen«. Nichts hat mich mehr begeistern können, ich hatte keine Ziele, keine Träume, alles war in mir erloschen. Ich war seit elf Jahren selbstständig. Doch von der Zeit an konnte ich in meinem bis dahin gut laufenden Geschäft keine Initiative mehr entwickeln.

Muttis Worte wurden in mir immer lauter. Ich versuchte, mich mit allen möglichen Büchern aufzubauen. Ich probierte Hobbys aus und unternahm Reisen, doch nichts half mir! Ich war einfach nur noch traurig und todunglücklich. Eines Tages saß ich auf der Terrasse. Ich befand mich wieder einmal in einem Loch, war deprimiert, müde, verzweifelt. Wenn ich nachts wach wurde, bekam ich Angst: Wenn ich sterbe – wo würde ich dann landen? Da flehte ich Gott an: »Hilf mir doch, lieber Vater, du kannst alles; schenke mir doch wieder die Freude am Leben.«

Als meine Freundin mir kurz danach erzählte, sie habe sich bei einer Predigt über die Offenbarung bekehrt, dachte ich ›O weh, jetzt geht's los, jetzt fängt sie auch noch an, mich zu nerven! Jetzt sagt sie auch schon: *Komm doch mit, da predigt einer ...*‹ Kurze Zeit später vernahm ich von meiner Schwester *Helena*, dass sie ihre Stille Zeit mit der Bibel hält und betet. Nun wurde es mir allmählich etwas mulmig. Zu allem Überfluss wollten sich meine Schwestern *Irina* und *Helena* auch noch taufen lassen. Eine Woche vor der Taufe entschied sich auch mein Schwager *Eduard*, der Mann von *Helena*, für Jesus. Wunder reihte sich an Wunder. Dann passierte noch das Allerheftigste: *Alexander*, der Sohn meiner ältesten Schwester, der acht Jahre lang Drogen genommen hatte, entschied sich für Gott und kam von den harten Drogen los. Das geschah ohne jegliche Entziehungskur, allein durch Gottes Hilfe!

Mir wurde das alles unheimlich. Überall hörte ich nur noch von Gott. Man gab mir Einladungen zu Zeugnisabenden, zu Taufen, zu Missionsabenden. Es traf alles genau so ein, wie ich es befürchtet hatte. Immer wieder kamen die Worte meiner Mutter in mir hoch: »Mein Kind, du hast gelernt, auf Erden zu leben, du musst noch für den Himmel, für die Ewigkeit lernen. Solche Menschen wie dich braucht die Gemeinde!« Sie sah offenbar schon das in mir bis dahin noch verborgene Missionarische.

Gottes Ruf trifft mich

Es war im November 2004, da predigte ein Missionar einige Tage in jener Gemeinde, zu der auch meine Freundin *Conny*, ihr Mann *Hartmut* und meine Geschwister gehören. Ich hatte bereits einige Abende an solchen Gemeindeveranstaltungen teilgenommen. Meine Schwester *Helena* lud mich ein, kurz in die Teestube mitzukommen. Ich willigte ein und merkte, wie locker und familiär es dort zuging. Die Jugendlichen fühlten sich wohl; sie spielten und waren fröhlich miteinander. Mir schoss ein Gedanke durch den Kopf: ›Dein Sohn *Benny* würde hier auch glücklich sein; diese Jugend braucht keine Drogen, keinen Alkohol und auch keine Zigaretten.‹

Am kommenden Sonntag war der Missionar immer noch da. Ich bat meinen *Dieter*, zur letzten Predigt mitzukommen. Nur mir zuliebe tat er es. Während der Predigt wurde es mit mir immer merkwürdiger, mein ganzer Körper schlief geradezu ein. Beim Beten stand ich – ebenso wie die anderen – auf, aber mein Körper war steif. Da kam mir wieder die Stimme von meiner Mutter in den Sinn: »Wenn Gott an deiner Tür nochmals klopft, dann mach dein Herz auf. Es kann das letzte Mal sein.« Ich wandte mich zu meinem Mann und flüsterte: »Ich bin fällig!« Es wurde angesagt, wer mit Gott Frieden schließen wolle, könne nach vorne oder in den Seelsorgeraum kommen. Beim Hinausgehen schielte ich etwas verstohlen zu dem betreffenden Raum hinüber, und die leise Stimme war wieder da: »Tue es!«, aber auch eine andere Stimme meldete sich: »Was willst du da? Bei dir ist doch alles okay. Du hast einen tollen Mann, tolle Kinder, eine tolle Familie, super Freunde, ein super Geschäft, alles läuft doch bestens. Was willst du noch mehr?« Ich ließ mich von der letzten Stimme überzeugen und ging nicht zum Seelsorge-Gespräch. Trotzdem war ich sehr bewegt. Am Ausgang schaute ich zum ersten Mal die ausgelegten Traktate an. Zwei davon sprachen mich an, und ich nahm sie mit. Auf dem einen waren der Himmel und Wolken zu sehen. Es hatte die Überschrift »Wie komme ich in den Himmel?«. Auf dem Weg nach Hause fing ich jämmerlich an zu weinen. ›Was ist nur los mit mir?‹, dachte ich. ›Ein Feigling bin ich! Ich bin weggelaufen! Ja, wenn jetzt meine Mama am Leben wäre, sie würde mir helfen.‹ Ich sah nur die Möglichkeit, zum Friedhof zu fahren. Auf dem Grabstein meiner Mutter steht der Spruch: »Der Erste, den ich sehen werde, wird Jesus sein!« Ich habe dort zu Gott gerufen, dass er mir helfen möge. Auf der Rückfahrt hörte das Weinen nicht auf; ich heulte wie ein Schlosshund. Zu Hause ging's weiter, es hörte nicht auf. Was war los? An diesem Sonntag waren die Kinder nicht da, und mein Mann musste auf einmal auch noch weg. Da war ich, das heulende Elend, nun alleine im Haus. Eine innere Stimme sagte mir: »Lies die Bibel!« Meine prompte Antwort: »Wo ist sie? Sie ist doch langweilig!« Dann sagte die Stimme leise: »Du hast doch zwei Traktate mitgenommen, lies die jetzt!«

Das Traktat bringt die endgültige Wende

Ich fing an zu lesen. Unter Tränen! »Wie komme ich in den Himmel?«, lautete die Überschrift. Es folgte eine Geschichte, die mich sehr provozierte, nämlich von einem Ticket für den Himmel, das ich aber nicht kaufen konnte. Bisher konnte ich jedes Ticket kaufen, weil ich immer das nötige Geld dazu gehabt hatte. Nun aber war von einem unbezahlbaren Ticket die Rede. Das Traktat endete mit einem Gebet. Ich fiel auf die

Knie, betete und las alles noch einmal; es passte genau zu mir. Nach diesem Gebet stand ich fröhlich auf und fühlte mich sehr beschwingt – wie eine Feder. Das Weinen hörte endlich auf. Ich war zum Glauben an den lebendigen Herrn Jesus durchgedrungen. All meine Rebellion, mein Versagen und mein stetes Weglaufen hat er an seinem Kreuz auf sich genommen. Dieser Sonntag im November 2004 wird mir unvergesslich bleiben, weil der Herr Jesus mir an diesem Tag das Ticket für die Ewigkeit bei ihm geschenkt hat.

Neben dem Gebetstext am Ende des Traktats war ein Foto abgebildet. Das Gesicht kannte ich nicht. Als ich jedoch den Namen Prof. Dr.-Ing. *Werner Gitt* las, habe ich laut gerufen: »Oh, wie oft hat mich Mama zu seinen Predigten eingeladen! Und ich habe immer abgesagt!« Ich zitierte Muttis Worte: »*Maria*, kluge und gelehrte Menschen verstehen es; warum willst du das nicht begreifen?« Jetzt wurde meine Freude geradezu verdoppelt. Alle Gebete einer Mutter sind bei Gott in einer Schale gesammelt! Der Herr Jesus nahm all meine Sünden auf sich und warf sie in die tiefste Tiefe des Meeres.

Im Dezember 2004 wurde ich als Gemeindemitglied in die Freie Evangelische Baptistengemeinde in Espelkamp aufgenommen. Nun hatten sich innerhalb eines Jahres drei Töchter, ein Schwiegersohn und ein Enkel in unserer Familie bekehrt. *Benny*, unserem Jüngsten, erzählte ich daraufhin immer wieder von der Jugendgruppe in der Gemeinde, die so vorbildlich zusammenhält und vieles gemeinsam unternimmt und ohne Alkohol und ohne Zigaretten glücklich ist! Es dauerte gar nicht lange, und auch *Benny* bekehrte sich und entschied sich zur Taufe. Das Glück war unfassbar, die Freude riesengroß. Jetzt war schon das zweite Enkelkind meiner Mutter zum Glauben gekommen!

Dann hörte ich, dass *Werner Gitt* zu uns nach Espelkamp kommen sollte. Von ihm besaß meine Mama eine ansehnliche Sammlung Kassetten. Es ist verständlich, dass meine Spannung stieg und ich einer Begegnung mit ihm immer erwartungsvoller entgegensah. Als die Einladungskarten für die geplante Veranstaltungsreihe (23. bis 26. Februar 2006) gedruckt waren, habe ich diese begeistert verteilt und verschickt. Dabei erzählte ich den Leuten immer wieder mein Zeugnis und erwähnte, wie mir das von diesem Mann geschriebene Traktat »Wie komme ich in den Himmel?« bei meiner Bekehrung geholfen hat.

Der Tag kam immer näher, an dem ich *Werner Gitt* kennenlernen durfte. Ich war Gott dankbar für sein Kommen, und ich habe gebetet, dass er meinen Mann und den ältesten Sohn *Johnny* und viele andere ansprechen möge. Dann kam der erste Abend: Die Kirche war so voll wie noch nie! In einen Raum oben, in einen Extra-Raum im Erdgeschoss und in den Kellerraum wurde die Veranstaltung per Video übertragen. Ich konnte es nicht erwarten. Drei Kollegen aus meinem Geschäft nahmen die Einladung an und kamen mit. Am zweiten Abend nach der Predigt fragte mich *Doris,* eine Arbeitskollegin: »Wie bekehrt man sich?« Mein Herz hat gejubelt! Juhu! Gott hat mein Gebet erhört! Am dritten Abend entschied sich *Doris* für Gott und am vierten Abend *Olga,* die zweite Kollegin. So durfte ich sowohl bei der Bekehrung von *Doris* als auch von *Olga* dabei sein. Ich konnte miterleben, wie *Werner Gitt* mit neu Entschiedenen spricht und betet. Das hat mich sehr froh gemacht. Ich hatte mir so sehr gewünscht, dass mein Mann *Dieter* auch bei ihm zu Gott finden möge. Aber die Zeit war noch nicht reif. Gott hatte seinen Plan.

Mein Mann – ein weiteres Glied in Gottes Kettenreaktion

Es war kurz vor Ostern 2006. Am Karfreitag wusste ich noch nicht, wie ich meinem Mann die kommenden Gottesdienste

Maria Funk (links) mit Freundin *Olga Nasirow* (rechts), 26. Februar 2006.

schonend beibringen konnte. Da hörte ich, dass abends der Film »Die Passion Christi« ausgestrahlt werden sollte. Ich hatte es pädagogisch ganz gut eingefädelt, als ich ihm andeutete, ich würde es mir nicht zutrauen, diesen schrecklichen Film alleine anzusehen. Da mein Mann gerne fernsieht, willigte er ein, den Film mit mir gemeinsam anzuschauen. Er tat es sogar bis zum Schluss. Am Ende musste ich leise schluchzen. Es tat mir so weh, wie Jesus für uns, für mich gelitten hatte. Dann fragte ich später meinen Mann: »Und? Wie hat dir der Film gefallen?« Sein knapper Kommentar: »Ein etwas schlimmerer Krimi!« – ›Na toll!‹, dachte ich mir, ›ist das alles?‹

Etwa eine halbe Stunde später, um 22.30 Uhr, klingelte das Telefon, und meine kleine Nichte *Beatrice*, die Tochter meiner jüngsten Schwester *Nelly*, war dran: »Tante *Maria*! Weißt du was?! Onkel Reinhard hat sich bekehrt!« (Damit meinte sie den Mann von Irina.) Wow! Ich konnte vor Freude nur noch weinen! Wir sind alle zum großen Treffpunkt bei *Nelly* gefahren, sind auf die Knie gegangen und haben Gott gedankt. Mit 57 Jahren hat *Reinhard* Gott kennengelernt. Mein Schwager *Jakob* stimmte unser Lieblingslied an: »Ich bin entschieden, zu folgen Jesus«. Am nächsten Tag fragte ich meinen Mann: »Was sagst du zu alledem?« Er wehrte lapidar ab: »Lass mich doch damit in Ruhe!« – »Okay. Entschuldigung!«, erwiderte ich. Ich war, so glaubte ich, zu weit gegangen.

Am Ostermorgen habe ich mich heulend über den Tisch gelehnt und inständig zu Gott gebetet: »Großer Gott, du kennst mich, du weißt, dass ich nie im Leben so viel Geduld aufbringen kann, wie meine Mutter sie hatte! Unsere Ehe war bis jetzt super, aber nun kann ich mit einem Mal nicht mehr über alles mit meinem Mann reden! Wir entfremden uns!« Für mich war das schrecklich. Ich habe meinem Mann nichts gesagt – er kam von alleine zum Gottesdienst mit. Am Ostermontag kam er wieder mit, und nach dem Gottesdienst ist er auf unseren Gemeindeleiter zugegangen und hat ihn gefragt, ob das Angebot noch stehe, in das Seelsorgezimmer zu gehen. *Albert Ferderer* sagte sofort: »Ja!« Sie gingen in das Zimmer und fielen auf die Knie, und Gott machte auch *Dieter* neu. Er hat ihn bei seinem Namen gerufen. Ich bekam von Gott einen neuen Mann geschenkt. Er veränderte sich positiv um 180 Grad. Was Gott alles kann! Wieder ein Wunder! Mein Mann beschloss sofort, mit mir in den Chor zu gehen. Schon kurz darauf entschied er sich zur Taufe. Was für eine Freude! Am 18. Juni 2006 stiegen *Dieter*, *Olga*, *Doris* und noch etliche mehr zur Glaubenstaufe ins Wasser. Gott hatte uns unsere Mutter ziemlich früh weggenommen, aber schon innerhalb von zwei Jahren nach ihrem Tod haben sich drei ihrer

Töchter, drei Schwiegersöhne und drei Enkelkinder bekehrt. Gottes Wege sind unergründlich!

Durch meinen Beruf als selbstständige Handelsvertriebs-Unternehmerin habe ich die besondere Möglichkeit, mit vielen Menschen zu reden. Ich beobachte, wie viele nach dem wahren Sinn im Leben suchen. Nach dieser Evangelisation im Februar 2006 habe ich die Freude bekommen, es in alle Welt hinauszurufen: »Menschen brauchen Gott.« Ich danke an dieser Stelle allen, die für uns gebetet haben. Ich bin glücklich, sein Kind zu sein! Ich bin sehr dankbar, dass ich so eine wunderbare, vorbildliche, liebende, für uns betende und fromme Mama haben durfte. Der Himmel freut sich, wenn ein Sünder Buße tut!

Maria Funk, 32339 Espelkamp

Zeugnis aus Afrika

VW-Z6: Namibia – das frühere Deutsch-Südwestafrika (gi)

Inzwischen bin ich viermal (1995, 1999, 2003, 2009) zu Vortragsreisen in Namibia gewesen und habe dabei Land und Leute schätzen gelernt.

Namibia, das ehemalige Deutsch-Südwestafrika, ist ein großer, aber sehr dünn besiedelter Staat, der nordwestlich von Südafrika am Atlantischen Ozean liegt. Der Name des Staates leitet sich von der Wüste Namib ab, die den gesamten Küstenraum des Landes einnimmt. Namibia ist wirklich ein Land von außerordentlichen Gegensätzen. Mit einer Fläche von über 800 000 Quadratkilometern ist es fast dreieinhalbmal so groß wie Großbritannien. Mit einer geschätzten Bevölkerung von ungefähr zwei Millionen Menschen ist es eines der am wenigsten bevölkerten Länder Afrikas. Die Landschaften Namibias sind wie ein unbeständiges Kaleidoskop der Natur: Die Dünen der Namib-Wüste an der Westküste gehen langsam über in die Teakholz-Wälder und Wasserstraßen im Nordosten. Namibia ist ein Land mit klarem, blauem Himmel und mit einem angenehmen, bekömmlichen Klima.

Windhoek ist die Hauptstadt Namibias und wird als eine der saubersten Hauptstädte Afrikas bezeichnet, mit einer Mischung europäischer und afrikanischer Einflüsse. Die Stadt gilt aufgrund der relativ großen sozialen Sicherheit und infolge des weitgehend friedlichen Nebeneinanders der namibischen Volksgruppen als Sozialmodell einer afrikanischen Großstadt. Die heutigen Namibier sind ein Gemisch unterschiedlicher, aber teils verwandter Völker, die größtenteils durch mehrere Völkerwanderungen zwischen dem 16. und 18. Jahrhundert in das Gebiet umsiedelten. Diese Vielfältigkeit der Bevölkerung spiegelt sich auch in den gesprochenen Sprachen wider.

Viele Deutsche in Namibia leben dort als Folge einer deutschen Besiedlung seit dem frühen 19. Jahrhundert bereits in der fünften Generation. In Namibia gibt es heute zwischen 22 000 und 30 000 Deutschnamibier.

Infolge der Missionierung während der Kolonialzeit sind etwa 80 Prozent der Namibier Christen, womit das Land deutlich über dem afrikanischen Durchschnitt liegt. Von ihnen sind etwa 40 Prozent Lutheraner, 17 Prozent Katholiken, 5 Prozent Mitglieder der Reformierten Kirche und 4 Prozent Anglikaner, während die Übrigen anderen Kirchen, Freikirchen und Glaubensgemeinschaften angehören.[45] Der Islam spielt in Namibia praktisch keine Rolle; die Anzahl der Muslime in Namibia wird auf wenige Tausend geschätzt.

Z6: Ein Vorbild mit nachhaltiger Wirkung

Als zweites Kind einer achtköpfigen Familie wurde ich, *Daniela Epifanio* (geb. *Weinert*), am 25. August 1977 in Windhoek, der Hauptstadt Namibias, geboren. Meine Eltern sind beide nach Namibia eingewandert. Meine Mutter kam nach ihrer Ausbildung als Krankenschwester aus Deutschland (Neumarkt [Oberpfalz]) hierher und mein Vater nach seinem Ingenieur-Studium aus Südafrika. (Er stammt ursprünglich aus Uelzen.) Insgesamt sind wir sechs Mädchen – die ersten fünf wurden in einem durchschnittlichen Alters-Abstand von einem Jahr ge-

---

45 Die Angaben zur Religionsstatistik beziehen sich etwa auf das Jahr 2000.

boren, und unser Nesthäkchen *Tabea* kam nach weiteren vier Jahren auf die Welt.

Ich hatte eine schöne, behütete und ereignisreiche Kindheit. Weil wir so viele Kinder waren, hatten wir immer ein volles Haus, insbesondere wenn man noch den vielen Besuch hinzunimmt. Auf unserem riesigen Hof hatten wir genügend Freiraum und Platz zum Spielen. Meine Eltern sind oft mit uns unterwegs gewesen, um uns unser Land zu zeigen. Die Natur mit ihrer Vielfalt ist auch heute noch für mich sehr beeindruckend, und wir nutzen oft die Zeit, neue Gegenden zu erkunden.

Während des Abiturs im Mai 1995 an der Deutschen Schule Windhoek lernte ich *Antero Epifanio* kennen – einen Portugiesen, der mein heutiger Mann ist, und wir zogen auch schon sehr bald nach unserem Kennenlernen zusammen. (Heute weiß ich, dass dies in Gottes Augen ein Gräuel ist.) In den darauffolgenden Jahren probierte ich beruflich alles Mögliche aus. Nach dem bestandenen Abitur arbeitete ich sechs Monate in Deutschland, um Geld für mein Studium zu sparen. 1997 begann ich auch ein Ingenieur-Studium in Stellenbosch (Südafrika), das ich allerdings schon im zweiten Semester abbrach. Ich konnte es mir nicht vorstellen, mich eines Tages in diesem Beruf zu sehen. Danach arbeitete ich in einer Import-Export-Firma in Windhoek in der Buchhaltung, um mein Stipendium zurückzuzahlen. Nach zwei Jahren zog es mich in die Tourismusbranche. Diese Arbeit sagte mir sehr zu. Ich »floh« (dazu später mehr) nach unserer Hochzeit am 13. Dezember 2002 mit meinem Mann nach London. Hier ging es mit meiner Kariere im Fitnessbereich – Verkauf von Mitgliedschaften – steil bergauf, und ich bekam eine Reihe von Auszeichnungen. Meinem Mann gefiel es allerdings nicht in England, obwohl er einen guten Job hatte. Allein in London gibt es weit mehr Menschen als in ganz Namibia, und diese Enge machte ihm sehr zu schaffen. So zog er zurück nach Namibia, nachdem er sich eine Arbeit gesucht, das Haus verkauft und alles andere erledigt hatte, was vor der Rückkehr zu tun war. Ich folgte ihm einige Zeit später und arbeite jetzt wieder in der Tourismusbranche. Diese Tätigkeit genieße ich sehr. 2007 kam unsere Tochter *Cayla* in Windhoek zur Welt. Am 27. September 2009 verstarb mein Vater; damit begann bei mir die Wende zum Glauben und damit auch zu einem neuen Leben hin.

Mein Kinderglaube

Meine Eltern haben uns schon sehr früh den Glauben nähergebracht – sozusagen von der Wiege an. Kein Tag verging, ohne dass wir von Jesus, Gott und seinen Werken erfuhren. Jedes Essen wurde mit Gebet begonnen und beendet; wir san-

Familie *Weinert* im Jahre 1990.
Hintere Reihe von links beginnend: *Ramona* (Mutter), *Uschi*, *Helmut* (Vater).
Vordere Reihe von links beginnend: *Michaela*, *Debora*, *Rebekka*, *Tabea*, *Daniela*.

gen viel und hörten Geschichten aus der Bibel. Sonntags gingen wir in den Kindergottesdienst und später auch zur Jungschar. Meine Eltern haben wirklich einen großen Teil dazu beigetragen, das Fundament für unseren Glauben zu legen. Aber ein Fundament für sich allein nützt noch gar nichts, wenn nicht darauf gebaut wird. Auch ein gläubiges Elternhaus ist noch keine Garantie dafür, dass wir selbst den Weg mit Christus gehen und ihm als Herrn folgen. Das alles weiß ich aus eigener Erfahrung und auch durch Menschen meines Umfeldes. Unsere Eltern können uns den richtigen Weg weisen und vorleben, doch ohne unsere eigene Bekehrung sind wir verloren! *Billy Graham* hat einmal gesagt: »Wenn du in einer Garage geboren bist, dann bist du noch lange kein Auto; und wenn du in einer christlichen Familie geboren bist, bist du noch lange kein Christ.«

Verlust des Kinderglaubens

Ich habe es noch in guter Erinnerung, ab wann meine Probleme und die anschließende Gleichgültigkeit gegenüber dem Glauben begannen. Es hing mit meinem 13. Geburtstag zusammen. Was genau geschah, kann ich zwar nicht mehr sagen, aber ich bemerkte, dass mein Leben nicht mehr so fröhlich war wie vorher. Ich redete mir ein, meine Eltern liebten meine Geschwister mehr als mich.

Der eigentliche Wendepunkt zum Negativen in meinem Leben kam dann kurz nach meinem 19. Geburtstag und genau einen Tag vor meinen mündlichen Abiturprüfungen. Ich und mein Freund *Antero* schafften es, einem Menschen aus einer Suizid-Situation zu helfen, die ihn sicher das Leben hätte kosten können. Doch die ersten Worte des Betreffenden, nachdem er das Bewusstsein wiedererlangte, trafen mich sehr hart, denn sie waren alles andere als dankbar. Heute weiß ich, dieser Mensch hätte wahrscheinlich dasselbe auch zu jeder x-beliebigen anderen Person gesagt, die Hilfe angeboten hätte. Diese undankbaren Worte verstärkten jedoch meinen allgemeinen Trotz und meine Auflehnung dem Leben gegenüber. Ich war wegen der Schuldzuweisung sehr tief verletzt. Ich konnte nicht begreifen, was ich nur an Schlimmem getan haben sollte. Als Erstes gingen meine mündlichen Abi-Prüfungen total daneben – dennoch: Ich habe das Abitur mit Ach und Krach bestanden. Danach folgte der Auszug von zu Hause. Fortan wohnte ich bei meinem Freund, was meine Eltern nicht guthießen. Meine Beziehung zu ihnen verschlechterte sich. Ich ging immer seltener nach Hause und machte meine Eltern sogar für meinen Auszug, für mein Verhalten und eigentlich für meine ganze Misere verantwortlich. Ich rebellierte gegen jeden und gegen alles.

Es kam mir nicht in den Sinn, Gott um Hilfe zu bitten. Ich wollte nicht. Wie sollte ich auch eine intakte Beziehung zu Gott aufbauen, wenn ich mit meinen Eltern nicht ins Reine kam? Ich wusste, dass ich sündigte, indem ich in wilder Ehe mit einem Mann zusammenlebte. Meine Eltern haben von ihrer Seite aus versucht, mich wieder auf den rechten Weg zu führen, jedoch blockte ich ab, und so zerbrach unsere fragile Beziehung schließlich angesichts der Vorwürfe und all dessen, was ich an Schlechtem ungerechtfertigterweise über sie sagte, wenn ich mit meinen Freunden, Bekannten und teilweise auch mit meinen Geschwistern zusammen war.

Als es mir alles zu viel wurde, floh ich mit *Antero* nach England – weit weg von meinen Problemen, dem Kopfzerbrechen und der Frage, ob ich nicht an allem schuld sei. In London war ein Zwölf-Stunden-Tag keine Seltenheit. Auch sonntags wurde oft gearbeitet. Dies brachte viel Abwechslung, und ich dachte nur noch selten an meine Eltern und Geschwister. Ich war gerne in meinem Beruf als Verkaufsleiterin in der Fitnessbranche tätig;

das Gehalt stimmte auch, und es hätte eigentlich so für mich weitergehen können.

Immer öfter kam dann in mir der Gedanke hoch: ›Warum eigentlich beschenkt Gott mich so reichlich?‹ Außer meiner Familie fehlte mir nichts. Auch heute noch stelle ich mir oft diese Frage. In London ging ich nur ein einziges Mal in die Kirche, und das war zu Ostern. Dieser Tag weckte in mir ein Verlangen nach Jesus. Aber es war nur ein ganz kleines und kurzes Verlangen. Nach dem Umzug zurück nach Windhoek besuchte ich ein paarmal die Kirche (Stadtmission Windhoek). Das Verlangen wurde stärker, doch ich unterdrückte es jedes Mal.

Am 26. November 2007 kam *Cayla* zur Welt. Am Tag ihrer Geburt kam meine Mutter ins Krankenhaus. Es war für mich ein unbeschreibliches Gefühl. Meine Eltern hatten mir in den zwei Jahren davor nie einen Vorwurf wegen meiner Vergangenheit gemacht, obwohl sie allen Grund dazu hatten. Sie hatten mir vergeben. Ich habe Vergebung erfahren; das empfand ich als ein Geschenk ohne Grenzen!

In der Zeit, als ich dann wieder meine Eltern besuchte, habe ich gesehen, wie eine Familie mit Gott lebt. Meine Eltern hatten eine Ehe, die voll Liebe war – und das nach alldem, was sie zusammen und mit ihren Kindern durchgemacht hatten. Es war eine Ehe voller Respekt füreinander, voll Liebe und Fröhlichkeit. Das Verlangen nach Gott machte sich immer mehr in mir breit. Ich ging wieder in die Stadtmission und hörte auch den Predigten aufmerksam und mit Interesse zu. Nur war da (neben anderen Dingen) noch das Unausgesprochene zwischen mir und meinem Vater, was auch zwischen mir und Gott stand. Ich habe es lange nicht gewusst, was es genau war und warum ich zu Jesus keine Beziehung aufbauen konnte. Eines Tages nahm ich allen Willen zusammen und betete, dass Jesus mir zeigen möchte, warum ich nicht mit Herz und Seele glauben konnte. Jesus machte mir klar, dass es Sünde war, vor der Heirat mit meinem Mann zusammengewohnt zu haben. Ich bat Jesus um Vergebung und habe dies auch bei meinem Vater getan.

Vaters Krankheit und Tod
Bei meinem Vater wurde Ende März 2009 ALS (*Amyotrophe Lateralsklerose)* diagnostiziert. Dies ist eine unheilbare Krankheit, die die Nerven angreift und sie schließlich lähmt. Diese Nachricht war ein Schock für jeden, der ihn kannte. Mein Vater lebte gesund, war fit und zudem erst 64 Jahre alt. Es fing damit an, dass er sich immer wieder arg verschluckte. Nachdem dann bei einer Operation seine Mandeln und eine eitrige Zyste entfernt worden waren, dachten wir, es würde nun bergauf gehen. Leider war dem nicht so.

Drei Monate später wurde sein Gang zunehmend schwerer, und das Schlucken bereitete ihm mehr und mehr Schwierigkeiten. Wir bekamen die Diagnose: unheilbar! Dennoch hatten wir die Hoffnung, dass Jesus ein Wunder an Papa tun konnte. Ich zumindest. Jesus ist doch allmächtig! Doch das Gegenteil passierte. Papa wurde zusehends schwächer, und fünf Monate später war sein Sprechen kaum noch verständlich. Mitte September baten wir meine Schwester *Michaela* (das einzige von uns sechs Kindern, das nicht in Namibia, sondern in Deutschland lebt), doch dringend nach Hause zu kommen.

Jetzt will ich darüber berichten, wie Gott systematisch im Verlauf einer Woche (!), mich darauf vorbereitete zu erkennen, dass er allmächtig ist: Es fing damit an, dass es Papa in rasendem Tempo schlechter ging. Mama sah deutlich, dass sein Lebensende nicht mehr fern war.

Michaela war bemüht, einen Flug nach Namibia zu finden. Gott wirkte hier, indem *Michaela* den ursprünglich geplanten Flug nicht mehr buchen konnte. Sie bekam stattdessen vier Tage früher einen Flug. Das hieß, sie kam nicht am Donnerstag, sondern bereits am Montag an und konnte sich somit noch mehrere Tage mit meinem Vater unterhalten, der inzwischen fast nur noch im Bett lag. Mein Vater hat so auch seine Enkelin, die damals gerade vier Monate alt war, noch sehen können.

Weiter ging es mit Gottes Wirken: Wir, der Rest der Familie, sprachen darüber, wie wir den Abschied von Papa gestalten sollten, bei dem er auch das Abendmahl nehmen wollte. Nur wann konnten wir alle zusammenkommen? Bei einer so großen Familie mit inzwischen fünf verheirateten Schwestern war das gar nicht so einfach. Der ursprünglich geplante Donnerstag ging nicht – auch nicht der Freitag, an dem es noch andere Verpflichtungen gab; selbst der Samstag, an dem eigentlich niemand arbeiten musste, fiel aus. Es blieb nur der Mittwoch! Auf der Stunde des Abschieds lag ein spürbarer Segen – auch wenn Papa das Mahl nicht zusammen mit den anderen Gläubigen in der Gruppe (wozu Mama und der Pastor gehörten) nehmen konnte, weil er leider nicht mehr laufen konnte und schon zu schwach war, um aufzustehen. Er nahm es im Anschluss daran.

Am Freitagmorgen war es dann mit Papa so schlimm, dass er nicht mehr schlucken konnte. Leider hieß dies, dass ihm bei einer Operation eine Magensonde eingesetzt werden musste. Dies war zwar nur ein kleiner Eingriff, jedoch für Papa war es zu viel. Nach der Operation bekam er unter der Wirkung der Medikamente ganz schlimmen Schüttelfrost. Meine Mutter rief alle Kinder ins Krankenhaus. Dies war der Tag, an dem Jesus unbeschreiblich groß gewirkt hat. Wenn ich dies jetzt schreibe, dann schreibe ich es, um ihn zu loben und zu preisen!

Papa hatte nur noch wenige Momente, in denen er einen klaren Blick hatte. Jedes von uns Kindern setzte sich noch am Samstag nacheinander einzeln zu ihm ans Bett, und ich bin mir sicher, dass er jeden von uns einzeln gesegnet hat. Zwischendurch driftete sein Blick immer ab, und seine Augen verfolgten etwas im Raum, was wir nicht sehen konnten. Ich bin mir ziemlich sicher, dass er da schon unseren Heiland gesehen hat, der ihn an der Hand nahm. Ich musste sehr weinen, als mir bewusst wurde, wie sehr Gott meinen Vater bis zum Schluss als Glaubensvorbild benutzt hat. Mein Vater verstarb am nächsten Morgen.

Die Rückkehr zu Jesus

Nur wenige Tage später kam *Werner Gitt* zu einer Vortragsreihe nach Windhoek, die vom 6. bis 11. Oktober 2009 dauerte. Gott hatte mir schon ein paar Wochen vorher ans Herz gelegt, zu seinen Vorträgen zu gehen. Mein Verlangen nach Jesus war insbesondere nach der Aussprache mit meinem Vater immer stärker geworden.

Daniela, Oktober 2009.

Ich betete täglich, dass er mir den Weg zeigt, wie ich zu ihm kommen kann. Und als Herr *Gitt* dann nach seinem Vortrag zur Bekehrung einlud, da wollte ich eigentlich sofort hingehen. Jedoch hatte ich meine Schwester *Debora* in meinem Auto mitgenommen und nahm an, dass sie gleich nach dem Vortrag nach Hause wollte. Was für eine Fügung war es, als sie zu mir sagte: »*Daniela*, ich möchte noch in das Zimmer, um mit Herrn *Gitt* zu sprechen!« Mit großer Freude sagte ich ihr, dass ich genau dasselbe vorhatte. Als wir den Seelsorgeraum betraten und Platz nahmen, fragte Herr *Gitt* uns, warum wir gekommen seien. Wie aus einem Munde sagten *Debora* und ich: »Wir wollen in den Himmel!« Sichtlich erstaunt fragte er nach: »Wie kommen Sie darauf?« – Dann berichteten wir, dass vor Kurzem unser Vater gestorben und gerade vor einer Woche, am 1. Oktober, die Abschiedsfeier gewesen war: »Dort wurde viel über den Himmel gesprochen und über die Gewissheit, dass er dort angekommen ist. Auch heute Abend hatten Sie so deutlich über die Ewigkeit gesprochen. Nun ist es uns ganz klar geworden, wohin wir wollen – in den Himmel!« Es war der 9. Oktober 2009, unser zweiter Besuchstag während der Evangelisation, da stellten *Debora* und ich uns eindeutig auf die Seite unseres Herrn Jesus Christus!

Nachwort: Auch wenn ich erst ganz am Anfang meines Glaubens stehe und es nicht immer leicht ist, versuche ich, meinen Glauben als Vorbild für andere zu leben. Dabei ist mir 1. Petrus 3, Vers 1 zu einem wichtigen Leitvers geworden:

> »Gleicherweise sollen auch die Frauen sich ihren eigenen Männern unterordnen, damit, wenn auch etliche sich weigern, dem Wort zu glauben, sie durch den Wandel der Frauen ohne Wort gewonnen werden.«[46]

Mein Vater hat mir durch seinen Lebensstil und seine missionarischen Tätigkeiten (zum Beispiel mithilfe des Radios) ein Erbe hinterlassen, dessen Größe ich nicht ermessen kann. Ebenso ist meine Mutter mir jetzt ein Vorbild im Glauben in dieser Zeit meines neuen Lebens. Ich danke meinen Eltern dafür! Gott hat mich so reichlich durch sie beschenkt.

Daniela Epifanio, Windhoek (Namibia)

---

46 Zitiert nach der Schlachterbibel (Schlachter 2000).

Nun folgt der Bericht meiner Schwester *Debora*:

Schöne Kindheit
Ich wurde am 22. Oktober 1979 als fünfte Tochter in die Familie *Weinert* hineingeboren. Meine jüngste Schwester kam vier Jahre später auf die Welt, somit waren wir ein Sechs-Mädel-Haus. Auch ich bin in Windhoek aufgewachsen. Das Haus meiner Eltern war ein rechter Traum für Kinder. Es gab einen großen Hof, und im Garten hatten wir unseren eigenen Spielplatz mit Sandkasten, Schaukeln, Klettergerüst, Baumhaus. Es gab einen Obstgarten, in dem die beiden Feigenbäume meine liebsten waren; ich konnte sie gut besteigen und darin spielen. Vorn im Hof war ein großer Parkplatz mit graublauen Steinen; dies war in meiner kindlichen Fantasie ein Meer und der Feigenbaum ein Flugzeug. Ich war wohl von uns sechs Kindern die kleine Träumerin, weil ich gerne in meinen Fantasien lebte.

Meine Eltern gaben uns sechs Kindern jegliche Möglichkeit, uns zu entfalten – im Akademischen ebenso wie im Sport und in der Musik. Mama war unser stetes »Taxi« und fuhr uns jeden Tag zu unseren Terminen. Schade, dass man als Kind und Jugendlicher nicht sieht, was für Opfer Eltern für ihre Kinder bringen.

Auch im Glauben waren unsere Eltern uns von Geburt an ein Vorbild und brachten uns Jesus und die Bibel nahe. Wir alle gingen sonntags in den Kindergottesdienst; zu Hause wurde zusammen gebetet, gesungen und aus der Bibel gelesen. Als Kind nahm ich das als ganz selbstverständlich an und dachte, dass es in jeder Familie so sei. Doch bald merkte ich, dass es in vielen Familien anders lief. Wenn ich bei Freundinnen übernachtete, kam es vor, dass dort nicht gebetet und schon gar nicht gesungen oder gar eine Geschichte aus der Kinderbibel gelesen wurde. Wenn ich dann mal etwas sagte, erntete ich Hohn und Gelächter von den anderen Mädchen. Bald war ich in der Schulklasse als »die Fromme« bekannt. Ich wusste als Kind nicht, damit umzugehen, und versteckte mein »Glaubensfünkchen« immer mehr. Nur bei den Mädels, die auch im Kindergottesdienst waren, war es anders. Wir wetteiferten, wer zuerst die alt- und neutestamentlichen Bücher aufsagen konnte, aber auch, wer am meisten in der Bibel gelesen hatte. Aber dass man eine enge Beziehung zu Gott haben konnte, wusste ich nicht. Gott und die Bibel waren ein Bestandteil in meinem Leben, aber in keiner großen Tiefe – noch nicht.

Als ich zwölf Jahre alt war, traf mich im Kindergottesdienst eine Geschichte sehr tief. Die Leiterin las uns von einem kleinen armen Mädchen vor. Ihr Leben war schwer, und irgendwie lernte sie Jesus kennen, und von da an war ihr Leben voll Freude und Sonnenschein. An Genaueres in dieser Geschichte kann ich mich nicht mehr erinnern, aber dass Jesus ihr Leben so sehr verändert hatte, hinterließ ein Feuer in mir. Nach dem Kindergottesdienst nahm ich all meinen Mut zusammen, ging zu der Leiterin und sagte ihr, dass auch ich Jesus in meinem Leben haben wollte. Wir beteten gemeinsam, aber es geschah nichts – gar nichts, wie mir schien. Sie sagte mir, dass sich nun die Engel freuen und ich es doch meiner Mama sagen sollte. Ich war etwas enttäuscht, ging aus dem Raum und sah ein anderes Mädchen meines Alters, ging zu ihr und sagte ihr, was ich gerade getan hatte. Ihre Antwort war: »Erst jetzt? Ich hab das schon vor Jahren getan!« Puff! Somit war die Sache für mich klar – erzähl es bloß keinem weiter! Und der Glaubensfunke war wieder klein geblieben.

Jahrelang blieb es dabei: Ich ging mit in den Gottesdienst und blieb auch weiterhin auf der Schule »die Fromme«, obwohl ich zugegebenermaßen gar nicht fromm war. Ich war ein Teenager, der gerne überall hineinpassen wollte. Nur meiner Eltern und ihrer Erziehung wegen und aus der Angst heraus, sie zu enttäuschen, tat ich keine Dinge, die für Teenager in meinem Alter ganz selbstverständlich waren. Daher, aber meiner Ansicht nach unberechtigt, wurde ich wohl immer noch als »die Fromme« bezeichnet.

Teenagerzeit und die Jahre danach

In meinen Teenagerjahren fing ich an, meinen Papa als Vorbild eines christlichen Lebens zu sehen. Ich habe es ihm damals sicher nicht gesagt (obwohl das wohl wichtig und gut gewesen wäre), aber ich versuchte, mir bei ihm Rat zu holen und ihm zuzuhören. Und wenn ich in meiner Teenagerphase auch mal ganz unfair schrie und schimpfte, dann war Papa immer der ruhige Pol, und was er sagte, hatte ich dann immer noch Tage später im Ohr.

Nach Beendigung der Schulzeit im Dezember 1997 ging ich alleine ein Jahr nach Deutschland und arbeitete dort als Aupair und Kellnerin, aber mein Glaube blieb in Namibia. Nur die Briefe meiner Eltern, worin sie immer wieder von ihren Erlebnissen mit Gott berichteten, klopften an mein Herz, und ich spürte eine kleine Sehnsucht nach dem Glauben, der mir vom Elternhaus her vertraut war, und danach, Jesus im Leben zu haben.

Im Anschluss an meine Rückkehr nach Namibia lernte ich meinen Mann *Fanie* kennen, und zwei Jahre später, im Mai 2001, heirateten wir. Wir zogen kurz darauf nach Schottland. Die Beziehung zu meinen Eltern, die in den Teenagerjahren gelitten hatte, war wieder auf festem Boden. Ich vermisste sie sehr in Schottland, und wir flogen jedes Jahr im Urlaub nach Hause. Der Rat meiner Eltern war mir bedeutungsvoller geworden. Ich empfand auch eine tiefe Liebe zu beiden, besonders aber zu meinem Vater. Außer meinem Mann war er die einzige männliche Bezugsperson in meinem Leben. Und sein Lebensstil sagte mir mehr als Worte. Die Art und Weise, wie er Menschen und Situationen annahm, war für mich das Zeugnis eines Mannes, der eine tiefe Beziehung zu seinem Herrn und Heiland hatte. Ich hatte eine innige, tiefe Liebe zu meinem Papa bekommen, und die blieb auch immer bestehen.

Nach fast fünf Jahren Schottland kehrten wir dann im Dezember 2005 nach Namibia zurück. Wie schön, wieder nahe bei den Eltern und den Geschwistern zu sein! Unsere Tochter *Caitlin* wurde am 27. September 2006 im Haus meiner Eltern geboren. Ein wunderbares Erlebnis! Mein Mann und Mama waren dabei, und Papa konnte seine kleine Enkelin schon 15 Minuten danach in den Armen halten.

Auch unser Sohn *Caden* wurde fast drei Jahre später durch die Mithilfe unserer lieben *Ami* (das ist der Kosename, mit dem alle Enkel meine Mutter anreden) geboren. Mein Papa hielt seinen Enkel eine halbe Stunde später im Arm.

Vaters Krankheit
Vier Tage nach der Geburt unseres Sohnes wurde die Diagnose ALS bei meinem Vater durch die Ärzte bestätigt. Bei uns brach eine Welt zusammen; ich war noch nie durch irgendetwas so schmerzlich getroffen worden. Durch meinen Beruf als therapeutische Masseurin konnte ich meinen Papa einmal die Woche behandeln; somit erfuhr er zumindest etwas Linderung bei seinen Schmerzen und bekam ein bis zwei Tage etwas mehr Kraft. Die Behandlungen dauerten jedes Mal etwa eine Dreiviertelstunde. In diesen Wochen lernte ich meinen Papa tiefer kennen. Ich sage »tiefer« – weil es eine Tiefe war, die ich nicht beschreiben kann; es war, als ob er mir zeigte, wie schön die Seele lebt, wenn sie in Gottes Wort verwurzelt ist. Meine Liebe zu meinem Papa wuchs zu dieser Zeit enorm. Er vermittelte mir, dass es nichts im

Leben gibt, was Sinn hat, es sei denn, es bezieht sich auf Gott. Gemeint ist damit nicht irgendein Gott, dem ich nichts bedeute, sondern es ist Gott, der Allmächtige, dem ich wichtiger bin, als es mir jemals bewusst werden kann und der zu mir eine persönliche Beziehung haben möchte.

Papas Umgang mit seiner Krankheit war für mich wieder ein solches Vorbild. Nie habe ich ihn klagen hören: »Warum ich? Warum ist alles so schlimm? Warum muss gerade ich da durch?« Er nahm es hin und klagte weder, als er im Rollstuhl saß, noch als sein Essen püriert wurde, noch als er nicht mehr sprechen konnte, noch als ihm das Atmen schwerfiel. Er setzte sein Vertrauen ganz auf Jesus. Mama war stets an seiner Seite, um ihn aufopferungsvoll zu pflegen. Vielen Menschen waren die beiden ein großartiges Vorbild.

Als Papa dann am 27. September 2009 heimging (es war an einem Sonntag, gerade am dritten Geburtstag unserer Tochter, kurz nachdem die Kirchenglocken geläutet hatten), war es für mich, als würde es mir »wie Schuppen von den Augen fallen«. Ich habe zuvor noch nie jemanden sterben sehen, aber wenn ein Mensch so in Gottes Arme aufgenommen wird wie mein Papa – dann will ich selbst auch ganz sicher sein, zu Gott zu gehören. Gott war Papa auch am Ende seines Erdenlebens gnädig. Er ging ganz ruhig – häufig ersticken ALS-Kranke. Ganz zum Schluss lag ein Lächeln auf seinem Gesicht, obwohl er schon zwei Tage nicht mehr seine Gesichtsmuskeln bewegen konnte. Er strahlte einen tiefen Frieden aus, wobei sein Körper ohne jeden Schatten war. In der Losung dieses Tages stand:

> »Christus Jesus [hat] ... dem Tode die Macht genommen und das Leben und ein unvergängliches Wesen ans Licht gebracht ... durch das Evangelium« (2 Tim 1,10).

Der Umstieg in den Zug des Lebens

Seit diesem Augenblick wusste ich, dass ich mir ganz sicher sein musste, dass Gott mich auch einmal so aufnimmt! Aber wie? Neun Tage nach Papas Tod kam *Werner Gitt* in unsere Gemeinde zu einer Vortragsreihe. Ich war mir nicht sicher, ob ich es wohl zu einem der Vorträge schaffen würde. Ich habe einen physisch sehr anstrengenden Job und auch noch zwei Kinder. Abends bin ich dankbar, ins Bett fallen zu können.

Als meine Schwester *Daniela* mich anrief und anbot, mich mit dem Auto mitzunehmen, sagte ich spontan zu. Mich erstaunte, dass es gerade die Schwester war, mit der ich jahrelang ein sehr angespanntes Verhältnis hatte und mit der es gerade erst anfing, wieder etwas »auf die Beine zu kommen«. Es ging an jenem Vortragsabend thematisch um die Herkunft und die Zukunft des Menschen, aber was mir im Kopf hängen blieb, war der Schlussteil: Er handelte von den beiden Zügen, mit denen wir durch dieses Leben fahren. Der eine ist der Zug des Todes, und dieser rast geradewegs in die Hölle. Der andere hingegen fährt in den Himmel. Nur in diesem Leben gibt es eine Umsteigestation, um vom Zug des Todes in den Zug des Lebens mit Jesus als Zugführer zu wechseln.

Ich wollte dieses »Umsteigen« unbedingt festmachen, und wie wunderbar, es mit einem Mann Gottes wie Herrn *Gitt* zu tun! Doch da war meine Schwester, die sicher nach dem Vortrag nach Hause wollte, und ich war ja mit ihr gekommen. Aber ich nahm wieder allen Mut zusammen und sagte ihr, dass ich gern noch mit Herrn *Gitt* sprechen möchte. Sie war so froh, da sie genau das Gleiche vorhatte. Wer hätte das gedacht – gerade die beiden Schwestern, die sich jahrelang nicht verstanden hatten, gaben am selben Tag ihr Leben ganz in Gottes Hand. Wunderbar sind Gottes Wege!

Debora (links) und *Daniela* (rechts) am Tag ihrer Bekehrung (9. Oktober 2009).

Und habe ich etwas gespürt? O ja! Ich war so frei und erleichtert und froh. Es ist auch jetzt keine Hemmung mehr da, jemandem zu sagen, dass ich zu Jesus gehöre – meinen Kunden, meinen Freunden, meiner Familie.

Oh, ich habe noch viel zu lernen. Man ist Mensch, doch ich versuche vor allem, an die Lebensweise meines Vaters zu denken und mir daran ein Beispiel zu nehmen.

Es war noch keine lange Zeit in meiner neuen Beziehung zu meinem Heiland vergangen, als er mir schon klarmachte, wo ich umdenken musste. Obwohl ich doch immer dachte, dass ich eine super Frau und Mutter sei, ging es plötzlich in meiner Ehe wie durch einen Wirbelwind bergab, dazu verschlechterte sich unsere Lage finanziell. Ich fühlte mich ausgebrannt und war total am Ende. Doch Gott arbeitete an mir. Ich bekam durch eine Freundin meiner Mutter ein Buch (*Love & Respect* von Dr. *Emerson Eggerichs*). Beim Lesen wurde mir erst bewusst, wie Gott sich meine Ehe vorgestellt hat und wie eine gute Beziehung funktioniert. Ich lerne nun, in meinem Leben ganz auf Gott zu vertrauen. Es ist nicht einfach (vor allem bin ich ein Mensch, der gern selbst etwas in die Hand nimmt), aber es in Gottes Hand zu geben, lohnt sich am Ende so viel mehr.

Gott hat noch einen Weg für mich, und ich freue mich darauf, bei ihm im Himmel zu sein und dort meinen Papa wiederzusehen.

Debora Bosman, Windhoek (Namibia)

Zeugnisse aus Asien

VW-Z7: Japan – das Land der aufgehenden Sonne (gi)

Japan ist ein Inselreich, das aus den vier großen Inseln Hokkaido, Honshu, Shikoku und Kyushu sowie weiteren 6848 kleineren Inseln besteht. Die gesamte Inselkette von Nord nach Süd hat eine Ausdehnung von ca. 3000 Kilometern und entspricht somit dem Abstand von Brasilien bis nach Westafrika.

Es ist eine große Freude, mit den Bahnen in Japan zu fahren. Die Fahrpläne werden minutiös eingehalten, und die Abteile sind durch penible Sauberkeit gekennzeichnet. Wenn man allerdings verschiedene Züge benutzen und auf dem Umsteigebahnhof den richtigen Anschlusszug finden muss, hat man ein Problem. Die Beschriftungen sind fast ausschließlich mit japanischen Zeichen ausgeführt, und da fühlt man sich als Ausländer ziemlich verlassen. Als ich am 4. Juni 2008 Vorträge in einer Bibelschule

Vortrag vor japanischen jungen Leuten, 2008.

hatte, reiste *Saori Higashi* so weit mit, bis wir (*Harry Tröster* und ich) uns im Zug nach Tokio befanden. *Saori* sprach sehr gut Englisch, und so erzählte sie uns während der Fahrt, wie sie zum Glauben gekommen war. Da ich dieses Zeugnis als sehr bemerkenswert empfand, bat ich sie darum, ihre Geschichte doch einmal aufzuschreiben. Das hat sie für dieses Buch getan, und so wünsche ich den Lesern viel Freude beim Lesen dieses Berichts über einen besonderen Lebensweg.

Z7: Ich sah keinen Sinn im Leben

Kindheit und Familie

Ich wurde am 26. September 1980 in Japan in der Präfektur Osaka[47] geboren und bin in einer nichtchristlichen Familie aufgewachsen. Wie die meisten Japaner glauben auch meine Eltern nicht nur an *einen* Gott, sondern an viele Götter. Aber genau besehen, glauben sie eigentlich gar nichts. Meine Eltern heirateten in einer katholischen Kirche. Es ist in Japan sehr verbreitet, sich in einer Kirche trauen zu lassen, auch wenn man gar nicht zu einer Kirche gehört und mit dem christlichen Glauben nichts zu tun hat. Die Trauzeremonie und die Braut mit dem weißen Kleid werden sehr geschätzt. Es war meine Mutter, die das besonders wünschte, und die Entscheidung zugunsten der katholischen Kirche hing allein mit den niedrigen Kosten zusammen. Wenn in der Verwandtschaft jemand starb, wurde das Begräbnis nach buddhistischen Riten durchgeführt. Im Haus meines Großvaters stand ein Familienaltar. Immer, wenn ich in

---

47 Präfektur (engl. prefecture): Japan ist in 47 Präfekturen gegliedert. Diese Verwaltungseinheiten entsprechen in etwa den Schweizer Kantonen oder den deutschen Bundesländern bzw. Stadtstaaten Bremen und Hamburg. Tokio ist eine eigene Präfektur, ebenso die ganze Nordinsel Hokkaido.

sein Haus kam, musste ich mich davor verbeugen. Nach meiner Geburt brachten meine Eltern mich zu einem Schrein, wo eine Zeremonie abgehalten wurde, die Unglück von mir fernhalten sollte. Danach wurde ich im Alter von drei, fünf und sieben Jahren noch einmal der gleichen Zeremonie unterzogen. Meine Eltern richteten sich aber nach keinem Gott. Wenn ich meine Mutter als kleines Mädchen fragte: »Was geschieht, wenn wir sterben?«, sagte sie lapidar: »Nichts wird geschehen, wir sind dann einfach weg.« Das war für mich ein großes Problem. »Welchen Sinn hat das Leben, wenn wir dann einfach weg sind? Wenn wir sowieso sterben, dann spielt es auch keine Rolle, ob und wie ich lebe.« Ich war ein sehr sensibler Mensch, und in der Grundschule wusste ich bereits, dass das Leben sehr hart ist.

Gibt es einen Sinn des Lebens?

Obwohl meine Eltern an keinen Gott glaubten, wollten sie dennoch, dass ich nach hohen moralischen Standards leben sollte. Speziell meine Mutter hatte einen hohen Gerechtigkeitssinn und hielt unbeirrt an ihren Grundsätzen der Lebensführung fest. Sie übte einen starken Einfluss auf mich aus. Es gab eine Frage, die mich sehr bewegte: »Gibt es etwas Grundlegendes in dieser Welt, was unveränderlich ist?« Obwohl meine Eltern mich lehrten, gerecht zu sein, nicht zu lügen und freundlich zu den Menschen zu sein, schien mir die Welt auf diese Weise doch nicht zu funktionieren. In unserer japanischen Gesellschaft begehen Führungspersönlichkeiten – wie wir es in den Fernsehnachrichten immer wieder hören – Unrecht, und es gibt große Unterschiede zwischen Arm und Reich. Manche Leute haben in ihrem Leben derart viele Dinge angehäuft, dass sie dann vieles von ihrem Überfluss wegwerfen müssen; andere hingegen sind so arm, dass sie vor Hunger sterben. Wenn es eine gute allgemeine Regel ist, zu anderen Menschen freundlich zu sein, und die Menschen wirklich so handeln, warum ist die Welt dann so, wie sie ist?

Zur Schule ging ich in Kawachinagano, das in der Präfektur Osaka liegt. Dort war es üblich, dass man sich ständig mit anderen verglich. Wenn jemand versuchte, Gutes zu tun, dann blickte man auf ihn verächtlich herab. In unserer japanischen Gesellschaft gibt es den Begriff »Sekentei«, der unseren starken Wunsch nach Anpassung gut wiedergibt. Wir wollen auf keinen Fall auffallen, um nicht geächtet zu werden. Sich nach anderen auszurichten, ist somit der eleganteste Weg, in dieser Art von Gesellschaft zu leben. Dann eckt man nirgends an.

Die eine Situation erfordert es, gerecht zu handeln, und eine andere wiederum verlangt es, sich anzupassen. Über diesen Zwiespalt war ich wirklich sehr verwirrt. Ich suchte aus diesem Dilemma irgendwie herauszukommen. Durch meine eigenen Überlegungen kam ich schließlich zu folgender Lösung: »Es gibt überhaupt keine feste Basis für das Leben in dieser Welt. Es findet eine ständige Veränderung statt. Darum muss ich mich entsprechend mitverändern, sobald die Situation mir das abverlangt.« Aber es war äußerst anstrengend, mich an alle möglichen Menschen anzupassen. So war ich gezwungen, zur gleichen Zeit viele unterschiedliche Werte zu vertreten. Es war gerade so, als wenn viele Personen in mir wären, die gegeneinander kämpften. Ich hörte dann auf, über eine verbindliche Basis des Lebens noch weiter nachzudenken.

Aber in mir blieb ständig dieser beängstigende Gedanke, und ich wünschte mir so sehr eine tragende Grundlage für meine Existenz. So versuchte ich, eine ehrenwerte Person zu sein. Ich sagte zu mir: »Wenn mich jemand braucht, dann ist das schon Grund genug, um zu leben.« Ich lernte sehr diszipliniert und trainierte viel in meinem Basketballteam. Manchmal fragte ich mich: ›Warum arbeite ich nur so hart?‹ Aber es gab niemanden, der mir darauf antwortete. Darüber hinaus wünschte ich mir so sehr, von meiner Mutter wertgeschätzt zu werden. Sie lehrte mich, gerecht und stark zu sein; ich fand jedoch, dass ich als Person nicht so bin. Und so konnte ich auch keinerlei Bedeutung und Sinn für meine Existenz herausfinden. Offensichtlich gab es keinen Wert in mir. Ich fürchtete mich manchmal, dieses Leben führen zu müssen. Immer wieder dachte ich darüber nach, was es bedeutet, eine wertvolle Person zu sein.

Wenn ich mich beobachtete, stellte ich entsetzt fest: Ständig arbeite ich hart, nur um ein wenig Anerkennung zu bekommen. Und so ging ich besonders gegen Ende meiner Realschulausbildung durch eine schwere Zeit. Die Region, in der ich lebte, hatte strenge Aufnahmebedingungen für die Oberschule. Ich wollte auf die beste Oberschule unserer Region, aber ich bestand die Aufnahmeprüfung nicht. Es war mein Ziel und die Quelle meines Selbstwertgefühls, an diese Schule zu kommen. Aber nun verlor ich mein Lebensziel und damit auch jegliches Selbstwertgefühl. Auch die Beziehungen zu Freunden und meiner Familie waren nicht gut, sodass ich sehr enttäuscht über mich selbst war. Ich versuchte zwar, mein Selbstwertgefühl durch harte Arbeit wiederherzustellen, aber es gelang mir nicht. Schließlich verachtete ich mich selbst und verlor jede Zuversicht.

Dieses Denken hat meinen Lebensstil drastisch verändert. Ich wusste nicht mehr, warum ich überhaupt noch etwas lernen sollte, und so hörte ich damit auf. Ich wollte nicht mehr zur Schule gehen. Ich war zwar noch im Basketballteam, aber ich empfand es als dumm, hart zu arbeiten; so trainierte ich nicht mehr so intensiv. Was meine Freunde betraf, hörte ich auf, mit ihnen klar und ehrlich zu reden. Wenn ein Problem entstand, beendete ich die Freundschaft – ohne jeden Versuch, sie zu retten. Ich meinte damals: Wenn ich von jemandem etwas erwartete, wäre sowieso niemand da, der darauf hätte reagieren können. Ich meinte, dass ich am Ende nur verletzt sein würde. So entschied ich, von niemandem etwas zu erwarten, um Enttäuschungen zu verhindern. Das war in dieser Zeit meine Haltung gegenüber meinen Mitmenschen. Die Oberschule, auf die ich dann kam, war eine private christliche Schule, doch ich verschwendete dort keinen Gedanken an die Bibel und das Evangelium. Die Lehrer waren aus meiner heutigen Sicht sowieso nicht unbedingt gläubig.

Traktate in Japanisch werden gerne angenommen, 2008.

Wohin kann ich fliehen?

Ich verbrachte viel Zeit mit all den geschilderten Gedanken, aber was blieb, war einfach nur Einsamkeit. Ich suchte eine Antwort auf diese Frage, die ich an das Leben gestellt hatte. Auch Gespräche mit Freunden, denen ich mein Herz ausschütten konnte, brachten mich nicht weiter. Ich durchlebte eine schmerzvolle

Zeit. Weil ich es selbst nicht gut fand, die Zeit mit Grübeln zu verbringen, entschied ich mich, dieser Situation zu entfliehen. Es bot sich die Möglichkeit, über einen Schüleraustausch in die Vereinigten Staaten zu gehen. Es war im August 1997 in meinem zweiten Jahr an der Oberschule, als ich in eine andere Welt floh. Ein ganzes Jahr verbrachte ich in Pataskala, einer kleinen Stadt in der Nähe von Columbus im Bundesstaat Ohio.

Die Familie, bei der ich während meines USA-Aufenthaltes untergebracht war, war eine christliche Familie. Das war für mich erstmals eine wirkliche Begegnung mit dem Christentum. Meine Gastgeber waren sehr freundlich zu mir und nahmen mich am Sonntag wie ein Familienmitglied mit in den Gottesdienst. Manchmal wollte ich nicht mitgehen, aber sie erlaubten es mir nicht, fernzubleiben. Ich kam mir vor wie in einer Pflichtveranstaltung. Die Schule, auf die ich ging, war auch eine christliche. Zuerst konnte ich mir nicht vorstellen, dass das Christentum etwas mit mir zu tun haben könnte. Ich durchlebte dort zunächst eine schwierige Phase. Als Austauschschülerin hatte ich es schwerer, als ich es mir von zu Hause aus vorgestellt hatte. Der Anfang war wegen der Sprache ein besonderes Problem, denn ich konnte mich nur schwer verständlich machen. Dazu kam noch das Heimweh. Während dieser Zeit wurde ich intensiv mit meinen Schwächen und Fehlern konfrontiert. Ich verlor meine Selbstkontrolle und kam in ernste Schwierigkeiten.

Weil ich mit dieser Situation nicht klarkam, wandte ich mich an die Lehrerin, die Kunst und Hauswirtschaft unterrichtete. Sie erklärte mir, dass alle unsere Nöte mit der Natur der Sünde zusammenhängen, die allen Menschen anhaftet. Dafür aber ist Jesus am Kreuz gestorben. Zu diesem Zeitpunkt verstand ich noch sehr wenig davon. Eines aber begriff ich: Es musste einen Gott geben, der absolut gerecht ist, und deshalb musste es auch eine Basis geben, worauf ich auch mein Leben aufbauen konnte. Dabei spielt die Bibel eine entscheidende Rolle. Gott weiß alles und ist Richter über Gut und Böse. ›Wenn da ein Gott ist‹, dachte ich, ›dann gibt es auch für mich einen Grund, richtig leben zu können.‹ Das war mir ein großer Trost. Der Umgebungswechsel tat mir am Ende doch sehr gut.

Ich erkannte etwas sehr Wesentliches für mich: Ich brauchte mich nicht mehr darum zu kümmern, was andere Menschen so alles sagen. Ich konnte über den Sinn des Lebens ernsthaft nachdenken und mir so grundlegende Fragen stellen: Wer bin ich, und was hat es mit der Welt auf sich? Diese Neuigkeiten schufen für mich erstmals einen wirklichen gedanklichen Freiraum. Von da an begann ich, die Bibel zu lesen, und ging nun auch gerne in die Gemeinde.

Die Rückkehr nach Japan
Nachdem ich in meine Heimatstadt Osaka zurückgekehrt war, suchte ich sogleich nach einer Gemeinde. Im März 2000 beendete ich die Schule und begann, im April an der Universität Hokkaido Biologie zu studieren. Diese Universität befindet sich in Sapporo auf Hokkaido, der größten Stadt auf der Nordinsel Japans. In Sapporo fand ich eine Gemeinde, wo ich das Evangelium durch Predigten und Bibelstudium so richtig kennenlernte. Die Bibel zeigt uns, dass Gott der Schöpfer und Herrscher der Welt ist, der absolut heilig und gerecht und voller Liebe ist. Aber die Menschen, die Gott erschaffen hat, kennen ihn nicht und sind tot in ihren Sünden. Dafür starb Jesus am Kreuz. Das waren für mich bahnbrechende, ja, revolutionierende Neuigkeiten.

Als ich einmal einen Streit mit einer meiner Freundinnen hatte, lernte ich, durch diese Erkenntnisse die Tatsache zu akzeptieren, dass in mir eine sündige Natur herrscht. Ich denke nur an mich selbst und nicht an andere. Das ist die Natur der Sünde: Selbstsucht! Als ich dies begriff, wurde mir klar, dass ich vollkommen sündig bin und warum Christus für mich sterben musste: »Denn es ist hier kein Unterschied: sie sind allesamt Sünder und ermangeln des Ruhmes, den sie bei Gott haben sollten, und werden ohne Verdienst gerecht aus seiner Gnade durch die Erlösung, die durch Christus Jesus geschehen ist« (Röm 3,22b-24).

Es ist also nicht möglich, mich selbst zu rechtfertigen, aber Jesus, der Sohn Gottes, starb für mich und ist auferstanden. Wer das glaubt, dem schenkt Gott Vergebung. Ich hatte mich selbst gerichtet und war gefangen in meinen Sünden. Die Gute Nachricht der Vergebung durch Jesus gab mir wahren Frieden. Und ich bekam erstmals ein Selbstwertgefühl, das sich darin gründete, dass Gott uns so sehr liebt, dass er für uns starb.

Das Studium an der Universität
Während meines ersten Studienjahres an der Universität, nämlich zu Weihnachten 2000, ließ ich mich taufen. Von da an freute ich mich, Gott durch die Bibel mehr und mehr kennenlernen zu dürfen, und in mir verstärkte sich der Wunsch, die Bibel eingehender zu studieren und dann anderen davon zu erzählen. Es war zunächst nur mal eine Idee, denn zu dieser Zeit hatte ich noch keine Gewissheit über meinen weiteren Lebensweg.

Im März 2004 hatte ich meinen ersten Examensabschluss. Dann besuchte ich die Master-Kurse. Im letzten Jahr meiner Uni-Ausbildung (März 2006) als Biologin mit dem Hauptfach Meeresbiologie war ich in einem Labor tätig, das sich mit Viren-Erkrankungen von Fischen befasste. Eine meiner größten Fragen zum Glauben hatte damals mit dem Problemkreis »Schöpfung kontra Evolution« zu tun.

Bevor ich Christ wurde, nahm ich an, dass alle Lebewesen sich von selbst entwickelt hatten, um sich an die Umwelt anzupassen. Ich glaubte an die Macht der Wissenschaft, ohne viel darüber nachzudenken. Schöpfung, wie die Bibel sie bezeugt, erschien mir wie ein Märchen, und ich dachte: ›Gibt es irgendjemanden auf der Welt, der so etwas Lächerliches glauben würde?‹ Auch nach meiner Taufe vertrat ich immer noch diese Ansicht. Doch der direkte Umgang mit den Lebewesen ließ mich mehr und mehr umdenken. Wenn wir uns die Lebewesen gründlich ansehen, können wir dort überall Ordnung und Schönheit erblicken und die ungeheure Präzision in den genial konstruierten Details sehen. Man kann gar nicht alles über sie herausbekommen (in meinem Fall waren es Regenbogenforellen und Viren), auch wenn man noch so intensiv daran forscht. Bei dem Versuch, es herauszubekommen, begann ich, fest zu glauben, dass ein Schöp-

Saori Higashi, 2008.

fer hinter allem stehen muss. Weiterhin lernte ich, dass die Bibel uns nicht im Detail darüber berichtet, wie die Dinge geschaffen wurden, aber doch sehr klar sagt, wer die Person des Schöpfers ist. Ich habe es selbst wissenschaftlich durchbuchstabiert, was in Römer 1,19-20 steht: »Denn was man von Gott erkennen kann, ist unter ihnen offenbar; denn Gott hat es ihnen offenbart. Denn Gottes unsichtbares Wesen, das ist seine ewige Kraft und Gottheit, wird seit der Schöpfung der Welt ersehen aus seinen Werken, wenn man sie wahrnimmt, sodass sie keine Entschuldigung haben.«

Für uns erscheinen manche Mechanismen widersprüchlich, doch wir sind es wohl eher, die ein Problem damit haben. Evolution ist nur eine Hypothese. Sie ist überhaupt nicht bewiesen. Es gibt wohl Veränderungen in den Lebewesen, aber diese sind nie in der Lage, neue Arten oder neuartige Konzepte hervorzubringen. Das Wissen über die Lebewesen hat mich nicht von der Evolution überzeugt, sondern vielmehr sehr deutlich zu dem Gedanken gebracht, dass es einen Schöpfer dieser Welt geben muss.

Ich erlebte eine sehr spannende Zeit während der Studien und Experimente im Labor. Aber eines Tages änderte sich alles total. Ich hatte eine sehr schlechte Beziehung zu meinem Professor. Ich geriet in eine unhaltbare Situation durch einen Kommilitonen, und die Chancen, in Zukunft als Wissenschaftlerin zu arbeiten, waren vertan. Ich konnte nicht mehr in diesem Labor und in diesem Fachbereich arbeiten. Ich war an Leib und Seele verletzt, und es war mir, als ob die Zeit stehen geblieben wäre. Der Herr hatte mir in diese Situation hinein sein Wort gegeben: »Lass dir an meiner Gnade genügen« (2Kor 12,9). Auch andere Worte ermutigten mich sehr, aber ich hatte noch keine Ahnung, wo ich hingehen sollte.

Eine neue Herausforderung

Eine bestimmte Zeit lang war ich frustriert über die Situation, in die ich geraten war. In dieser Verfassung begann ich, tiefer über meinen Glauben und die Prioritäten meines Lebens nachzudenken. Was ist der Wert des Lebens und der Grund, warum ich hier bin? Und eines Tages sprach der Herr zu mir durch die Predigt im Gottesdienst, bei der es um Römer 8,31-34 ging:

> »Was wollen wir nun hierzu sagen? Ist Gott für uns, wer kann wider uns sein? Der auch seinen eigenen Sohn nicht verschont hat, sondern hat ihn für uns alle dahingegeben – wie sollte er uns mit ihm nicht alles schenken? Wer will die Auserwählten Gottes beschuldigen? Gott ist hier, der gerecht macht. Wer will verdammen? Christus Jesus ist hier, der gestorben ist, ja vielmehr, der auch auferweckt ist, der zur Rechten Gottes ist und uns vertritt.«

Durch diese Verse wurden meine Augen wieder dafür geöffnet, dass Gott, unser Vater, seinen geliebten Sohn für uns gegeben hat, um uns zu erretten. Niemand hat danach gefragt oder es verlangt, alles ging allein von Gott aus. Ob wir es akzeptieren oder nicht, ich sah: »Der Herr liebt mich so sehr.« In meinem Dasein gilt mir die Liebe Gottes, die sich am Kreuz gezeigt hat. Durch seine Gnade erfahre ich seine Wertschätzung. Und als die Predigt an die Stelle kam: »Christus Jesus ist hier, der gestorben ist, ja vielmehr, der auch auferweckt ist, der zur Rechten Gottes ist und uns vertritt« (Röm 8,34), erinnerte ich mich an eine Stelle, die mir während meiner schwersten Zeit zugesprochen wurde: Es waren die Worte Jesu, die er zu Petrus kurz vor der Kreuzigung gesagt hatte:

> »Simon, Simon, siehe, der Satan hat begehrt, euch zu sieben wie den Weizen. Ich aber habe für dich gebetet, dass dein

Glaube nicht aufhöre. Und wenn du dereinst dich bekehrst, so stärke deine Brüder« (Lk 22,31-32).

Genau so, wie Jesus für Petrus gebetet hat, bevor er gemartert wurde, hat er auch für mich gebetet. Ich merkte, dass er in schwerer Zeit voller Einsamkeit in meinem Leben schon für mich gebetet hatte und vor mir herging. Jesus ist in meinem Leben, und er weiß alle Dinge und will mich auf seinen Wegen führen. Er gab mir seine Worte noch einmal, die ich damals in meinem Schmerz nicht akzeptieren konnte. Und weiter zeigte er mir, wozu er mich gebrauchen wollte: Ich sollte meine Brüder stärken. Ich begann, darüber nachzudenken, mein Leben dafür einzusetzen, anderen von Jesus zu erzählen und auf die Bibelschule zu gehen.

Meine Familie, die keine christliche Familie ist, war dagegen. Es war für mich gefährlich, nicht auf das NEIN meiner Familie zu hören, aber Jesus gab mir ein anderes Wort:

»Und wer Häuser oder Brüder oder Schwestern oder Vater oder Mutter oder Kinder oder Äcker verlässt um meines Namens willen, der wird's hundertfach empfangen und das ewige Leben ererben« (Mt 19,29).

Er sagte mir, dass ich alles aufgeben und ihm folgen solle. Er will mir nach seiner Verheißung ewiges Leben geben, das unbezahlbar ist. Dann schob er mich sanft an, vorwärtszugehen. Ich war sehr ängstlich, aber er hatte alles vorbereitet und leitete die Beziehung zwischen mir und meinen Eltern zum Besseren. Im April 2006 begann ich mit einer vierjährigen Bibelschulausbildung in Hanenishi, Hamura City, in der Präfektur Tokio.

In unserer postmodernen Zeit, die den Menschen keinen absoluten Wert und keinen Sinn für das Leben bieten kann, will ich der Gemeinde Christi dienen. Ich möchte Menschen das wirkliche Leben zeigen, so wie ich es selbst von ihm erfahren habe. Dies ist mir durch die Tatsache des Kreuzes und der Auferstehung klar geworden, wodurch wir die Vergebung empfangen.

In der Zukunft hoffe ich, in der japanischen Gemeinde arbeiten zu können. Ich möchte Jesus in Japan, das einen christlichen Bevölkerungsanteil von unter zwei Prozent hat, verkündigen. Dies ist eine dringende Notwendigkeit. Ich bin speziell in der Studentenbewegung ausgebildet, wo ich mich für Studenten und Jugendliche einsetzen kann. So wie ich es von anderen erfahren habe, will ich mit diesen jungen Leuten arbeiten, die viele Probleme haben und auf der Suche nach dem Sinn des Lebens sind. Ich will sie zu Jesus führen, weil sie nur dort das Leben und den wahren Trost finden. Und ich hoffe, diese jungen Menschen werden die Gemeinde weiterhin bauen und damit auch der japanischen Gesellschaft dienen. Ich will für sie da sein, sie ermutigen und zur Ehre Gottes leben. Bitte beten Sie doch auch mit für die Errettung der Japaner!

Saori Higashi, Hamura City im Raum Tokio (Japan)

Z8: Der Islam gab mir keine Antwort

Meine Kindheit

5. September 1979. In einem verschlafenen Dorf Kirgisiens (in Bakijan, das ca. 360 Kilometer von der Hauptstadt Bischkek entfernt liegt) wurde ich als erstes Kind einer muslimischen Familie geboren. Später kamen weitere fünf Geschwister hinzu. Mein Vater war Maschinentechniker und arbeitete als Lehrer in einer Berufsschule im Nachbardorf. Meine Mutter war Kinder-

gärtnerin. In Kirgisien bleibt der jüngste Sohn traditionsgemäß bei den Eltern wohnen. Meine Oma hatte zwar einen Sohn (meinen Onkel, den Bruder meines Vaters), der im gleichen Haus wie ich wohnte, aber er war noch zu jung, um seine eigene Familie zu gründen. Deshalb wohnte meine Familie mit der Oma zusammen. Ich habe sehr liebevolle Erinnerungen an sie. Sie zog selbst sechs Kinder groß. Außer meinem Onkel hatten sie alle ihre eigene Familie. An meinen Opa kann ich mich nicht erinnern, weil ich erst zwei Jahre alt war, als er starb.

Meine Oma zog uns Enkelkinder groß, weil meine Eltern berufstätig waren. Sie war eine sehr kluge, bewundernswerte Frau, die lebhafte Geschichten erzählen konnte. Sie hatte nur vier Jahre die Schule besucht. Obwohl sie lesen konnte, kann ich mich nicht daran erinnern, dass sie uns jemals etwas aus Büchern vorlas. Sie hatte einen reichen Schatz an Märchen, Erzählungen, Sagen und sogar an Liedern zur Verfügung und erzählte uns davon in wunderbaren Worten. Durch ihren schier unerschöpflichen Fundus an Geschichten übte sie einen besonderen Einfluss auf mich aus. Ihre Art, wie sie durch ihre Märchen und Gleichnisse meinen geistigen Horizont erweiterte, gefiel mir sehr. Sie brachte uns auch moralische Werte bei. Sie war eine religiöse Frau und betete fünfmal am Tag zu Allah. Während ihrer Gebetsrituale stand ich neben ihr und ahmte alles nach, was sie machte. Ich kannte fast alles und wusste, wann sie sich verbeugte, auf die Knie ging und wiederaufstand. Sie flüsterte Gebete vor sich hin, die ich nicht verstehen konnte. Manchmal machte ich Unfug, wie die Kinder nun mal sind, um Oma aus dem Konzept zu bringen. Sie ging immer nachsichtig mit mir um und begann ihr Gebet stets von Neuem. So betete ich mit ihr, bis ich in die Schule kam.

Als ich sechs Jahre alt war, kam ich in die erste Klasse. Anfangs begleitete Oma mich immer zur Schule, bis ich Freunde fand und dann mit ihnen gemeinsam den Schulweg zurücklegte. Ich war fleißig in der Schule und wollte immer schon sehr früh dort sein. Manchmal wurde es mit meinem übertriebenen Einsatz für meine Oma recht anstrengend. Ich stand z. B. schon um Mitternacht auf, weckte meine Oma und bat sie, mich für die Schule fertig zu machen. Sie frisierte meine mehr als schulterlangen schwarzen Haare. Dann erklärte sie mir, dass es noch zu früh für die Schule sei und ich deshalb nochmals schlafen gehen solle. Ich hatte manchmal eine verrückte Idee: Wenn meine Oma einmal nicht aufstand, zog ich meine Schuluniform an und legte mich damit wieder ins Bett. Das bereitete ihr großen Ärger und viel Mühe. Wenn man einige Zeit mit der Uniform geschlafen hat, ist das Bügeln unumgänglich.

Als ich in der dritten Klasse war, starb meine liebe Oma an Magenkrebs. Das war für mich ein großer Verlust. Meine Mutter hörte auf zu arbeiten, weil sie jetzt auf uns vier Kinder aufpassen musste. (Als meine Oma starb, hatte meine Mutter vier Kinder; die anderen zwei kamen erst später auf die Welt.) Für mich war meine Oma eine ganz besondere Frau; sie war einzigartig auf der Welt.

Mein Anfang mit der deutschen Sprache
Nach dem Tod meiner Oma kam unser Cousin zu uns, um auf uns aufzupassen, wenn meine Eltern nicht zu Hause waren. In kirgisischen Schulen war es damals üblich, Deutsch als zweite Fremdsprache ab der fünften Klasse zu lernen. Lange bevor es für mich so weit war, bat ich meinen älteren Cousin *Marlen*, mir das Zählen auf Deutsch beizubringen. Seinen »Unterricht« genoss ich allerdings nur mit Gegenleistungen wie Aufräumen und Kartoffelschälen. Als ich mit dem Deutschunterricht in der Schule begann, verspürte ich in mir den Wunsch, einmal Übersetzerin zu werden. Ich hatte ausgesprochen gute Lehrerinnen, die es ver-

standen, durch ihre Erzählungen über Deutschland und andere Länder unser Interesse für die Sprache zu wecken. Nur die deutsche Grammatik blieb uns leider ein Rätsel.

Mein Vater erzählte mir des Öfteren über Deutschland. Sein Wissen hatte er sich aus einzelnen Fernsehberichten angeeignet. Er fragte mich dann, wie in einer Prüfung, nach Details, wer z. B. die politischen Persönlichkeiten des Landes seien. Wir hatten keinen direkten Zugang zu Deutschland. Unser Wissen basierte auf bruchstückhaften Nachrichtensendungen oder Erzählungen der Soldaten, die in der DDR stationiert waren. Genau dieses geheimnisvolle, ferne Land weckte mein Interesse, und ich wollte es unbedingt mit eigenen Augen sehen.

Der »Gott der Russen«

Als ich 13 Jahre alt war (1992), kam meine Mutter eines Tages von unseren Nachbarn nach Hause und sagte, dass sie von denen gehört habe, »der Gott der Russen«, den sie Jesus nennen, werde bald auf die Erde kommen und die Menschen abholen. Ich fragte nicht näher nach und entwickelte irgendwelche eigenen Vorstellungen von einem »russischen Gott«. Mir fiel sofort das markante Bild von *Mendelejew* (1834–1907), dem Entdecker des Periodensystems der chemischen Elemente, ein, das im Klassenzimmer hing. Es hatte sich deswegen so tief bei mir eingeprägt, weil es diesen berühmten Mann so eindrücklich mit seinen langen grauen Haaren und einem grauen Rauschebart darstellte. In meiner Vorstellung war Gott wie ein alter Opa mit langem Bart, und *Mendelejew* entsprach dem nur allzu gut. Über die Aussage von dem kommenden russischen Gott erschrak ich zutiefst! Ich fragte mich, warum nur der »Gott der Russen« kommt, um sie abzuholen. Was geschieht dann mit uns Kirgisen? Haben wir etwa auch einen eigenen Gott, der Kirgise ist? Warum kommt denn unser Gott nicht? Wie sieht er aus? Bis zu diesem Zeitpunkt hatte Gott für mich keine Nationalität. Aber was bedeutete das, was ich da gerade gehört hatte?

Meine unentwegte Suche nach dem Sinn des Lebens

Als ich 14 Jahre alt war (1993), zogen wir in eine neue Siedlung desselben Dorfes um. Ganz in unserer Nähe gab es eine Moschee. Zu dieser Zeit unterrichtete dort ein Lehrer aus einer Koranschule in Kasachstan. Viele Schüler gingen zur Moschee, um zu beten, vor allem aber waren es die jungen Mädchen, die den Mullah »sympathisch« fanden. Ich fing auch an, in die Moschee zu gehen. Unser Unterricht begann am Nachmittag nach der Schule. Wir mussten unbedingt ein weißes Kopftuch und ein langes Kleid oder einen Rock tragen. Selbstverständlich trug auch ich in der Moschee ein Kopftuch. Von unserem Haus aus konnte man am Nachmittag all die Frauen in weißen Kopftüchern in Richtung Moschee pilgern sehen. Mein Vater sagte scherzhaft, ich sei die »Mullah unseres Hauses«.

Fragen, die mich bewegten

Meine Eltern waren dem Glauben gegenüber gleichgültig. Sie waren die Kinder der kommunistischen Ära, in der die Religion kaum eine Rolle spielte. Auch meinen Eifer in Glaubensangelegenheiten betrachteten sie mit Skepsis. Aber sie nahmen an, dass mein Interesse nicht lange andauern würde. Wie so häufig im Land kommt heute etwas als neue Mode, und morgen verschwindet es wieder, und so dachten sie auch über den Bestand meines Glaubens. Ich sah das allerdings ganz anders. Ich war allen Ernstes auf der Suche nach dem Sinn des Lebens. Alles im Leben empfand ich als langweilig und sinnlos. Meine Freude über meine guten Leistungen in der Schule hielt nicht lange an. Ich fragte mich oft, wozu wir Menschen eigentlich lebten. Mich bewegten etliche Fragen: Was ist das Ziel des Lebens und der Sinn meines Daseins? Woher kommen wir, und wohin gehen wir? Wir haben immer keine Zeit, aber wohin eilen wir? Gibt es Gerechtigkeit in der Welt? Gibt es ein Leben nach dem Tod?

Von unserem Haus aus sahen wir den Friedhof, der auf einem Hügel liegt. Ich war immer wieder Augenzeuge all der Leichenzüge, die sich durch unsere Straße bewegten. Nachdem ich die Begräbnisse gesehen hatte, kamen mir viele Gedanken über den Tod: ›Ist das Leben mit dem Tod aus? Ist der Tod Höhepunkt des Lebens, oder gibt es noch ein Leben danach?‹

Der Islam ließ mich mit meinen Fragen im Stich
Solche Fragen, die mich immer wieder quälten, ließen mir keine Ruhe. Ich ging in die Moschee, um Antworten auf sie zu bekommen. Aber meine Hoffnungen wurden sehr enttäuscht. Zuerst lernten wir ein paar Verse aus dem Koran auswendig, obwohl wir das Arabische gar nicht verstanden. Danach fingen wir an, Arabisch zu lernen. Es dauerte ein paar Monate, bis wir die Buchstaben und die Aussprache beherrschten. Die Antworten auf meine Fragen blieb man mir aber schuldig. Hatte sich bei mir etwas verändert, seitdem ich die Moschee besuchte? Ja, aber nur mein Aussehen! Anstelle der Hose trug ich jetzt einen langen Rock und ein Kopftuch, unter dem mein Haar nicht hervorschauen durfte. Das alles tat ich aber nur in der Moschee und auf dem Weg dorthin. Zu Hause und in der Schule kleidete ich mich ganz normal. Außerdem lernte ich natürlich etliche Verse aus dem Koran auswendig, die ich vor dem Schlafengehen aufsagen sollte. Aber was nützte mir das, da wir nie die Übersetzung dazulernten?

Arabisch war für mich eine sehr schwierige Sprache, und ich begann, mich zu fragen, warum wir den Koran auf Arabisch lernen sollten. Wenn Allah uns Kirgisen als eigenständiges Volk mit eigener Sprache schuf, warum versteht er uns dann nicht, wenn wir uns in unserer Sprache an ihn wenden? Gab Allah wirklich

Farida Radecke (geb. *Satybekova* [Kirgisin]), 2011.

dem Arabischen den Vorzug gegenüber allen anderen Sprachen? Oder ist dies auf Mohammeds Einbildung zurückzuführen? Der Imam meinte, dass das Arabische eine sehr reine und Allah wohlgefällige Sprache sei und dass wir uns deshalb in Arabisch an Allah wenden sollten. Durch diese Antwort fühlte ich mich vom Imam und von Allah sehr enttäuscht. Allah war für mich kein gerechter, sondern ein parteiischer und voreingenommener Gott.

Es gab noch viele weitere Fragen ohne Antworten. Ich wollte gerne wissen, ob mir nach dem Tod ein Leben im Himmel gewiss wäre, wenn ich nach dem Islam gelebt hätte. Ich bekam zur Antwort, dass das außer Allah niemand wisse und dass es mir nicht einmal erlaubt sei, in diesem Leben danach zu fragen. Aber ich müsse in dieser Welt Gutes tun, andere lieben, ihnen helfen und ein Leben führen, das Allah gefällt. Diese Antwort warf mehr Fragen auf, als sie klärte. Wie kann ich Gutes tun, wenn ich selbst im Herzen nichts Gutes habe? Wie kann ich anderen Liebe zeigen, wenn ich selbst Liebe brauche? Woher soll ich die Kraft schöpfen, andere zu lieben? Ich kann anderen helfen, in der Fastenzeit den Armen etwas geben, aber was können die Armen geben? Kommen sie nicht zu Allah, weil sie niemandem etwas geben können? Ich kann aus eigener Kraft etwas Gutes tun, aber das hat nie lange Bestand, und meine Kraft geht zu Ende, weil ich selbst von anderen enttäuscht bin. Warum ist das so? Auch kommt es nicht freiwillig aus der Tiefe meines Herzens. Niemand kann so lieben, wenn er nicht Gottes Liebe selbst im Herzen hat. Ich wollte nicht in dieser Welt mit Zittern, Angst und Verzweiflung leben, ohne zu wissen, was mich erwartet. Alles schien mir lebensfremde Theorie und reine Äußerlichkeit zu sein, der niemand wirklich entsprechen kann. Von Allah hatte ich den Eindruck, dass er ein »sehr heiliger, unerreichbarer, ferner und gleichgültiger Gott« sei.

Ich hörte auf, in die Moschee zu gehen, aber ich hörte keineswegs auf, nach der Wahrheit zu suchen. Vor dem Einschlafen sagte ich immer noch meine Verse auf Arabisch vor mich hin, und in der Fastenzeit versuchte ich zu fasten. Aber ich wurde davon schwach und krank.

Gott fängt an, sich zu zeigen

Es war 1994, da brachte mein Vater von der Arbeit ein kleines Buch mit nach Hause. An den Titel des Buches kann ich mich nicht mehr erinnern. Ich begann zu lesen und verstand bald, dass es sich um den Stammbaum Jesu handelte. Leider interessierte mich das damals nicht im Geringsten. Das Buch erschien mir langweilig, aber mein Vater begann, mir kurz zu erklären, wer

Jesus war und was er getan hatte. Er hatte das Buch von einem seiner Schüler bekommen, einem Deutschen aus einer deutschen Siedlung, die nicht weit von unserem Dorf lag. Vater hatte sehr guten Kontakt zu diesen Deutschen und besuchte sie auch öfters. Er erzählte uns jedes Mal, wie fleißig und pünktlich die Deutschen sind und wie sie die Ordnung lieben. Leider las ich damals das Buch nicht zu Ende. Kurz darauf kamen die Deutschen in unsere Schule, um uns einen Film über Jesus zu zeigen. Ich war tief beeindruckt von den Worten Jesu in der Bergpredigt, die einerseits sehr einfach und verständlich waren, aber andererseits eine sehr tiefe Bedeutung hatten. Dieser Jesus, den ich für einen Philosophen oder einen weisen Mann hielt, versetzte mich in Erstaunen. Woher nahm dieser Mann solche Weisheit?

Lesen war bei uns zu Hause eine heiß geliebte Beschäftigung. Als die Deutschen bei einer anderen Gelegenheit Kinderbibeln in Kirgisisch verteilten, bekam unsere Familie auch eine davon. Sie war sehr schön und reich bebildert sowie verständlich geschrieben und hatte einen ungewöhnlichen Inhalt. Darin stand, wie Gott die Welt geschaffen hatte, und auch, wie das alles einmal enden würde. Meine Mutter brachte eine davon nach Hause, und von nun an stritten mein Bruder und ich um die Bibel, ja, wir versteckten sie nun sogar voreinander. Und die kleinen Geschwister lauschten gespannt, wenn mein Bruder die Geschichten aus diesem Buch weitererzählte. Zum Schluss fiel das Buch buchstäblich auseinander, weil es so oft gelesen wurde. Am Ende dieser Bibel stand Jesus vor der Tür und sagte: »Siehe, ich stehe an der Tür und klopfe an; wenn jemand meine Stimme hört und die Tür öffnet, zu dem werde ich hineingehen und mit ihm essen, und er mit mir«[48] (Offb 3,20). Es war für mich jener Zeitpunkt, zu dem ich anfing, zu Gott zu rufen: »Jesus, komm in mein Herz!«

48 Zitiert nach der RELB.

Ich wandte mich damals im Gebet aber auch an Verstorbene und betete andere Mächte an – so z. B. Engel. Und dann wieder zu Jesus. Es war eine bunte Mischung. Ohne davon zu wissen, dass sich lebendige Christen treffen, um gemeinsam zu singen und zu beten, dachte ich mir ein Lied für Gott aus und sang es für ihn. Ich setzte mein tägliches Gebet fort und bat Gott, in mein Herz zu kommen. Ich sagte ihm, dass mein Herz für ihn offen sei. Aber ich wusste nicht, für welchen »Gott«. Ich rief Jesus an, und gleichzeitig sprach ich meine Verse in Arabisch, ich ging zum Friedhof und las für meine verstorbenen Großeltern einen Abschnitt aus dem Koran. Ich sprach dort über alles, was ich auf dem Herzen hatte, und meinte, auch meine verstorbene Oma würde es hören.

Gott bewahrt mich auch in dunklen Stunden
Zu dieser Zeit startete ich dann den Versuch, mich umzubringen. Mir war jedoch klar, dass auf die Sünde »Selbstmord« ganz automatisch die Strafe »Hölle« folgt. Und ich verstand, dass es von dort kein Entrinnen mehr gibt. Es gab Tage, an denen mich niemand verstehen konnte. Wie wäre das auch möglich gewesen, da ich doch so anders als meine Klassenkameraden war, die sich vor allem für Partys und Discos interessierten. Meine Mutter wünschte sich so sehr, dass ich doch auch so »normal leben« sollte wie meine Freunde, aber ich hatte einfach keine Freude an diesen Dingen.

Es waren immer noch so viele Fragen in meinem Herzen, von denen aber niemand etwas wusste. Ich schaute den Insekten zu und fragte mich, was für ein Ziel sie wohl hätten. Was war der Unterschied zwischen Menschen und Tieren? War das Leben der Tiere nicht viel einfacher als das der Menschen? Aber da war keiner, der mir geholfen hätte, eine Antwort auf diese Fragen zu finden. Und aus meiner Sicht floss das Leben sehr fragwürdig und langweilig dahin. Deshalb unternahm ich dann auch eines Tages den Versuch, mich mit einem Messer zu töten. Ein anderes Mal nahm ich so viele Tabletten ein, dass ich nicht mehr schlucken konnte. Aber es passierte nichts, und ich überlebte. Dann kam mir der Gedanke, dass ich mich umso länger in der Hölle quälen müsste, je jünger ich starb. Diese Überlegung hielt mich dann auch von weiteren Selbstmordversuchen ab.

Auf Entmutigung folgte Segen

Einmal geweckt, blieb mein Interesse für die deutsche Sprache bis heute ungebrochen. Während meine Klassenkameraden ihre Berufsvorstellungen ständig änderten, rückte ich nie von meinem Ziel ab, das ich mir schon in der zweiten Klasse gesteckt hatte: Ich wollte Deutsch lernen und Übersetzerin werden. Um in Kirgisien zu studieren, braucht man entweder viel Geld für die Studiengebühren oder gute Beziehungen, um ohne Gebühren studieren zu können. Wir hatten keines von beiden. Meine Chancen auf einen Studienplatz standen also äußerst schlecht. Aber ich beschloss, es dennoch aus eigener Kraft zu versuchen.

Es kam der Tag, an dem ich mit meiner Mutter nach Bischkek, unserer Landeshauptstadt, fuhr, wo ich mich an der Nationalen Universität für die Aufnahmeprüfungen anmeldete. Die ganze Nacht im Bus hatte ich gebetet, aber jetzt, in den Tagen des Wartens auf die Prüfungen, bekam ich von meinen Verwandten nur Entmutigung um Entmutigung, wenn ich ihnen von meinen Plänen, Linguistik zu studieren, erzählte. Ich war dadurch so entmutigt, dass ich mich überhaupt nicht mehr auf meine Prüfungen vorbereitete, sondern jeden Tag Gebete in mein Tagebuch schrieb. Ich tat dies verschlüsselt in kirgisischer Sprache mit lateinischen Buchstaben, damit sie ja niemand verstehen konnte. Ich schrieb Gott, dass er mir doch in dieser aussichtslosen Lage helfen möge.

Meine erste Prüfung in kirgisischer Sprache und Literatur bestand ich fast mit der maximalen Punktezahl. Ich konnte es kaum glauben, aber jetzt fasste ich wieder neuen Mut. Dabei war rundherum alles so deprimierend. Vor der nächsten Prüfung wurden die Abiturienten, die Beziehungen hatten, schon vor der Prüfung von den »Chancenlosen« getrennt. Das war nun nicht gerade sehr ermutigend. Aber Gott schickte mir Hoffnung durch einen Passkontrolleur, der mir Mut zusprach, obwohl ich ihn noch nie gesehen hatte. Das war für mich eine erstaunliche Sache, und sie bewegte mich sehr. In Geschichte fiel ich durch, aber in Deutsch bekam ich die maximale Punktezahl. Aber was bedeutete das für das Gesamtergebnis? Ich war in dem Augenblick so nervös, dass ich meine Mutter darum bat, das herauszufinden. Und das Erstaunliche geschah: Ich wurde als Siebente von neun Studenten in eine Gruppe aufgenommen. Da ich ein Stipendium bekommen hatte, musste ich nicht für das Studium bezahlen.

Die erste Begegnung mit Christen und meine Bekehrung

Unser Studiensemester fing im September 1996 an. Ich kam von zu Hause nach Bischkek angereist und wollte mich mit meiner Freundin am Bahnhof treffen. Als ich dort auf sie wartete, kam ein Mann auf mich zu und fragte, ob ich etwas dagegen hätte, dass er sich mit mir unterhält. Ich war zu neugierig, um das ungewöhnliche Angebot abzulehnen. Er erzählte mir, dass er an Gott glaube, und fragte, ob ich schon einmal von Jesus gehört hätte. Ich bejahte natürlich diese Frage. Er fragte mich, wer Jesus sei. »Er ist Gottes Sohn«, war meine Antwort. Da gab er mir ein paar Traktate und die Adresse einer Gemeinde. Leider war er schnell weg, weil er zum Gottesdienst gehen wollte. Gemeinde, Gottesdienst, Gläubige – das waren für mich völlig neue Wörter.

Ich nahm die mir von ihm übergebene Adresse und zeigte sie meiner Freundin. Sie reagierte spontan und meinte, das sei eine der Sekten, von denen es jetzt so viele in Bischkek gäbe. Sie seien deshalb so gefährlich, weil sie die Leute durcheinanderbrächten.

Ab dem dritten Monat fand ich einen Platz im Studentenwohnheim. Das Referats-Thema, das mir im Fach Religion gestellt

Farida Radecke (geb. Satybekova [Kirgisin]), 2011.

wurde, hieß: »Was ist die Bibel?«. Jetzt brauchte ich Quellen für mein Thema. Als ich ins Zimmer einer Bekannten trat, fand ich deren Mitbewohnerin mit verschiedenen interessanten Figuren am Boden beschäftigt. Sie erzählte mir, dass diese Figuren für die Kinder aus der Sonntagsschule ihrer Gemeinde bestimmt seien. Sie kannte auch den Mann, der mich am Bahnhof angesprochen hatte. Sie gab mir eine Bibel, die ich für das Referat nutzen konnte, und sie lud mich in die Gemeinde ein. Ich versprach ihr, am nächsten Sonntag mitzukommen. Als ich meiner Zimmerkollegin davon erzählte, meinte sie, das seien sehr gefährliche Leute. Sie machte mir Angst mit schrecklichen Geschichten und behauptete, wenn ich einmal dort hingehen würde, dann käme ich niemals wieder davon los. So sagte ich daraufhin der Nachbarin ab, nicht nur für diesen Sonntag, sondern auch für die nächsten Sonntage, denn sie kam immer wieder, um mich erneut einzuladen. Ich spürte, wie traurig sie über meine stete Ablehnung war.

Mit der Zeit fing ich an, meine Zimmerkollegin mit jener gläubigen Studentin zu vergleichen. Meine Mitbewohnerin ging nicht zur Uni, trank viel Alkohol, rauchte, ging jeden Abend in die Disco und hatte auch Freunde, die so waren wie sie selbst. Die gläubige Studentin war im Vergleich zu ihr sehr ruhig, nett, freundlich, immer fröhlich, und sie war auch die beste Studentin an der Uni. Einmal lud mich meine neue Freundin zu einem Jugendtreffen ein, das jeden Monat stattfand, und diesmal nahm ich die Einladung an. Ich beobachtete alles sehr genau und stellte fest, dass »die von der Gemeinde« ganz anders waren, als ich es vom Hörensagen wusste. Ich beschloss, ihnen zu vertrauen.

Am nächsten Sonntag ging ich erstmals mit meiner Nachbarin in den Gottesdienst. Ich hatte das Gefühl, mich zwischen Engeln zu befinden. Ich hörte zum ersten Mal eine Predigt, und alles schien mir so, als ob es extra für mich gesagt würde. Als die Anwesenden anfingen zu singen, traf es mich tief ins Herz. Nach dem Gottesdienst kamen viele Leute auf mich zu, um mich kennenzulernen. Mir schien es, als hätte ich in meinem ganzen Leben noch nie so freundliche Leute getroffen.

An diesem Abend erklärte mir meine Nachbarin, was Bekehrung ist, und ich setzte das noch am selben Abend in die Tat um. Ich fing mit meiner Nachbarin an, das Johannes-Evangelium zu lesen. Und allmählich begann ich zu verstehen, wie sehr Gott mich liebt und wie er mich vor allen Angriffen Satans schützen kann. Jetzt verstand ich, woher die Gedanken an Selbstmord gekommen waren. Aber jetzt wurde alles anders: Ich begann, ein Ja zu meinem Leben zu finden und meine Mitmenschen zu lieben. Etwa zwei Jahre später, am 2. Juli 1998, ließ ich mich nach reiflicher Überlegung taufen. Das geschah in einem weißen Taufkleid und durch vollständiges Untertauchen. Die Taufe war für mich eine Bestätigung, dass es keinen Weg mehr zurück in mein altes Leben gab, dass mein Leben in Gottes Hand ist und dass ich von nun an nur nach vorne schauen durfte.

Mut zum Bekenntnis

Als ich im fünften Semester war (1998), wohnte ich mit noch zwei gläubigen Studentinnen in einem Zimmer. Wir gingen zusammen in die Gemeinde, in den Bibelkreis und in die Jugendgruppe. Wir evangelisierten überall: auf der Straße, in den Parks, in den Bussen. Wir empfanden es als große Freude und als großen Segen, wenn wir mit jemandem über Jesus reden konnten. Im Heim kannte kaum jemand unsere Namen, für die meisten waren wir nur einfach »die Baptisten«. Unsere Heimleiterin glaubte nicht an Christus. Der persönliche Kontakt zu ihr war aber dennoch sehr gut, weil sie nach ihren eigenen Aussagen bis dahin schon sehr gute Erfahrungen mit anderen Christen gemacht hatte.

Die Orthodoxen feiern Weihnachten am 7. Januar, und dieser Tag ist in Kirgisien ein gesetzlicher Feiertag, weil hier nicht nur Muslime, sondern auch russisch-orthodoxe Christen leben. Wir beschlossen, an diesem Tag eine große Evangelisation in unserem Heim durchzuführen. Einige Brüder aus der Gemeinde wollten kommen und uns dabei helfen. Wir holten uns von der Heimleiterin die Erlaubnis für dieses Vorhaben und begannen dann, Studenten dazu einzuladen. Der Tag der Evangelisation begann mit dem Jesus-Film. Während der anschließenden Predigt kamen ein paar offizielle Vertreter von der Universität und forderten von unseren Brüdern Papiere, die sie als Mitglieder »legaler Gemeinden« ausweisen sollten. Da unsere Brüder keine derartigen Papiere dabeihatten, mussten sie ihre Predigt abbrechen. Selbstverständlich schrieben sich die Verantwortlichen die Namen der Organisatoren dieser Veranstaltung auf. Dazu gehörten wir drei (meine beiden gläubigen Mitstudentinnen und ich) sowie auch unsere Heimleiterin.

Am nächsten Tag wurden wir vor den obersten Leiter aller Heime gerufen, weil wir uns für die Organisation der Evangelisation verantworten sollten. Auf dem Rückweg mussten wir eine Entscheidung treffen: Wollten wir uns weiter zu Jesus bekennen (egal, was da kommen würde), oder wollten wir ihn verleugnen, um unsere Haut und unseren Studienplatz zu retten? Erstaunliches geschah: Eine meiner gläubigen Mitbewohnerinnen hatte sich rechtzeitig aus dem Staub gemacht, aber unsere ungläubige Heimleiterin erklärte, dass sie hinter dieser Sache stehe, »selbst wenn sie von ihrem Posten zurücktreten muss«. So erhielten meine Freundin *Sofia* und ich ausgerechnet von der Seite Unterstützung, von der wir sie eigentlich am wenigsten erwarten konnten.

Meine Freundin und ich wurden dann zum stellvertretenden Rektor der Uni bestellt. Bevor wir uns auf den Weg machten, beteten wir und stellten uns innerlich darauf ein, unseren Glauben treu zu bekennen. Es war mir klar, dass diese Entscheidung den Verlust meines Studienplatzes bedeuten konnte und dass jetzt alles auf dem Spiel stand, was ich mir mit viel Mühe erarbeitet hatte. Diese Entscheidung fiel mir wirklich nicht leicht.

Der Stellvertreter des Rektors fragte uns, warum wir an Jesus und nicht an Allah glaubten. Das gab uns die Gelegenheit, ihm in einem netten Gespräch von Jesus zu erzählen. Im Verlauf dieses Gesprächs fragte er, ob wir nicht über den Koran zu Gott kommen könnten. Er behielt den Jesus-Film und die Bücher zur Überprüfung. Lange warteten wir auf den Bescheid, ob wir an der Uni bleiben durften oder nicht. Aber nichts änderte sich, wir studierten weiter wie bisher. Ein paar Wochen später erhielten wir die Nachricht, dass dieser Mann verstorben sei. Uns blieb die Hoffnung, dass er vielleicht vor seinem Tode noch den Film angeschaut oder die Bücher gelesen hatte. Vielleicht ist diese für uns brenzlige Situation gerade ihm zum Heil geworden. So blieben wir an der Uni und erlitten keinen Schaden, und auch die Heimleiterin arbeitet noch bis heute in demselben Heim. Wir erfuhren am eigenen Leib: Gott hat immer Wege, seine Kinder zu beschützen.

Gott überrascht uns oft

An der Universität lernten wir nicht nur deutsche Sprache und Literatur, sondern auch Landeskunde. In mir wuchs die Sehnsucht, mit eigenen Augen die Dinge zu sehen, von denen wir lasen, und ich wollte es selbst erleben, was in den Büchern geschrieben war. Noch etwas zog mich nach Deutschland: Ich wollte die Gläubigen dort kennenlernen, denn ich stellte mir vor, dass die Leute in Europa allesamt vor Eifer für ihren Gott glühten. Manchmal kamen Prediger in unsere Gemeinde, und sie begeisterten mich mit ihren Bibelkenntnissen. Ich gelangte zu der Ansicht, dass wohl alle Leute in Europa so sein müssten. Ich war fest entschlossen, dorthin zu gehen, aber ich wusste keineswegs, wie ich das anstellen sollte. Vier Jahre lang betete ich für dieses Anliegen, und dann half mir Gott auf seine Weise.

Als ich eines Tages auf eine Hochzeit eingeladen wurde (1999), traf ich einen Mann, der Mitglied des Internationalen Austauschdienstes für Studenten war. Er schlug vor, ich solle mich doch für das Auswahlverfahren bewerben. Ich beschloss, es zumindest zu versuchen. Am Tag der Prüfung sah ich mich mit Erstaunen meiner eigenen Professorin als Prüferin gegenüber. Ich beantwortete ihre Fragen und verließ dann in großer Verwirrung das Prüfungszimmer. Zuversicht und Verzweiflung kämpften in mir das ganze Wochenende lang um die Oberhand. Der Montag brachte endlich die Gewissheit. Als ich zum Hörsaal kam, gratulierten mir meine Mitstudenten, und nach der Vorlesung beglückwünschte mich sogar meine Professorin. Von den fünf Plätzen, um die sich 50 Studenten beworben hatten, hatte ich einen gewinnen können.

Zum Schluss fand noch ein unerwarteter Dialog zwischen meiner Professorin und mir statt.

»Ich habe gehört, dass du in eine Sekte gehst«, sagte sie.

»Das ist keine Sekte. Ich glaube an Jesus Christus als meinen Erlöser und gehe in eine Gemeinde«, korrigierte ich sie.

»Was ist das für eine Gemeinde?«, wollte sie wissen.

»Sie nennen sich ›Baptisten‹«, erwiderte ich.

»Du wirst doch nicht etwa in Deutschland evangelisieren?«, fragte sie.

»Die Leute in Deutschland sind doch schon alle gläubig«, fügte ich hinzu.

»Weißt du, ich entscheide selbst, wem ich erlaube, nach Deutschland zu fahren. Ich habe noch eine Kandidatin, aber ich habe mich extra für dich entschieden. Aber wenn du nicht willst, kann ich auch jemand anderen schicken«, meinte sie.

»Dass Sie sich für mich entschieden haben, das kommt von Gott«, sagte ich selbstsicher.

Eigentlich war das genau die Antwort, die sie überhaupt nicht von mir hören wollte. Aus Gründen, die sie mir bis heute nicht erklären kann, konnte sie nichts mehr darauf erwidern. So sehen Gottes Wunder aus, und ich dankte ihm dafür.

Wo ich Antworten fand

Als ich neu bekehrt war, bewegten mich viele Fragen: Kann ich wirklich Jesus nachfolgen? Würde ich ihn selbst unter Verfolgung treu bekennen? Ist das Christentum wirklich der einzige Weg zu Gott? Wenn ja, was würde dann aus meinen Eltern und Geschwistern und aus den Angehörigen meines Volkes, wenn sie Jesus nicht annahmen, weil sie ihn nicht wirklich kannten? Fragen über Fragen bedrückten mich, aber Gott schickte mir Hilfe.

Sie kam in Form eines Buches von Prof. *Werner Gitt* (»Fragen, die immer wieder gestellt werden«). Ich bekam das Buch in der Bibliothek in der Gemeinde, und es war sogar in kirgisischer Sprache. Das Buch half mir, auf viele meiner Fragen eine Antwort zu bekommen. In diesem Buch hat der Autor nur solche Fragen beantwortet, die ihm hier und da wirklich gestellt wurden. Da viele Leute auf ähnliche Fragen stoßen, war es nicht verwunderlich, dass auch alle meine Fragen darin vorkamen. In mir wuchs der Wunsch, einmal mit dem Autor zu sprechen. Aber wie sollte es möglich sein, war es nicht einfach nur ein Traum? Mein Deutsch war noch nicht gut genug, um einen Brief zu schreiben. Außerdem lebte ich auf dem einen Kontinent, er auf einem ganz anderen. Wahrscheinlich würde er auf einen Brief von mir gar nicht antworten.

Mein weiterer Weg
Ein Jahr später (2000) war ich dann tatsächlich in Deutschland. Eine Schwester aus der Lüneburger Gemeinde machte mir Mut, diesen lange aufgeschobenen Brief doch endlich zu schreiben. Sie besorgte mir sogar Prof. *Gitts* Adresse. Mein Brief ging also an ihn – und siehe da, überraschend schnell kam seine Antwort. Ein Jahr lang hielten wir Briefkontakt, dann kehrte ich wieder nach Hause zurück, und der Kontakt brach ab. Fünf Jahre später kam dann ein Brief von Prof. *Gitt* mit der Frage, ob ich ein Traktat ins Kirgisische übersetzen könne. Für mich war das eine deutliche Antwort auf mein Gebet um Klarheit, ob ich Gott als Übersetzerin dienen sollte oder nicht. Mit Freuden nahm ich Prof. *Gitts* Bitte als Auftrag Gottes an mich an. Inzwischen habe ich die vier Traktate »Wie komme ich in den Himmel?«, »Wer ist der Schöpfer?«, »Wunder der Bibel« und »Reise ohne Rückkehr« ins Kirgisische übersetzt.

Als ich von Lüneburg wieder nach Kirgisien zurückgekehrt war, musste ich noch ein Jahr studieren, damit ich mein Studium beenden konnte. Nach dem Studium (2002) arbeitete ich im deutschsprachigen Kindergarten »Sonnenblume« als Erzieherin. Ein halbes Jahr darauf wurde mir klar, dass dies nicht die Arbeit war, die ich ein Leben lang tun wollte. Ich hatte die Absicht, mich weiterzuentwickeln, aber im Kindergarten war das nicht möglich. Ich habe den Dienst zwar gerne gemacht und dabei gute Erfahrungen sammeln können, aber am Abend fragte ich mich immer wieder: »Wie lange noch?«

Es war im Jahre 2003, als das Reisebüro »Kyrgyz Concept« für verschiedene fremdsprachige Reisebegleiter eine Schulung durchführte. Danach gab es aber nur für eine Person die Möglichkeit, als Reisebegleiter/in eingestellt zu werden. Erstaunlicherweise wurde gerade ich nach einer auf Deutsch gehaltenen mündlichen Prüfung angenommen. Ich konnte es kaum glauben, denn bei der Schulung gab es etliche Teilnehmer, die die deutsche Sprache sehr gut beherrschten. Ich war erneut erstaunt über Gottes wunderbares Eingreifen. Da die meisten Touristen entweder im Frühling oder im Herbst kamen, hatte ich noch genug Zeit für eine andere Beschäftigung. Ich begann eine Tätigkeit als Sekretärin bei der christlichen Organisation »Logos«. Dort hat es mir sehr gut gefallen. Aber aus einem bestimmten Grund wollte ich wieder das Land verlassen; denn während meiner Arbeit merkte ich, dass ich meine Deutschkenntnisse noch vertiefen musste. Meine Liebe zur deutschen Sprache wuchs immer mehr.

2005 begann ich mein Germanistik-Studium in Salzburg (Österreich), das ich mittlerweile beendet habe. Dieses Studium war für mich nicht leicht, aber die Professoren haben mich sehr unterstützt. Außerdem standen mir viele Freunde mit Rat und Tat zur Seite. Sie haben für mich gebetet, mich immer wieder ermutigt und meine Arbeiten korrigiert. In dieser Zeit konnte ich das wunderbare Land Österreich kennenlernen und sehr freundliche Leute ins Herz schließen. Alles, was während meines Aufenthaltes in Österreich geschehen ist, habe ich an erster Stelle Jesus zu verdanken.

Was sich für mich verändert hat

Bevor ich Jesus kannte, war der Tod mein großer Albtraum. Es gab in meinen Augen nichts Realeres als den Tod, und ich wusste, er macht vor keinem Halt: nicht vor Armen, nicht vor Reichen, nicht vor »Guten«, nicht vor Bösen, nicht vor Schönen, nicht vor Hässlichen. Sie alle müssen irgendwann einmal sterben, und diese Gewissheit trieb mich zur Verzweiflung und zu Selbstmordversuchen.

Aber durch die Bibel lernte ich eine erstaunliche Tatsache. Jesus sagt in Johannes 5,24: »Wahrlich, wahrlich, ich sage euch: Wer mein Wort hört und glaubt dem, der mich gesandt hat, der hat ewiges Leben und kommt nicht ins Gericht, sondern er ist aus dem Tod in das Leben übergegangen.«[49] Das bedeutet, dass ich das ewige Leben bereits jetzt habe. Das bedeutet aber auch, dass es mir niemand außer Jesus schenken kann – mir, die ich es nicht verdient habe. Und es bedeutet, dass es mir niemand mehr nehmen kann. Ich bin sozusagen versichert! Und das veränderte meine Einstellung zu Tod und Leben um volle 180 Grad.

Den Tod brauche ich nicht mehr zu fürchten! Das Leben begann ich zu lieben: Ich lernte, mich selbst anzunehmen und auch meinen Nächsten zu lieben. Die Welt und das Leben auf der Erde wurden auf einmal sehr spannend und gar nicht mehr langweilig, denn ich begann allmählich, mein Dasein und Gottes riesigen Plan für mein Leben zu begreifen. Viele kleine Puzzleteile meines Lebens veränderten sich: Ich fing an zu akzeptieren, wie

---

49 Zitiert nach der RELB.

ich bin und wie die anderen sind, weil Psalm 139 mir zu verstehen half, wie Gott selbst jeden Einzelnen von uns kennt.

Ich wusste jetzt, wem ich mein Leben anvertrauen konnte: nicht meinen Mitmenschen, sondern Jesus allein. Dort ist es sicher, denn die Bibel sagt, dass uns nichts und niemand aus seinen Händen reißen kann. Ich sah jetzt deutlich die Wunder, die Jesus schon an mir getan hatte, und die Türen, die er in meinem Leben schon geöffnet hatte. Und ich fühle mich heute wie ein Diamant in Gottes Händen, den er immer wieder schleift, weil er einen ganz bestimmten Plan mit ihm hat.

2010 lernte ich *Mike Radecke*, einen Schweizer aus Winterthur, kennen. Am 7. Oktober 2011 heirateten wir standesamtlich, und am 5. Mai 2012 stellten wir unsere Ehe bewusst unter den Segen Gottes. Es war unser Wunsch, dass *Werner Gitt* uns traut und auch die Traupredigt hält. Dem stimmte er gerne zu. Als Trauspruch wählten wir Kolosser 3,14: »Wichtiger als alles andere ist die Liebe. Wenn ihr sie habt, wird euch nichts fehlen. Sie ist das Band, das euch verbindet.«[50]

Farida Radecke (geb. *Satybekova* [Kirgisin]), 2011.

Farida Radecke (geb. *Satybekova,* ursprünglich Kirgisien), 8404 Winterthur (Schweiz)

---

50 Zitiert nach der Bibelübertragung »Hoffnung für alle«.

Zeugnis aus Amerika

VW-Z9: Wenn Gott zwei Menschen zusammenbringt (gi)

Vom 5. bis 30. März 2005 war ich auf einer Vortragsreise in Brasilien[51], und zwar in den drei Südstaaten Santa Catarina, Paraná und Rio Grande do Sul. Unvergesslich ist mir die mehrstündige Autotour vom 20. März, eine Fahrt durch außergewöhnlich schöne Landschaften hindurch, von Blumenau nach Curitiba mit dem Ehepaar *Helen* und *Werner Kohlscheen*. *Helen* erzählte dabei sehr ausgiebig und begeistert, wie Gott sie mit *Werner* in so ganz besonderer Weise zusammengeführt hatte. Diese Geschichte vermittelte sie derart lebendig und spannend, dass ich als Zuhörer immer mehr den Eindruck gewann, als hätte sich das alles erst vor ein paar Tagen abgespielt. Mich faszinierte diese ausgefallene Liebesgeschichte so sehr, dass ich diese beiden lieben Menschen darum bat, jeder solle doch einmal die Erlebnisse aus seiner Perspektive schriftlich formulieren. Ich würde das Ganze irgendwann einmal in einem Buch publizieren. Viele junge Leute stehen vor demselben Problem und haben die brennende Frage: Wie finde ich den richtigen Ehepartner? Würden wir hundert glückliche Ehepaare darüber befragen, kämen hundert verschiedene Varianten heraus. Wenn es schon bei den Schneeflocken keine Kopien gibt, wie viel mehr bei der Vielfalt unserer Lebenswege. Und doch gibt es unter den vielen einige Beispiele, anhand derer wir sehr Grundlegendes lernen können, das sich verallgemeinern lässt. Dazu gehört insbesondere, wie wir uns in dieser Situation von Gott führen lassen können. *Helen* und *Werner* haben diese Führung in so wunderbarer Weise erlebt,

---

51 Die Vortragsreise nach Brasilien führte mich in zeitlicher Reihenfolge zu den folgenden Orten: Colônia Witmarsum, Curitiba, Mato Preto, Blumenau, Porto Alegre, Colônia Nova.

dass es sich lohnt, ihre Glaubens- und Liebesgeschichte einmal lesend nachzuempfinden.

Z9a: So gaben wir uns einander das Jawort *(Helen)*

Der Bitte von *Werner Gitt*, einmal aufzuschreiben, wie wir in jungen Jahren Gottes klare Führung erlebt haben, kommen wir hiermit gerne nach. Es war uns eine sehr große Freude und Bereicherung, *Werner Gitt* einmal persönlich kennenzulernen. Er besuchte unsere Gemeinde in Blumenau im südbrasilianischen Bundesstaat Santa Catarina und hielt hier einige Vorträge. Wir hatten von ihm schon gehört und gelesen und kannten auch einige seiner Bücher. Was uns an ihm in der Begegnung persönlich besonders beeindruckte, war sein demütiges, freundliches Auftreten und die Art, wie dieser begabte Diener Gottes sich im Umgang mit den Menschen und in der Verkündigung verhielt. Seine drei Abende in unserer Gemeinde waren informierend, evangelisierend, kostbar. Am ersten Abend, als wir schon im Bett waren, begann ich, das Buch »Wenn Tiere reden könnten« zu lesen. Nachdem ich die erste Geschichte zu Ende gelesen hatte, war mein lieber Ehemann schon eingeschlafen. Doch ich fand diese Erzählweise des kleinen Spatzen so köstlich, dass ich ihn wecken *musste*: »*Werner*, du kannst noch nicht schlafen, ich muss dir unbedingt etwas vorlesen.« Und schon begann ich, ihm aus der »Spatzenperspektive« vorzulesen. Ob *Werner* allerdings den Schluss noch gehört hat, weiß ich nicht.

Wir fuhren dann unseren lieben Gast nach Curitiba zu weiteren Diensten. Auf dieser Fahrt von etwa 200 Kilometern hatten wir Zeit, uns über einiges auszutauschen. Da fragte er spontan nach: »Könnt ihr nicht einmal eure faszinierende Geschichte« – wie er unsere Liebesgeschichte nannte – »aufschreiben?« Ja, unsere

Geschichte war wirklich nicht alltäglich – ein Brasilianer und eine Schweizerin fanden sich mit Gottes Hilfe und heirateten. So begann das dankbare, frohe Erzählen:

Unsere Familie

Aufgewachsen bin ich in einer überaus netten Familie in Romanshorn am Bodensee (Schweiz) als drittes von sechs Kindern. Geboren wurde ich am 26. Mai 1945 in Reute/Aargau im deutschsprachigen Teil der Schweiz. Unsere Eltern arbeiteten hart, um uns eine gute Erziehung und Ausbildung zu geben und uns ein Zuhause zu bieten, wo wir warmherzig umsorgt wurden. Mein Vater besaß eine gut gehende Zimmerei und Schreinerei. Jedes Wochenende unternahmen unsere Eltern etwas mit uns, und wenn es auch nur ein Spaziergang am Bodensee war. Danach spielten wir zusammen noch verschiedenste Tischspiele, die unser Vater zum Teil selbst erfand. Jahrelang sind wir im Sommer immer wieder freitagabends aufgebrochen, um irgendwo in der Schweiz zu zelten und neue Gegenden kennenzulernen. Manchmal fuhren wir in eine einfache Ferienwohnung nach Grindelwald, um dort zwei Wochen lang fast täglich Bergtouren zu unternehmen. Am zweiten Tag hatten wir jeweils solchen Muskelkater, dass wir nicht mehr mitmachen wollten. Doch unser Vater konnte uns immer wieder begeistern – und wir haben es nie bereut, dass wir mitgegangen sind, auch wenn wir dazu schon morgens um vier Uhr aufstehen mussten. Daran haben wir schöne Erinnerungen, weil wir dadurch unsere Heimat gut kennenlernten.

Unsere Eltern waren Namenschristen, dennoch gingen sie einige Male pro Jahr zum Gottesdienst, also nicht nur zu Weihnachten und Ostern. Unsere Mutter begann irgendwann, nach dem Sinn des Lebens zu fragen. Sie sagte sich: Das kann doch nicht der Sinn des Lebens sein, Kinder in die Welt zu setzen, sie zu anständigen

Menschen zu erziehen, dann alt zu werden und schließlich zu sterben. So wurde sie suchend, und Gott führte es, dass sie von einer Frau aus der weiteren Nachbarschaft in eine lebendige evangelische Gemeinde eingeladen wurde. Schon beim ersten Gottesdienst merkte sie, hier würde sie genau das finden, was sie jahrelang gesucht hatte. Nach drei Wochen bat sie den Prediger um eine Aussprache. Dieser erklärte ihr den Heilsweg, und meine Mutter nahm Jesus als ihren persönlichen Herrn an. Sie kam ganz froh und innerlich bewegt nach Hause und erklärte uns allen, was mit ihr geschehen war. Von da an versäumte sie keine Bibelstunde und auch keinen Gottesdienst. Und wir alle merkten, wie sie innerlich froh und frei geworden war. Natürlich war es ihr ein Anliegen, dass auch mein Vater und wir Kinder dieses Glück finden sollten. So nahm sie uns Kinder mit in die Sonntagsschule der Chrischona-Gemeinde. Mein Vater ging aber noch jahrelang weiter in die traditionelle reformierte Landeskirche. Wir vier älteren Kinder kamen in einem Jugendlager zum persönlichen Glauben an Jesus, später nahmen auch die zwei Jüngsten Jesus an. Für uns alle war es ein unvergessliches Erlebnis, als dann unser Vater nach vielen Jahren auch zu Jesus fand und von da an ein bekennender Christ und Geschäftsmann wurde.

Lehre und Beruf

Nach meinem Schulabschluss machte ich eine kaufmännische Lehre in unserem Wohnort. Am Wochenende waren wir Geschwister immer in der Gemeinde anzutreffen, samstags beim Jugendabend und sonntags im Gottesdienst. Zusammen organisierten wir auch viele Straßeneinsätze, um den Menschen ein Traktat weiterzugeben oder Lieder zu singen. Nach dem bestandenen Lehrabschluss führte mich Gott in eine psychiatrische Privatklinik in Riehen bei Basel, wo ich sämtliche Büro- und Arztsekretariats-Arbeiten zu erledigen hatte. Beim Schreiben der ausführlichen Krankengeschichten lernte ich viel für mein späteres Leben. Es war für mich auch selbstverständlich, in der dortigen Gemeinde in der Jungschararbeit, im Chor und im Jugendbund mitzuhelfen. Die Jahre dort wurden entscheidend und überaus wertvoll für mein Glaubensleben. Bis heute verbinden mich liebevolle Bande zu jener Gemeinde.

Mein Geheimnis mit Gott

Im Blick auf eine spätere Heirat gab es schon relativ früh »Anwärter«, doch ich wollte noch nichts wissen von einer Verbindung zum anderen Geschlecht. Ich wollte die Jugendzeit genießen, und vor allem war es mir ein tiefes Anliegen, einmal nur mit dem Mann ein Verhältnis anzufangen, den Gott für mich bestimmt hatte. So betete ich immer wieder mal um klare Führung Gottes auf diesem Gebiet: »Herr, wenn ich heiraten soll, dann muss ich es von dir her hundertprozentig wissen, wer derjenige ist. Bitte gib mir dann diese Gewissheit.«

Daneben hatte ich mir noch vorgenommen, es sollten drei weitere, sehr konkrete Bedingungen erfüllt sein. Dieses Geheimnis hatte ich mit Gott allein. Darum habe ich diese festen Vorstellungen niemandem sonst, auch nicht meiner Mutter, anvertraut:

- Für mich kam nur ein entschieden Gläubiger infrage, der auch Bildung und Anstand hatte.

- Er sollte zuerst meine Eltern fragen, ob sie mit einer Heirat einverstanden wären.

- Und da ich mich selber aufbewahrte für meinen zukünftigen Mann, erwartete ich auch von ihm, dass ich die erste Frau in seinem Leben wäre. Er sollte also nie ein Verhältnis mit einer anderen gehabt haben. Diesbezüglich war ich ziemlich anspruchsvoll.

Im Laufe der Jahre, auch während meiner nachfolgenden Bibel-schulausbildung, bekam ich einige Anfragen von gläubigen Män-nern. Doch bei jedem wusste ich irgendwie, dass es nicht »der Richtige« war. Als meine Freundin erfuhr, dass ich auch einem gläubigen Arzt eine Absage gegeben hatte, verstand sie mich nicht mehr. Sie fragte mich entsetzt: »Worauf wartest du denn noch?« – »Ich warte auf *den* Mann, von dem ich weiß: Von Gott her ist es ›der Richtige‹.«

O welch ein Herr! Gott hat mir in *Werner* den Mann geschenkt, der all diese drei Herzenswünsche erfüllt hat! »Habe deine Lust am HERRN; der wird dir geben, was dein Herz wünscht« (Ps 37,4).

Besuch der Bibelschule
In die Chrischona-Bibelschule war ich 1966 eingetreten. Es war mir sehr schwergefallen, meine höchst interessante, mir lieb gewordene Arbeitsstelle in der Privatklinik und auch in der Mut-terhaus-Buchhaltung aufzugeben. Doch wusste ich schon etwa sechs Jahre lang, dass Gott mich in der Mission einsetzen wollte. Dies war mir seit einem Missionsabend in unserer Gemeinde in Romanshorn klar geworden. Nach jenem eindrücklichen Abend wäre ich am liebsten gleich ausgereist, denn die kaufmännische Lehre war mir gerade ein wenig über geworden. Doch – Gott sei es heute noch gedankt – meine Mutter bremste mich in die-ser Euphorie und verlangte, dass ich meine Ausbildung beenden müsse, denn Gott sei nicht mit halben Sachen zufrieden. Spä-ter hätte ich am liebsten diesen Ruf Gottes über Bord geworfen, weil ich Angst vor einer ungewissen Zukunft hatte und mich unfähig fühlte, Missionarin zu werden. Von mir aus wäre ich nie ins Ausland gegangen! Aber Gottes Ruf ließ mich nicht mehr los. In all den insgesamt sechs Jahren versuchte ich, mit Gott zu »verhandeln«, denn ich wollte meine Heimat mit all dem

mir Liebgewonnenen nicht verlassen. Zudem war ich ein großes »Heimwehkind«. So »bot« ich Gott »an«, er möge doch meinen begabteren Bruder senden, nach dem Motto: »Herr, hier bin
ich, aber sende lieber meinen Bruder, der könnte dir besser dienen!« Gott rief ihn dann tatsächlich in seinen hauptamtlichen
Dienst. Er ist heute noch Verkündiger des Wortes Gottes und
Seelsorger in einer Gemeinde in Basel. Dann schlug ich meine
ältere Schwester vor, die mit Leichtigkeit Fremdsprachen lernte,
ganz im Gegensatz zu mir. Gott sandte auch sie in den Missionsdienst. Ihr Mann und sie waren zuerst zehn Jahre Missionare in
Italien. Seither sind sie in der Leitung einer Mission. Sie wohnen jetzt bei Zürich. Mitten in diesem Kampf bot mir meine
Oberschwester und Vorgesetzte an, doch bei ihnen in der Klinik zu bleiben, es komme ja für Gott nicht darauf an, ob ich in
der inneren oder äußeren Mission arbeite, und sie würden mich
doch sehr brauchen und gerne behalten. Die Klinik gehört zum
Diakonissenhaus Riehen. Wie gerne wäre ich in der Schweiz
geblieben! Welch eine Versuchung für mich! Doch ich konnte
dem Ruf Gottes, ins Ausland zu gehen, nicht ausweichen.
Auch fand ich es unfair, meine jüngeren Geschwister »hinaus-
zubeten«. Nach vielen Tränen und Kämpfen, auch noch in der
Bibelschulzeit, hatte mich Gott dann endlich so weit, bereitwillig
zu sagen: »Hier bin ich, sende *mich*« (Jes 6,8). Seither weiß ich,
Gott schenkt einem gehorsamen Herzen echte Freude und Frieden. Zwar sind damit die Kämpfe und Anfechtungen nicht zu
Ende – doch das Herz ruht in Gott und seinem Willen.

Ein Traum von Gott

In meinem letzten Bibelschuljahr hatte ich Ende des ersten
Semesters, es war im November 1967, einen sehr eindrücklichen Traum über eine Reise mit der Bibelschule. (In Wirklichkeit war es damals unvorstellbar, dass Männer und Frauen
gemeinsam eine Schulreise unternahmen.) Obwohl ich sonst auf

Träume nicht viel Wert lege, hatte mich dieser Traum mitten in der Nacht aufgerüttelt, sodass ich früh wach wurde und mich ziemlich verwirrt fragte:»War das jetzt Traum oder Wirklichkeit?« Ich stand auf, nahm mein Tagebuch und meine Bibel und stieg in den oberen Stock des Bibelschulwohnhauses. Dort »verkroch« ich mich bis zum Morgen in einem Gebetskämmerchen und schrieb den Traum auf:

Wir – die Seminaristen und Bibelschülerinnen – waren auf einer gemeinsamen Schulreise. Auf dieser Bergtour mussten wir in Einerkolonne auf einem Bergkamm gehen. Vor mir ging mein zukünftiger Mann, ein deutschstämmiger Brasilianer, den ich aber nur flüchtig als Studienfreund und Zimmerkollegen meines älteren Bruders kannte. Hinter mir war eine von mir hochgeschätzte Bibelschülerin. Da fragte mich dieser Seminarist, ob ich seine Frau werden wolle. Bevor ich – immer noch im Traum – eine Antwort geben konnte, sagte mir jene Bibelschulfreundin:»*Helen*, wenn du diesem Mann *auch* ein NEIN gibst, machst du den größten Fehler deines Lebens.«

Mit diesem Satz im Ohr war ich erwacht. Ich war ganz durcheinander und betete dann:»Gott, bitte lass mich diesen Mann während der nächsten Woche nicht sehen, sonst weiß ich nicht, wie ich ihm begegnen soll.« So geschah es auch. Später konnten wir das Datum vergleichen: Diesen Traum hatte ich genau in jener Nacht, als *Werner* mit einigen Brüdern auf den Knien lag und Gott bat, er möge mich innerlich auf seine Anfrage vorbereiten.

Ein Brief und seine Folgen
In den darauffolgenden Weihnachtsferien (1967) fuhr ich nach Hause. Ich war ziemlich ferienreif und bat meine Mutter, sie möge mich doch bitte ausschlafen lassen. Was geschah? Am anderen Morgen weckte sie mich ziemlich früh und gab mir einige

Briefe. Unter anderem war ein blauroter Luftpostumschlag dabei. Darauf stand nur mein Name: Frl. *Helen Sturzenegger*. Doch gleich wusste ich, *wer* ihn geschrieben hatte und *was* darin stand! Warum wohl? Ich weiß es nicht! Klar, dass ich zuerst tief durchatmen musste. Dann rief ich zu Gott und bat ihn um Weisung und Kraft. Meine Mutter war mit einem Schmunzeln auf dem Gesicht wieder aus dem Zimmer gegangen. Beim Lesen klopfte mein Herz schneller als normal! Innerlich wusste ich: *Das* ist der Mann! Obwohl ich ihn kaum kannte und schon gar nicht wusste, ob ich ihn je lieben würde! Ich suchte im Wort Gottes nach Weisung. Und was fand ich in der täglichen Bibellese? Es war die Geschichte von Ruth und Boas. Nach etwa zwei Stunden Stille und Sammlung, in denen ich mich innerlich ein wenig beruhigt hatte, ging ich endlich in die Stube. Dort warteten Mama und mein ältester Bruder auf mich und waren nun sehr gespannt, was ich wohl sagen würde! Noch heute sehe ich die »spitzbübischen« Augen meines Bruders vor mir! Ich reagierte, wie ich normalerweise immer reagiere, wenn ich mich überrumpelt oder überrascht fühle: Ich gehe zuerst in Abwehrstellung. Sie fragten mich, was ich auf diesen Brief antworten würde. Meine spontane Antwort: »Ich schreibe ›Nein‹«, aber innerlich wusste ich, dass dies falsch wäre. Dann besprachen wir die Lage. Mama sagte mir, *Werner* habe an sie einen Brief geschrieben und darin gebeten, mir den Brief nur dann auszuhändigen, wenn sie als Eltern ein Ja zu diesem Weg hätten. Wenn nicht, sollten sie seinen an mich gerichteten Brief gleich zurückschicken. Mama bekannte: »Ich habe schon zwei Jahre dafür gebetet!« Und mein Bruder wusste es auch schon länger und hatte kein Sterbenswörtchen gesagt, obwohl *Werner* ihn vor den Ferien noch gebeten hatte, mich auf die Anfrage vorzubereiten. Im Moment wusste ich nicht, ob ich meinem Bruder nun böse sein oder (wie er es tat) einfach schmunzeln sollte! Ich entschied mich für Letzteres.

Natürlich wühlte mich diese Anfrage innerlich sehr auf, denn jetzt hieß es für mich ganz praktisch, die Zelte abzubrechen und aufzubrechen in Richtung Mission. Obwohl ich es schon sechs Jahre lang wusste, Gott wollte mich in die Mission schicken, kam mir nun alles doch ein wenig zu schnell. Andererseits war ich sehr dankbar über Gottes Führung in meinem Leben, auch über seine Gewissheit und sein Wort, das mich in jenen Tagen besonders ansprach. Mama hatte immer schon gesagt: »Ich bin überzeugt davon, dass du nicht allein ausreisen wirst!« So schrieb ich *Werner* dann zwei Tage später, als ich innerlich ein wenig zur Ruhe gekommen war, meine Zusage. Für ihn war das mehr als ein Weihnachtsgeschenk, nämlich eine klare Führung Gottes und Antwort auf viele Gebete.

Dann kam die große Prüfung. Wir waren beide auf dem gleichen Seminar, und da galt die Regel, dass ein Bruder während der Studienzeit kein Verhältnis mit einer Bibelschülerin anfangen durfte. Ich fand das völlig richtig und dachte darum, nie einen Bruder zu heiraten, der diesem »Gesetz« nicht gehorsam ist. *Werner* hatte aber darüber schon mit dem Direktor gesprochen, der großes Verständnis zeigte, zumal die Verantwortlichen im Komitee daran arbeiteten, den »Paragrafen« abzuändern. Der Direktor riet dazu, dass *Werner* mich noch vor Weihnachten fragen solle, damit wir in der Familie noch bewusst das letzte Weihnachten zusammen feiern könnten. Es sei jedoch ratsam, das Verhältnis noch geheim zu halten. Und das über ein halbes Jahr, nämlich bis zur Aussendung von *Werner*! Der Direktor bot uns zwar eine Sonderbewilligung an: Wir könnten uns schreiben, und mein Bruder sollte dazu der »Postbote« sein, mit dem ich ja sowieso fast jeden Tag eine halbe Stunde im Chrischona-Wald spazieren ging. Das wäre niemandem aufgefallen, weil er und *Werner* zudem im gleichen Zimmer wohnten. Doch wir wollten nicht mehr Rechte haben als die anderen

Studenten. Das war nicht leicht! Wie oft habe ich gedacht: ›Du hast einem Mann das Ja fürs Leben gegeben, den du ja noch gar nicht kennst! Du weißt nichts über seine Vergangenheit, seine Familie und seine Ziele.‹ Und wenn ich mein Ja gegeben hatte, dann galt das auch! Zweifel an der Richtigkeit meiner Entscheidung habe ich jedoch nie gehabt. Ich wusste: Das ist vom Herrn, und das machte mich innerlich ruhig. Als ich dann auch noch von unseren Bibelschuleltern, auf deren Urteil ich sehr großen Wert legte, hörte, dass sie sich sehr mit uns über Gottes Führung in unserem Leben freuen, war mir das ein weiteres Zeichen der Richtigkeit meiner Entscheidung. Gott hat dann viel Gnade gegeben für unser letztes Semester, und Ende Mai 1968 war die Abschiedsfeier meiner Bibelschulklasse. Ich sollte in unserem Aussendungsgottesdienst ein Zeugnis sagen und konnte froh bezeugen, es lohnt sich, auf Gott zu hören und ihm gehorsam zu sein. Natürlich habe ich da noch nicht einmal angedeutet, dass ich bereits einem zukünftigen Missionar versprochen war!

Im darauffolgenden Juli (1968) wurden mein älterer Bruder und *Werner* unter dem Segen der Bibelschulverantwortlichen ausgesandt. Unsere ganze Familie nahm an diesem Festtag teil. Wir machten untereinander ab, dass wir, wenn die Reihe an den »Brasilianer« käme, jeder so tue, als ob er uns nicht im Geringsten interessiere! Und es ist gelungen. Denn später sagte mir die Direktionssekretärin: »Wir saßen zu dritt auf der Empore, um speziell deine Familie von vorne beobachten zu können. Wir hatten nämlich abgemacht, dass wir die Familie *Sturzenegger* besonders im Visier haben wollten, denn wir dachten, dass irgendein Bruder der Einsegnungsklasse, der in die Mission geht, doch wohl mit dir zu tun habe, weil du auch in die Mission gehst. An diesem Tag wollten wir herausfinden, wer derjenige sei. Doch wir kamen zu keinem Ergebnis und gingen in diesem Sinne frustriert von der sonst sehr eindrücklichen Einsegnungsfeier weg.«

Der verständnisvolle Direktor hatte für uns beide nach dem Studium noch besondere Arbeitsstellen eingerichtet, sodass wir zwar in verschiedenen Gemeinden, aber nicht weit voneinander arbeiten konnten: *Werner* als Prediger neben einem väterlichen Freund in einer größeren Gemeinde im Kanton Zürich und ich als erste Gemeindehelferin in einer Gemeinde in der Stadt Zürich. Er bat unsere Vorgesetzten, dass sie uns jeweils den Montag freigeben sollten, damit wir uns besser kennenlernen könnten. Das haben sie dann auch mit großem Verständnis und Wohlwollen getan, sodass wir jeden Montag, manchmal auch schon sonntags, zusammen zu meiner Familie nach Romanshorn fahren konnten.

Verlobung und Hochzeit

Als wir uns dann im Oktober 1968 verlobten, gab der Prediger dies im Gottesdienst bekannt. Für alle war es *die* große Neuigkeit – und es ging ein allgemeines »Ah und Oh« durch die Reihen. Bei der Gratulation der Einzelnen nach dem Gottesdienst sagten uns jedoch drei Frauen ganz unabhängig voneinander: »Für uns ist das keine Überraschung, sondern eine Gebetserhörung!« Sie hatten *Werner* schon kennen und schätzen gelernt, weil er ab und zu einen Gottesdienst gehalten hatte, wenn er während seiner Studienjahre mit meinem Bruder zu Besuch bei uns war. Die Aussage der drei Glaubensschwestern war uns eine zusätzliche Bestätigung der Führung Gottes in unserem Leben.

Am 1. März 1969 heirateten wir in meinem Wohnort am Bodensee; der Direktor des Seminars traute uns. Es war ein unvergesslicher Tag mit vielen lieben Gästen, die nette Beiträge zur Feier mitbrachten oder vorführten. Noch heute sagen wir zueinander nach jedem Besuch einer Hochzeit: »Unsere war doch die schönste!« Dann mussten wir – erst zwei Tage vor der Hochzeit wurde uns dies mitgeteilt – zunächst die Überseekisten

Helen und *Werner Kohlscheen* kurz vor ihrer Ausreise aus der Schweiz nach Brasilien, 1969.

packen. Erst danach verbrachten wir einige Tage als Hochzeitsferien in der Einsamkeit der Schweizer Berge, wo uns ein ehemaliger Vorgesetzter von mir sein Ferien-Chalet zur Verfügung
stellte. Es schlossen sich noch verschiedene Abschiedsbesuche an.

Die Ausreise
Noch einmal versuchte der Feind, uns an der Ausreise zu hin-
dern: Ich bekam hohes Fieber. *Werner* eilte ans Telefon, um
unsere Freunde und Beter zur Mithilfe aufzurufen. Unser Gepäck
war schon in Genua, die Schiffspassagen waren bezahlt – und
jetzt sagte die Ärztin, dass ich unmöglich ausreisen könne. Doch
Gott hat wieder Gnade geschenkt, sodass wir einen Monat nach
unserer Hochzeit reisen konnten. Der Abschied von unseren Lieben auf dem Bahnhof Zürich, zu dunkler Mitternacht, war grau-
sam für die Bleibenden und uns, denn von der Mission aus war
uns gesagt worden, erst nach sieben Jahren würden wir den ersten Heimaturlaub bekommen. In Genua stiegen wir auf den
Ozeanriesen *Eugenio C.*, der uns über Neapel und Lissabon in
zehn Tagen nach Rio de Janeiro brachte. In Lissabon gingen wir
zum letzten Mal an Land. Dort beobachteten wir mitten in der
Hauptstadt Portugals einen Mann, der auf einem großen Platz
hin und her sprang und mit einer großen Eisenstange von Hand
die Weichen für die zahlreichen Straßenbahnen stellte. Zuerst
lachten wir über diese altmodische Art, dann aber wurde dies uns
zu einem Gleichnis und inneren Wunsch: Möge Gott uns in Brasilien als Weichensteller im Leben vieler Menschen gebrauchen!

Hier in Brasilien, wo wir nun schon seit etwa 40 Jahren tätig
sind, staunte ich immer wieder, nachdem ich auch die Familie
meines Mannes kennen und schätzen gelernt habe: Gott ist groß!
Wie hat er uns beide, die wir in so verschiedenen Familien und
Ländern aufgewachsen sind, wunderbar geführt und uns innerlich eingemacht!

Wir können weiterhin dankbar bekennen, was wir als unseren Trauspruch gewählt haben: »Der HERR hat Großes an uns getan; des sind wir fröhlich!« (Ps 126,3).

Helen Kohlscheen, Blumenau (Brasilien)

Und nun folgt *Werner Kohlscheens* Bericht:

Z9b: Von Brasilien in die Schweiz und wieder zurück (Werner)

Meinem Lebensbericht möchte ich das Wort aus Sprüche 17,22 voranstellen: »Ein fröhlich Herz macht das Leben lustig; aber ein betrübter Mut vertrocknet das Gebein.«[52]

Der Glaube meines Großvaters

Ein fröhliches Herz hatte Gott *Heinrich Kohlscheen,* meinem von uns allen geliebten und geschätzten Großvater, geschenkt und erhalten. Er hatte sich seinen gesunden Humor bewahrt, auch wenn nicht alle Tage »Sonnenschein, Jerusalem und Halleluja« ist, wie er oft zu sagen pflegte. Opa konnte spannend erzählen, sodass wir seine Berichte über die Erfahrungen mit Gott gewissermaßen »miterlebt« haben. Was Jesus ihm bedeutete und wie er ihm als Familienoberhaupt mit all den Verpflichtungen in geistlicher Hinsicht, als Kolonist und als Bibelstundenhalter von Herzen zu dienen suchte, das hat einen bleibenden Eindruck auf uns vier Enkel und auf viele, die ihn kannten, gemacht. Was fröhliches Christentum ist, das haben wir an ihm gesehen, obwohl er auch schwere Zeiten erlebt und durchlitten hat.

---

52 Zitiert nach Luther 1912.

1914 wurde er, wie auch viele andere, von der Familie weg in den Krieg eingezogen. Der Erste Weltkrieg (1914–1918) war ausgebrochen. Bevor er sich von den Seinen verabschiedete, haben sie noch einmal die Bibel gelesen und sich in schwerer Stunde unter Gottes Wort und Zuspruch gestellt. Ihr Augenmerk fiel auf Psalm 91,7: »Wenn auch tausend fallen zu deiner Seite und zehntausend zu deiner Rechten, so wird es doch dich nicht treffen.«

Dieses Wort nahm Opa als persönlichen Zuspruch, und er sagte zu den Seinen: »Ich werde wiederkommen aus dem Krieg.« Und so war es denn auch. 1918 kam er lebend heim; er war zwar krank und erschöpft, aber die Freude am Herrn stärkte ihn. Dann folgten ungewisse Jahre der galoppierenden Inflation und mancherlei Not. Als er den Versailler Friedensvertrag zur Kenntnis nahm, sagte er:

»Das ist kein Friedensvertrag. Das ist eine neue Kriegserklärung. Es wird in Deutschland wieder Krieg geben. Wir wandern aus nach Südbrasilien. Ich möchte nicht, dass mein Sohn *Johannes* ebenso in den Krieg ziehen muss wie ich. Und außerdem wird es uns in Brasilien nicht schlechter ergehen als zurzeit in Deutschland.«

Auswanderung nach Brasilien
Es vergingen noch einige Jahre, bis die Familie 1924 von Neustadt (im damaligen Kreis Oldenburg/Schleswig-Holstein) nach Joinville im Bundesstaat Santa Catarina auswanderte, um im subtropischen Urwald von Südbrasilien eine neue Existenz aufzubauen. Dort angekommen, kaufte mein Großvater einen Ackerwagen und zwei Pferde. Darauf lud er seine Überseekisten sowie die ganze Familie, und dann fuhren sie 25 Kilometer ins Landesinnere hinein. Unterwegs sangen sie das Lied: »Nur mit

Jesu will ich Pilger wandern, / nur mit ihm geh froh ich ein und aus.« Die Leute am Ankunftsort sagten zueinander: »Da kommen betrunkene Neudeutsche an, die von Landwirtschaft in Brasilien keine Ahnung haben.«

Die Neuankömmlinge ahnten nicht, dass sie bald an Malaria erkranken würden, und machten sich keine Vorstellung davon, wie viel Mühe und Arbeit der Neubeginn im Urwald mit sich brachte.

Obwohl ich erst 16 Jahre später, am 11. Oktober 1940, in Pirabeiraba/Brasilien geboren wurde, haben wir noch etwas von dem einfachen Lebensstil miterlebt. Wir gingen barfuß und wohnten in einem einfachen Bretterhaus. Statt des elektrischen Lichts gab es nur einfache Petroleumlampen, und die Feldarbeit verrichteten wir mit Hacke, Axt und Sichel. Materiellen Reichtum und Überfluss kannten wir nicht, aber einen geistlichen und geistigen Reichtum haben wir alle geerbt. Meine Großeltern haben sehr darauf geachtet, dass die deutschen kulturellen Werte nicht untergingen. Sie hatten eine beachtliche Menge guter Bücher mitgenommen. *Elias Schrenks* bibelorientierte Schriften hatten es Opa angetan. Täglich wurde aus seinem Andachtsbuch gelesen. Es ging fröhlich zu unter uns vier Kindern in unserem Eltern- und Großelternhaus, in dem drei Generationen friedlich zusammenwohnten.

Jugendjahre
Im Alter von 17 Jahren kam auch ich zur persönlichen Entscheidung und Lebensübergabe an Jesus anlässlich einer Jugendfreizeit. Oft begleitete ich Opa beim Blätterverteildienst »Rufe ins Land« und begann, in der Jugendarbeit mitzuarbeiten. Als unser Jugendleiter in eine andere Gegend umzog, übernahm ich, zusammen mit einigen anderen Jugendlichen, die Leitung

der Jugendgruppe von 50 bis 70 Teilnehmern. Gott schenkte uns eine kleine Erweckung. Zuvor war jahrzehntelang treu darum gebetet worden.

Mit 18 Jahren zog ich nach Joinville. Dort in der Stadt machte ich mich selbstständig und wurde Mitbesitzer einer großen chemischen Reinigung und Färberei. Der Herr gab geschäftlichen Aufstieg. Ich begann, einen Missionar mitzufinanzieren. Doch Gott wollte mehr! Ich wurde beauftragt, Bibelstunden zu halten. Doch Gott wollte noch mehr! Mit 21 Jahren hat mich das Wort Gottes so überwältigt, dass ein Ausweichen Ungehorsam gewesen wäre. Ich wusste, dass die Freude in der Nachfolge Jesu vom Gehorsam seinem Wort gegenüber abhängt. Und Gottes Wort sagte mir: »Danket dem HERRN ...; verkündigt sein Tun unter den Völkern! Singet und spielet ihm, redet von allen seinen Wundern« (Ps 105,1-2).

Gott hatte mir dieses Wort als Antwort auf meine Bitte um Führungsklarheit gegeben. Ich brach die Brücken zum inzwischen gut gehenden Geschäft ab, wurde Missionspraktikant und habe einige Jahre die brasilianische Missionsbibelschule in Mato Preto besucht. Manchmal begleitete ich Pioniermissionare und arbeitete meinen Gaben gemäß mit.

1964 ging ich in die Schweiz und trat dort, 24-jährig, ins Predigerseminar St. Chrischona bei Basel zur weiteren Ausbildung ein. Meine Klassenkollegen wussten bei Beginn des Semesters, dass noch ein Brasilianer hinzukommen würde. Weil mein Ausreiseschiff jedoch während der Überfahrt nach Europa verkauft wurde und darum auch die geplante Route wechselte, kam ich erst kurz nach Semesterbeginn dazu. Als sie mich erstmals sahen, sagten sie erstaunt: »Was, du bist Brasilianer? Du bist doch ein nachgemachter Deutscher!«

Opa hatte gelegentlich einmal gesagt: »*Werner* wird sich eine Frau von drüben mitbringen.«

Die heimliche Liebesgeschichte

Gott verheißt seinem Volk: »Ich will dich mit meinen Augen leiten« (Ps 32,8). Die Voraussetzung zu einer gesegneten Ehe ist Gottes Führung. Gewiss will Gott auch in dieser so wichtigen Lebensfrage leiten. Nach 40 Jahren glücklicher und gesegneter Ehe bezeugen wir – auf Einladung von *Werner Gitt* – zum ersten Mal schriftlich, wie Gott uns deutlich erkennen ließ, dass er uns zusammengeführt hatte:

Während der Zeit im Predigerseminar lernte ich die gesegnete Familie meines Schweizer Zimmerkollegen *Jakob Sturzenegger* kennen. Er nahm mich manchmal zu seinen Eltern nach Romanshorn am Bodensee mit. Dabei entdeckte ich, dass *Jakob* vier nette Schwestern hat. Eine von ihnen rückte besonders in mein Visier. Es kam so: Ich war vom Schweizer Inspektor und Lehrer in den Ferienmonaten zur Mitarbeit als Zeltdiakon und Kindermissionar in der Zeltmission eingesetzt worden. Gelegentlich bezeugte ich vor der Versammlung, wie mich das Evangelium in Brasilien erreicht hatte, wie Jesus meinem Leben Sinn gibt und mich froh macht. Als ich am Rednerpult stand, traten *Jakobs* Mutter und *Helen*, eine der Töchter, etwas verspätet ins Zelt ein. Ich sah dort *Helen* das erste Mal. Ihre sympathische Art berührte mich auf Anhieb. Ganz diskret verfolgte ich dann ihren Weg in den nächsten Jahren. Wenn wir uns gelegentlich begegneten, sprachen wir allerdings wenig miteinander.

Ein Paragraf der Hausordnung des Seminars besagte, dass Seminaristen während ihrer Ausbildungszeit kein Verhältnis mit Mädchen beginnen sollten. Diese Vorschrift sorgte für Distanz, gab aber auch Anlass zu scherzhaften Bemerkungen in Bezug auf die Bibelschülerinnen, die in einem separaten Haus wohnten und studierten: »Brüder, schlagt die Augen nieder, / denn die Schwestern gehn vorüber. / Schwestern, macht die Augen auf, / denn die Brüder warten drauf.« Unter dem neuen Direktor überlegte man zu dieser Zeit im Lehrerkollegium, wie dieser strenge Paragraf gelockert werden konnte.

Inzwischen (1966) war *Helen* in die Bibelschule Chrischona eingetreten, um sich für den Missionsdienst vorzubereiten. Bevor wir voneinander wussten, hatte sie den Ruf Gottes vernommen und wollte dem Herrn in der äußeren Mission dienen. Ihr Berufungswort steht in 1. Mose 12,1: »Geh aus deinem Vaterland und von deiner Verwandtschaft und aus deines Vaters Hause in ein Land, das ich dir zeigen will.«

Mich bewegte eine Frage: Ob Gott wohl unsere Wege zusammenführt und *Helen* die vom Herrn mir zugedachte Lebensgefährtin sein könnte? In meinen Gebeten um Führung kam *Helens* Name öfters vor. Um mehr Klarheit und Führungsgewissheit zu gewinnen, bat ich einige Brüder meines Vertrauens, mit mir in die kleine Gebetskammer im Brüderhaus zu kommen. Im Dachgeschoss des Brüderhauses sind mehrere solcher Gebetskammern eingerichtet. Wie viele wichtige Entscheidungen reifen in solchen Kammern durch einsame und gemeinsame Gebete! Später erfuhr ich, dass *Helen* in jener Nacht einen unvergesslichen Traum hatte, der einen solch starken Eindruck auf sie machte, dass sie sofort nach dem Erwachen aufstand, um ihn ins Tagebuch zu schreiben. Ich halte nicht viel von Träumen, aber jener Traum muss vom Geist Gottes als Antwort auf unser gemeinsames Gebet in der Kammer des Brüderhauses geschickt worden sein.

Meine Ausbildungszeit ging schnell ihrem Ende zu. Aufgrund einer Berufung und Einladung der Missionsleitung in Brasilien war die baldige Rückreise nötig, die sofort nach der Einsegnung geplant war. Ich bat um ein Gespräch beim Direktor. Unter anderem bemerkte ich in dem Gespräch, dass ich den Eindruck hätte, ich sollte nicht allein als Missionar nach Brasilien zurückkehren. Das Verständnis und Wohlwollen dafür und der Rat des Direktors ermutigten mich, bald einige konkrete Schritte zu unternehmen, um mich *Helen* zu nähern.

Briefe des Herzens
Als Erstes schrieb ich folgende Adventskarte an die Familie *Sturzenegger* in Romanshorn:

Ich danke herzlich für Ihre erneute Einladung durch Jakob, Weihnachten in Ihrer Familie zu verbringen. Es gefällt mir sehr gut bei Ihnen. Weil ich aber schon einen Predigtauftrag zu Weihnachten in Heidenheim, Deutschland, angenommen habe, kann ich leider nicht mit ihm mitkommen. Aber in den nächsten Tagen werde ich Ihnen ausführlicher schreiben. Vielleicht werde ich Sie damit überraschen. Ich wünsche Ihnen allen eine reich gesegnete Adventszeit!

Einige Tage später folgte mein angekündigter Brief an *Helens* Eltern, die ich sehr schätzte und liebte:

St. Chrischona, 17. Dezember 1967

»Was Gott tut, ist wohlgetan!«

Liebe Frau, lieber Herr Sturzenegger,
Mit dem oben erwähnten Wort grüße ich Sie herzlich. Was Gott in unserem Leben tut, ist immer wieder neu Grund zur Freude. Er hat unendlich viel Gutes getan, uns zugute. Deshalb wollen wir unserem geliebten Herrn alle Ehre geben. Er soll die Hauptsache und unseres

Lebens Mitte sein und bleiben. Unser Denken, unser Wünschen, unsere Werke sollen vom Herrn bestimmt sein. Das ist meine ernste Absicht für das spezielle Anliegen dieser Zeilen:

Seit einigen Jahren berührt es mich immer tiefer. Es wurde viel um Klarheit darum gebetet:»Herr, nicht mein, sondern dein Wille geschehe.« Nach vermehrter Klarheit und Zuneigung, die ich bewusst geheim hielt, nach tieferer Liebe ist in mir ein Entschluss gereift. Es ist der Entschluss, wenn alles weiterhin dafür spricht, dass ich meinen Lebens- und Dienstweg gemeinsam mit Ihrer lieben Helen gehen möchte.

Ob mein Wunsch Wirklichkeit wird, das kann ich nicht allein entscheiden. Dazu ist Helens Einwilligung und Ihr Ja zu der Anfrage nötig, die ich durch beiliegenden Brief an Helen richte.

Auch ist ferner dazu das Ja zur Mission im Sinne von Ruth 1,16-17 nötig, d. h. die Bereitschaft Helens, mit mir nach Brasilien zu kommen:»Wo du hingehst, da will ich auch hingehen; wo du bleibst, da bleibe ich auch. Dein Volk ist mein Volk. ... Wo du stirbst, da sterbe ich auch.«

Ihr Lieben, wenn Sie mit meiner Absicht einverstanden sind, dann geben Sie bitte den beiliegenden Brief an Ihre liebe Helen ab. Vielleicht ist sie noch mehr überrascht als Sie, zumal sie von dieser Anfrage ja existenziell betroffen sein wird und genötigt ist, eine wichtige Entscheidung zu treffen.

Sie wissen, dass ich kein Engel bin, auch kein vollkommener Mann. Ich bin Sohn eines brasilianischen Kolonisten einfacher Herkunft. Mit Schwächen und Stärken. Ich will sein, wie Gott mich gemacht hat. Er hat mich gerufen, ihm in der Verkündigung seines Wortes zu dienen. Gott hat mir dazu bisher viel Gnade gegeben. Ich weiß, dass Jesus Christus mich erwählt und gesetzt hat, dass ich hingehe und Frucht bringe, Frucht die da bleibt (vgl. Joh 15,16). Ich möchte immer brauchbarer werden in des Meisters Hand.

Ich würde mich sehr freuen, wenn Helen und ich unserem treuen Herrn gemeinsam dienen könnten, doch will ich keinen Druck ausüben und nichts erzwingen. Sehr dankbar bin ich Ihnen, wenn Sie mir bald Ihre Meinung dazu schreiben. Wenn Sie sich uns beide zusammen nicht vorstellen könnten, dann schreiben Sie es mir bitte auch ganz offen, im Vertrauen.

Ich danke herzlich für Ihr Verständnis und Ihre Fürbitte.

Mit lieben Grüßen, erwartungsvoll
Ihr Werner

Brief an *Helen* vom 17. Dezember 1967, der dem obigen Brief an die Eltern beigefügt war:

»Fürchte dich nicht, … sondern sei fröhlich und getrost; denn der HERR kann auch große Dinge tun«[53] *(Joel 2,21).*

Liebe Helen,

»Fürchte dich nicht«, sagte Gott seinen Kindern in speziellen Zeiten, als ER seinem Volk seine Größe und die Herrlichkeit seiner Gedanken offenbarte. Mit diesem Wort grüße ich Sie herzlich, liebe Helen, indem ich Ihnen durch diese Zeilen Gedanken meines Herzens offenbare. Ich schreibe das wohl etwas ungeschickt, aber Sie werden mich verstehen. Es kommt aus der Tiefe meines Herzens.

---

53 Zitiert nach Luther 1912. Das gilt auch für die nächsten sechs Bibelstellen.

Ich habe Sie zum ersten Mal vor gut zweieinhalb Jahren gesehen. Seitdem habe ich für Sie gebetet. Ich wurde aufmerksamer auf Sie, als Sie vor anderthalb Jahren zur Bibelschule kamen. Gelegentlich sah ich Sie. Manchmal dachte ich fragend, ob Gott unsere Wege zusammenführen wird? Bei diesem so entscheidenden Schritt ist es ja so wichtig, dass ER uns führt.

Vor einigen Tagen habe ich während meiner persönlichen Bibellese das Datum des Tages am Rand des Textes vermerkt. Das Wort aus 1. Chronik 28,20 spricht mich beim Fragen, ob ich Ihnen schreiben soll, besonders an: »Sei getrost und unverzagt und mache es; fürchte dich nicht und zage nicht! Gott der HERR, mein Gott, wird mit dir sein.« *So möchte ich Sie, liebe Helen, durch diese Zeilen fragen, ob Sie es sich denken können, dass wir unseren Lebens- und Dienstweg gemeinsam gehen könnten, vereint im Herrn?*

Verzeihen Sie mir, wenn ich Sie mit meiner Anfrage zu sehr überrasche. Aber mein baldiger Ausbildungsabschluss und eine erhaltene Einladung und Anfrage der Mission aus dem Land meiner Berufung nötigen mich, von Ihnen eine grundsätzliche Antwort und Bereitschaft zum gemeinsamen Lebensweg zu erbitten. Überfordere ich Sie, wenn ich Sie um eine baldige Antwort bitte? Wäre es möglich, mir bis Weihnachten zu signalisieren, was Sie darüber denken?

Mit 1. Thessalonicher 4,11 (»Ringet danach, dass ihr stille seid«*) bin ich erwartungsvoll und dankbar.*

In herzlicher Liebe
Werner

Nun hatte ich meine Liebeserklärung geschrieben und den Brief abgeschickt. Es war mir klar, welch umfangreicher Einschnitt es für *Helen*, ihre Eltern und Familie bedeutete, dass ein Brasilianer aus einem fernen, unbekannten Land um *Helens* Hand anhielt. Mit großer Spannung erwartete ich die Reaktion. Am 22. Dezember 1967 brachte mir der Postbote ein Päckchen aus Romanshorn. Mein Herz schlug schneller, als ich es in meinem Zimmer öffnete und unter Bonbons, Schokolade und Strümpfen zwei Briefe fand.

Bevor ich die Briefe öffnete, dankte ich dem Herrn erneut für das Wissen, das mich begleitete, seitdem ich mit meinen Klassenbrüdern im Gebetskämmerchen des Brüderhauses gebetet hatte. Es war die Gewissheit aus 1. Johannes 5,14-15: »Und das ist die Freudigkeit, die wir haben zu ihm, dass, so wir etwas bitten nach seinem Willen, so hört er uns. Und so wir wissen, dass er uns hört, was wir bitten, so wissen wir, dass wir die Bitten haben, die wir von ihm gebeten haben.«

Obwohl diese Gewissheit in dieser Angelegenheit mich begleitet hatte, war ich dann doch überrascht vom Inhalt des Briefes von Mutter *Lydia*, den ich zuerst las:

Romanshorn, 20. Dezember 1967

Lieber Werner,

gestern erhielten wir Ihren Brief. Wir danken sehr herzlich für Ihre große Offenheit und Ihr Vertrauen. Lob und Dank gehört über allem unserem Herrn, der Herzen lenkt wie Wasserbäche. Für uns ist der Inhalt Ihres Briefes Antwort vieler Gebete und gleichzeitig eine große Freude darüber, dass der allmächtige Gott die Gebete einer einfachen Magd des Herrn erhört hat.

Und damit ist Ihnen schon die Antwort gegeben: Wir vertrauen unsere liebe Helen niemandem lieber an als Ihnen. Wir tun das in großem Frieden und in Freude.

Seit unserer Bekehrung zum Herrn Jesus wissen Vater und ich, dass unsere Kinder nicht uns gehören. Sie sind uns als Gabe vom heiligen Gott anvertraut worden. Unser tiefster Wunsch, vom Anfang unseres Glaubenslebens an, ist es, dass Gott sie brauchbar in seinem Reich machen möchte. Und wie erstaunt sind wir durch das, was in diesen Tagen geschieht. Bewegten Herzens, aber in großem Vertrauen, geben wir unsere geliebte Helen Ihrem Herzen. Wir sind uns dessen bewusst, dass das kommende Jahr uns allen damit einen tiefen Einschnitt bringen wird.

Hinsichtlich der besonderen Umstände, in denen Sie sich befinden (Chrischona-Paragraf, baldige Einsegnung und Ausreise zum Missionsdienst), möchte ich Sie bitten, was Euch beide betrifft: Kommen Sie uns bald besuchen! Es ist doch für Euch fast unerträglich, wenn Ihr das Wichtigste nicht schon vor Schulabschluss miteinander besprechen könnt.

Helen hätte Mühe, in Chrischona weiterzustudieren, ohne die nächsten Schritte bald miteinander zu besprechen. Wir verstehen, dass vorläufig alles unter uns geheim bleiben muss und im Vertrauen behandelt wird, damit Ihr den anderen Mitstudenten keinen Anstoß gebt. Ihre Situation ist ja wirklich eine spezielle, die jetzt einer grundsätzlichen Klärung bedarf.

Seit Ihrer Adventspostkarte mit den zwei brennenden Kerzen war es mir ein Anliegen, dass Ihr Brief noch vor Weihnachten käme. So kann Helen ihr letztes Weihnachtsfest zu Hause ganz bewusst feiern. Wie schön wäre es, wenn Sie dabei sein könnten.

Wir alle wünschen Ihnen ein frohes und gesegnetes Weihnachtsfest.

Ihre Lydia und Jakob Sturzenegger

Zweimal JA

Der erwartete Antwortbrief von *Helen* enthielt zu meinem großen Glück ein doppeltes Ja: das Ja ihres Herzens zu mir und das Ja im Sinne Ruths zur gemeinsamen Sendung ins ferne Land der Berufung. Das war die Verlobung unserer Herzen: »Mein Freund ist mein und ich bin sein, der unter den Rosen weidet« (Hl 2,16). »Du hast mir das Herz genommen, meine Schwester, liebe Braut. ... Wie schön ist deine Liebe, meine Schwester. ... Meine Schwester, liebe Braut, du bis ein verschlossener Garten, eine verschlossene Quelle, ein versiegelter Born. ... Ich ... [habe bei dir] angeklopft: Tue mir auf, liebe Freundin, meine Schwester, meine Taube, meine Fromme« (Hl 4,9 – 5,2).

Ich danke Dir mein Wohl, mein Glück in diesem Leben.
Ich war wohl klug, dass ich Dich fand;
Doch ich fand nicht. GOTT hat Dich mir gegeben;
So segnet keine andre Hand.[54]

Am nächsten Tag beauftragte ich eine Gärtnerei in Romanshorn, einen ersten hübschen Rosenstrauß als kleines Zeichen meines Dankes zu überbringen: »[Du] erquickst mich mit Blumen« (Hl 2,5). Danach ging ich beglückt auf Dienstreise zur Verkündigung des Evangeliums nach Deutschland. Auf meiner Rückreise, es war eine Woche später, machte ich einen Umweg über Romanshorn, um *Helen* den ersten Kuss zu geben. So konnten wir das Wesentlichste für die nächsten Monate des Studiums besprechen. Wir entschlossen uns, in geheimer Liebe »Distanz zu halten«, bei dem Mitwissen des Direktors um unser Verhältnis. Ich gab ihm und dem Schweizer Inspektor Kopien von unseren Briefen. Sie freuten sich von Herzen mit über Gottes Führung in unserem Leben. Inspektor *Reichart* bot sogar sein Wohnzimmer

---

54 Auszug aus einem Gedicht, das Matthias Claudius seiner Frau Anna Rebekka anlässlich der Silberhochzeit (15.3.1797) widmete.

zu gelegentlichen Treffen an. Nur einmal machten wir von seinem verständnisvollen Angebot Gebrauch.

Direktor *Edgar Schmid* und Inspektor *Eugen Reichart* taten noch viel mehr für uns: Sie richteten Arbeitsstellen für uns ein, damit wir nach der Einsegnung unser Verhältnis pflegen konnten. Sie rieten uns, nichts zu überstürzen. Liebe brauche Zeit zum Reifen. Es sei gut, wenn wir uns auf unser gemeinsames Leben und den gemeinsamen Dienst in der Mission durch ein Praktikum vorbereiten und Freunde zur Unterstützung und Fürbitte für unseren Missionsdienst gewinnen würden. So wurde *Helen* Gemeindehelferin in der großen Bethelgemeinde in Zürich, während ich, nach einem nochmaligen dreimonatigen Einsatz bei der Deutschen Zeltmission, Predigergehilfe in Affoltern am Albis wurde, nicht weit von Zürich entfernt. Wie dankbar waren wir für diesen wohlwollenden Rat väterlicher Fürsorge. So hatten wir mehr Zeit füreinander. Im Oktober 1968 verlobten wir uns öffentlich. Als Prediger *Hermann Müller* dies im Gottesdienst der Chrischona-Gemeinde bekannt gab, ging ein Raunen durch die Reihen. Hinterher kamen einige ältere treue Glaubensschwestern und sagten: »Für uns ist das keine Überraschung, sondern eine Gebetserhörung, denn seitdem wir Herrn *Kohlscheen* in der Gemeinde vor Jahren predigen hörten, haben wir für euch um eure Zusammenführung gebetet. Gott sei Lob und Dank. Er hat unser Gebet erhört. Wir freuen uns herzlich mit. Gott segne euch beide.« Auf die Versendung unserer Verlobungskarten an Freunde und Verwandte haben wir erstaunlich viele Echos erhalten. Viele davon waren uns eine weitere Bestätigung dafür, dass Gott uns zusammengeführt hat.

Hochzeit und Ausreise
Am 1. März 1969 hat Direktor *E. Schmid* uns in Romanshorn getraut. Von meinen Angehörigen in Brasilien konnte leider nie-

mand bei der Hochzeit dabei sein. Doch wir erlebten einen unvergesslichen Festtag mit vielen Überraschungen von Familie und Freunden. Die ersten Tage der Hochzeitsferien waren ausgefüllt mit dem Packen der Überseekisten! Doch *Helens* Chef in der Buchhaltung des Diakonissenmutterhauses hatte uns dann noch sein schmuckes Ferienhaus zur Verfügung gestellt, das wir nutzen konnten, als wir einige Tage in den Schweizer Bergen erlebten.

Viele Geschwister und Freunde haben uns in ihr Herz geschlossen und uns ihre Fürbitte zugesagt. Viele haben uns in ihren Gebeten begleitet. Es ist bewegend, wenn manche nach 40 Jahren uns mitteilen, dass sie täglich für uns beten. O welch eine Treue stiller Mitarbeit im Hintergrund! Die Ewigkeit wird es einmal offenbar machen, wie viel Gutes wir diesen treuen Betern zu verdanken haben. Gott hat uns als Familie und im Dienst für den Herrn reich gesegnet.

Werner und *Helen Kohlscheen* am 19. März 2005, als ich *(Werner Gitt)* Gast in ihrem Haus war.

Im April 1969 wurden wir in einem speziellen Missionsgottesdienst im Kirchlein auf St. Chrischona verabschiedet und zum Missionsdienst ausgesandt. Einen Monat später reisten wir mit dem Schiff *Eugenio C.* ab Genua nach Rio de Janeiro.

Wie es weiterging

In Brasilien haben wir als Missionare auf verschiedenen Stationen in der gesegneten Arbeit der Mission, durch deren Dienst ich 1957 zum Glauben gekommen war, mitgewirkt: in Rio de Janeiro, Ibirama, in Mato Preto als Bibelschullehrer, in Blumenau, in Joinville als Regionalinspektor, und die letzten zehn Jahre bis zur Pensionierung wieder in Blumenau, und zwar in der Zentrale der Mission als Missionsdirektor. *Helen* hat sich besonders in der Frauenarbeit eingesetzt und ist seit vielen Jahren die verantwortliche Leiterin für die gesamte Frauenarbeit des Werkes in Südbrasilien. Wenn bleibende Frucht durch unseren Einsatz gereift ist, dann deshalb, weil der Herr sie gewirkt hat. Deshalb gehören ihm alle Ehre, alles Lob, aller Dank.

Gott hat uns drei prächtige Kinder geschenkt, die inzwischen alle »ausgeflogen« und in alle Welt zerstreut sind. Unsere älteste Tochter *Karin-Lydia* wurde 1970 geboren. Sie ist Kinderärztin und mit einem Arzt verheiratet. Beide haben zwei Kinder und wohnen in Deutschland. Unsere zweite Tochter *Monika-Helena*, geboren 1972, von Beruf ebenfalls Kinderärztin, ist verheiratet und hat zwei Kinder. Sie wohnt mit ihrem Mann in São José dos Pinhais (Brasilien). *Emanuel-Werner* ist unser Jüngster; er kam 1974 zur Welt und ist auch verheiratet. Er und seine Frau wohnen in England, und seit Juni 2009 haben sie eine Tochter. Er hat einen Lehrauftrag an der Universität in Warwick (England) und ist in der Forschung in Makroökonomie tätig.

Abendvortrag in der Gemeinde in Blumenau, zu der *Helen* und *Werner Kohl-scheen* gehören. Links im Bild: *Werner Gitt*, rechts: Übersetzer *Lodemar Schlemper*.

Die größte Freude ist uns, dass alle ihren Weg mit Jesus gehen. Das ist nicht unser Verdienst, sondern Gnade Gottes und ebenso Erhörung vieler Gebete, auch unserer Missionsfreunde.

Rückblickend möchten wir mit dem Psalmisten sagen: »Lobe den HERRN, meine Seele, und was in mir ist, seinen heiligen Namen! Lobe den HERRN, meine Seele, und vergiss nicht, was er dir Gutes getan hat: der dir alle deine Sünde vergibt und heilet alle deine Gebrechen, der dein Leben vom Verderben erlöst, der dich krönet mit Gnade und Barmherzigkeit, der deinen Mund fröhlich macht, und du wieder jung wirst wie ein Adler« *(Ps 103,1-5).* »... dass wir erlöst ... ihm dienten ohne Furcht unser Leben lang« (Lk 1,74-75), bis wir ihn sehen in der Herrlichkeit.

Werner Kohlscheen, Blumenau (Brasilien)

Zeugnis aus Australien

Z10: Eine rebellische Teenagerin wird Evangelistin[55]

Mein Elternhaus

Ich wurde am 29. April 1972 im »Mona Vale Hospital« an den »Northern Beaches« von Sydney in Australien geboren. Meine Mutter Lynette (geb. 1942) war an diesem Morgen um etwa fünf Uhr erwacht, weil sie den Eindruck hatte, als Folge einer Party am Abend zuvor unter heftigen Verdauungsproblemen zu leiden. Erst später wurde ihr klar, dass es Wehen waren – nur gut, dass das Krankenhaus in der Nähe war.

Während meiner ersten Lebenswoche wurde ich nur »Fred« genannt. Das war der Name, den mir meine Eltern während der Schwangerschaft gegeben hatten, weil sie dachten, ich würde ein Junge werden. Sie brauchten eine Weile, um sich auf den Namen *Sonia* zu einigen. Mein jüngerer Bruder *Brendan* (geb. 1974) wurde mit der »Mosaik-Trisomie 21«, einer speziellen Form des Downsyndroms, und einer Geisteskrankheit geboren. Beides wurde erst diagnostiziert, als er schon 19 Jahre alt war.

Ich denke, meine Familie gehörte der unteren Mittelschicht an. Mein Vater *Sean Terence* (geb. 1934) war Maler und hatte während meiner Kindheit nebenbei noch verschiedene andere Jobs. Wenn wir morgens aufstanden, war er meistens schon bei der Arbeit und kam abends erst ziemlich spät nach Hause, wo er dann viel Zeit am Telefon mit Kundengesprächen verbrachte und erst spät in der Nacht zu Bett ging. Mutti hatte einen Teilzeitjob an zwei Abenden in der Woche.

---

55 Die Übersetzung vom Englischen ins Deutsche führte dankenswerterweise *Christiane Lovell* (Kirchlinteln) aus.

Ich weiß nicht viel über die Familie meines Vaters, da seine Mutter *Marion* (1904–1988) und sein Vater *George* (1909–1992) in Taree wohnten, das etwa 320 Kilometer nördlich von Sydney liegt, und wir sie deswegen nicht so häufig sahen. Vatis Familie kam ursprünglich aus England, und er weiß bis heute einige interessante Geschichten von dort zu erzählen, besonders aber aus der Zeit des Zweiten Weltkrieges. Wegen des Krieges und der finanziellen Not der Familie (Vati musste früh arbeiten gehen, um die Familie mit zu ernähren) war er gezwungen, seine Schullaufbahn mit 16 Jahren abzubrechen, und er musste stattdessen arbeiten gehen und nebenbei die Technische Hochschule besuchen. Ehe er jedoch seine weiterführende Ausbildung in England begann, wanderte seine Familie im Jahre 1950 nach Australien aus.

Die Familie meiner Mutter war besser situiert. Muttis Vater *Richard Anthony Caddy* (1909–1992) war diplomierter Elektroingenieur der Universität Sydney, hatte außerdem eine Reihe anderer Qualifikationen und kam aus einer wohlhabenden Familie. Ihre Mutter *Minni Irene* (1909–2004) besuchte eine renommierte Schule für junge Mädchen in Sydney (»North Sydney Girls School«). Meine Großeltern heirateten heimlich im Alter von 21 Jahren, woraufhin mein Großvater von seiner Tante enterbt wurde. Diese hatte selbst keine Kinder und war die Hauptversorgerin meines Großvaters und seiner zwei Schwestern gewesen. Für sie war die Heirat nicht standesgemäß. Meine Großmutter wurde als Mädchen nie ermutigt, sich weiterzubilden, da die Aufgabe der Frauen nur darin bestand, zu heiraten und Kinder zu bekommen. So führte sie den Haushalt für meinen Großvater und ihre zwei Kinder.

Ich denke, dass meine Mutter aufgrund dieser Denkweise ebenfalls nie ermutigt wurde zu studieren, im Gegensatz zu ihrem

Sonia Foley, Australien.

Bruder, der dann ganz zum anfänglichen Verdruss seines Vaters aber doch »nur« Automechaniker wurde. Trotzdem unterstützte mein Großvater ihn, indem er ihm eine eigene Autowerkstatt kaufte. Alle in der Familie waren passionierte Motorsportler – sogar meine Mutti fuhr ihr eigenes Rennauto. Sie gab den Sport auf, als sie mit mir schwanger wurde, weil sie »nicht mehr hinter das Lenkrad passte«. Auch wenn es in der Familie keinen gab, der sie dazu anspornte, studierte Mutti Medizintechnik (MTA) am Technischen College und arbeitete im örtlichen Krankenhaus im Labor in den Fachbereichen Hämatologie, Biochemie, Mikrobiologie und an der Blutbank.

Mein Bruder und ich wuchsen an den »Northern Beaches« von Sydney auf. Viele, auch Nichtgläubige, nennen diese Gegend »Gottes Land« – nicht nur, weil es hier wunderschön ist, sondern auch, weil man das Leben hier so richtig genießt. Ein deutscher Kollege meinte einmal, wir bräuchten eigentlich gar keinen Urlaub, »weil jeder Tag hier ein Ferientag ist«.

Mein traditionell kirchlicher Hintergrund

Wir wuchsen praktisch am Strand auf, liebten Bodysurfing und Schwimmen und beteiligten uns an Schwimmwettkämpfen.

Als wir noch klein waren, ging Mutti regelmäßig in die Kirche, Vati allerdings nicht. So wurden wir zwei Kinder in die Sonntagsschule geschickt, wann immer Mutti in die Kirche ging. Ich nehme an, ich war ein typisches »Kirchenkind«, das einmal in der Woche in die Sonntagsschule ging und Geschichten aus der Bibel hörte. Mit dreizehn Jahren wurde ich konfirmiert, weil das so üblich war und weil es meine Mutter glücklich machte.

Während der ersten zwölf Jahre meiner Schullaufbahn besuchte ich eine Privatschule für Mädchen, die »St. Lukes Anglican Girls School« (eine christliche Schule), danach eine gemischte Schule für Jungen und Mädchen und während der letzten zwei Jahre die »Cromer High School«. Der Grund für meine Schulwechsel war, dass mein Vati einen Unfall hatte, der ihn 18 Monate mit Verletzungen der Wirbelsäule an das Bett fesselte, sodass wir von dem Einkommen leben mussten, das meine Mutter mit ihrem Teilzeitjob verdiente. Die Gebühren für die Privatschule konnten davon nicht mehr bezahlt werden.

Christlich verpackte Lehre der Evolution

An der »christlichen« Schule lernte ich, dass die Evolutionstheorie eine »wissenschaftliche Tatsache« ist. Es wurde auch gelehrt, dass wir von »Affenmenschen« bzw. »Höhlenmenschen« abstammen.

Wenn ich zurückblicke, bin ich enttäuscht, dass uns die Evolution als Tatsache dargestellt wurde, obwohl es sich doch nur um eine Hypothese oder um eine Vermutung handelt und sie in keiner Weise ein bewiesener Tatbestand ist. So etwas sollte nicht

dogmatisch gefördert werden. Man muss wissen, dass eine natur-
wissenschaftliche Theorie eine fundierte Erklärung von beweis-
baren Daten ist, so wie das zum Beispiel bei Einsteins Relativitäts-
theorie oder Newtons Gravitationstheorie der Fall ist. Versuche,
die diese Theorien bestätigen, lassen sich jederzeit wiederholen
und nachvollziehen, während Teile der Evolution des Menschen
nicht beweisbare Hypothesen oder eben Spekulation sind. Es ist
unverständlich, dass man uns nicht die Alternative der Schöpfung angeboten hat (insbesondere, da es sich um eine christliche
Schule handelte) und dass man uns nicht lehrte, kritisch zu denken, sondern nur nach festgelegten Schemata zu lernen.

Die Evolution entfernte mich von der Bibel
Damals fand ich es erstaunlich, dass diese christlichen Lehrer die
Evolutionstheorie akzeptierten und trotzdem der Bibel glaub-
ten. Was mich betraf, so hielt ich das ganze Kollegium für eine
Truppe von Heuchlern. Es machte doch überhaupt keinen Sinn;
sogar ich konnte das erkennen: Die Evolutionstheorie und die
Schöpfung, wie sie im 1. Buch Mose beschrieben wird, sind doch
unmöglich miteinander vereinbar.

Damals erkannte ich es zwar noch nicht, aber diese Lehrinhalte
haben zusammen mit den manchmal unterschwelligen, aber
oft genug auch ganz offenkundig evolutionsorientierten Dar-
stellungen, wie zum Beispiel im Fernsehen, in Museen und in
Publikationen wie der Zeitschrift »National Geographic« und der
»National Geographic World« (in der Version für Kinder), einen
großen Einfluss auf mein Weltbild gehabt und besonders auch
darauf, wie ich mein Leben führen würde. Das nämlich gab mir
die Rechtfertigung, Gott nicht ernst zu nehmen und mir stattdessen einen eigenen Gott für meine persönlichen Bedürfnisse
zu schaffen (Hes 14,3-8 und 2Mo 20,3-6). Interessanterweise ist
das etwas, was die meisten Menschen tun!

Konsequenterweise machte die Botschaft Jesu in meinen Augen keinen Sinn, denn was mich betraf, so waren »Sünder« jene Mörder, die im Gefängnis saßen, und zu denen gehörte ich nicht. Im Grunde genommen hielt ich mich für einen »guten« Menschen. Damit folgte ich dem, was die Bibel in Sprüche 20,6 sagt: »Viele Menschen rühmen ihre Güte.«

Ich kenne jetzt den Grund, warum ich nicht verstand, was Sünde ist: Ich hatte kein Fundament. Ganz offensichtlich waren meine Mutti und mein Vati typisch für ihre Generation. Sie waren noch durch Werte aus einer »christlichen Kultur« geprägt, aber sie akzeptierten die Evolutionstheorie mit ihren langen Entwicklungszeiten als Tatsache. Damit hatten sie sich ein ganzes Stück weit von der biblischen Wahrheit entfernt. Ich hingegen stand mehr für das, was meine eigene Generation dachte. Ich verwarf die Bibel als Gottes Wort und Autorität völlig. Die Bibel war für mich nicht relevant, ich wusste nicht, was Sünde war, und lehnte den Gott der Bibel ab. In meiner Philosophie war ich gegen den christlichen Glauben eingestellt und hatte keine Wertevorstellung von Gut und Böse. Ich hatte mein eigenes Sündenverständnis, da ich keine genaue Vorstellung oder Beschreibung hinsichtlich der Sünde besaß. Alles heutzutage ist relativ gemäß der eigenen Meinung, da die Bibel mit ihren absoluten Werten als veraltet abgetan wird. Mit dieser Rechtfertigung hatte ich das Alarmsignal des »Rauchdetektors« meines Gewissens, das mir signalisiert hätte, ob ich recht oder unrecht getan habe, gegen null gestellt (Röm 2,15).

Schöpfung als Mythos mit weitreichenden Folgen

Einer der Gründe, warum ich keine klare Erkenntnis von Sünde hatte, war, dass mir beigebracht wurde, die Schöpfungsgeschichte sei ein Mythos. Das zerstörte meinen kindlichen Glauben, dass die Bibel das Wort Gottes sei. Der andere Grund, warum ich keine klare Vorstellung von Sünde hatte, war, dass die Bibel sagt:

»Durch das Gesetz kommt Erkenntnis der Sünde« (Röm 3,20), und das Gesetz ist in unsere Herzen geschrieben, wobei das Gewissen über unsere Sünde Zeugnis gibt (vgl. Röm 2,15). Da ich aber mein Gewissen abgestumpft hatte, rechtfertigte ich mich damit, dass es mir ja nichts aufdeckte.

Ich erinnere mich sogar an eine Auseinandersetzung mit meiner Mutti, als ich 15 Jahre alt war und sie mich zwingen wollte, zur Kirche zu gehen. Wir schrien uns gegenseitig an. Ich griff sie an wegen der Schöpfung in der Bibel – wie könnten die sechs Tage eine Tatsache sein! Sie schrie zurück, dass jeder Tag Millionen Jahre repräsentiere und dass Gott die Schöpfung »in sechs Tagen« nur benutzt hatte, weil die Menschen in jenen Tagen nicht intelligent genug waren, um die Schöpfung in Millionen von Jahren zu verstehen, und so musste Gott sie ihnen auf eine Weise erklären, die sie verstehen würden. Ich schrie zurück, wenn Gott am Anfang nicht die Wahrheit gesprochen hat, wann hat er denn dann damit begonnen!?

Ich muss dazu sagen, dass ich schon immer ein »Schwarz-Weiß-Mensch« war. Bei mir gab es keinerlei Grauschattierungen. Alles war immer entweder richtig oder falsch – dazwischen gab es nichts. Ich erinnere mich an den Tag, an dem ich herausfand, dass es den Weihnachtsmann gar nicht gab. Ich war nicht enttäuscht, dass es ihn nicht gab, aber schon damals in meinem jungen Alter war ich darüber am Boden zerstört, dass meine Eltern mich hinsichtlich seiner Existenz belogen hatten. Indem die Eltern meine Lügen bestraften, selbst aber logen, waren sie für mich Heuchler, denen ich nicht trauen konnte.

Dann wurde mir noch erzählt, dass das 1. Buch Mose (insbesondere die ersten elf Kapitel) ein einziges Märchen sei und nichts mit historischen Tatsachen zu tun habe. Hinzu kamen die uns gelehrten

Millionen Jahre, die »Höhlen- und Affenmenschen«, die Einflüsse der Schule und andere Quellen – das alles führte dazu, dass ich die Bibel für eine große Lüge hielt. Wenn Gott zu Anfang ein Lügner war, wann wurde er dann vertrauenswürdig? Ich verwarf die Bibel schließlich als ein unzuverlässiges und nicht vertrauenswürdiges Buch. Was mich betraf, war es unmöglich, die Bibel als das Wort Gottes anzuerkennen.

Später stand für mich fest, dass die Menschen Gott erfunden hatten, um eine Krücke für ihre eigenen Bedürfnisse zu haben. Sie brauchten diese Krücke, da dieses Leben, soweit ich es beurteilen konnte, nirgendwohin führte.

Aus meiner damaligen Sicht der Dinge erschien mir das Leben sinnlos und ohne Ziel. Wir werden geboren, leben eine kurze Zeit und sterben – kein Leben davor und kein Leben danach. So war in meinen Augen die Bibel ein Hilfsmittel für Menschen, um mit diesem Dilemma irgendwie fertigzuwerden – um ihrem Leben einen Sinn und einen Halt zu geben. Es ist doch so: Wenn das menschliche Leben tatsächlich aus einer »Ursuppe« entstanden ist, wenn die Evolution eine Tatsache und die Bibel ein großes Märchenbuch ist, dann kann Gott – so die logische Schlussfolgerung – nicht existieren.

... dann wurde ich rebellisch

Nachdem ich die Bibel und ihre Gesetze erst einmal abgelehnt hatte, wurde ich rebellisch. Das führte dann zum Rauchen, Trinken, zu Drogen und Schlimmerem. Nach heutigen Wertmaßstäben war das alles »normal«. Ein Problem wäre es nach meiner Sicht damals erst gewesen, wenn die Polizei mich erwischt hätte.

Ehrlich gesagt, konnte ich es nicht verstehen, warum die Gesetzgeber diese Lebensweise nicht legitimierten. Ohne Zweifel war die Gesetzgebung veraltet und überholt und hatte sich nicht der Zeit angepasst, dachte ich. Für mich waren Gesetzesvorschriften relativ. Solange ich niemandem wehtat, war es doch egal, was ich tat. Was mich betraf, so hatte ich das Recht zu tun, was mir gefiel, da es sich immerhin um meinen eigenen Körper handelte. Was mir damals nicht bewusst war, ist die Tatsache: Dieser Körper gehört nicht mir, sondern Gott!

Schulzeit ohne Engagement

In meiner ersten Schule sah ich keinen Sinn darin, mir beim Lernen Mühe zu geben, da nichts, was ich tat, für meine Eltern gut genug war – besonders für meine Mutter. Wenn ich 99 von 100 Punkten bekam, fragte sie ganz ernst: »Und was ist mit dem restlichen Punkt?« Ich erinnere mich, dass ich einmal 107 Punkte für einen 100-Punkte-Test bekam. Der ganze Test war fehlerfrei, und ich hatte eine Frage richtig, die sonst niemand in der Klasse beantwortet hatte, sodass der Lehrer die Frage nachträglich strich, mir aber sieben Bonuspunkte dafür gab, falls ich sie für einen anderen Test noch einmal gebrauchen könnte. Die Reaktion meiner Mutter darauf war lediglich: »Ich erwarte das immer so!« Ich bekam nie ein Lob (»Gut gemacht!«) zu hören, nichts war gut genug. So versuchte ich gar nicht erst, mich weiter anzustrengen, und hörte schließlich ganz auf, für die Schule zu arbeiten. Das Einzige, was ich tat, war, die Aufzeichnungen meiner Freunde vor einer Klassenarbeit auszuleihen, sie zu lesen und mit dem gelernten Stoff dann die Arbeit zu schreiben.

In meiner neuen Schule war es noch schlimmer. Ich schwänzte oft den Unterricht. Meine Schule war in der Nähe des Strandes. So kam es, dass meine Freundin *Svetlana* und ich, sooft wir nur konnten, mithilfe des Autos meiner Mutter an den Strand fuhren. Zweimal in der Woche lieh sie mir das Auto, damit ich zur Schule kommen konnte, weil wir dann in der Frühstunde

Physik-Nachhilfe hatten. Meine Mutter wunderte sich über meine Sonnenbräune, und ich sagte ihr, dass ich in meinen Freistunden draußen sitzen und lernen würde – sie nahm an, dass ich eine Menge Freistunden hatte. Ich erinnere mich, dass wir einmal kurz vor unserem Abschluss-Examen in unseren Schuluniformen schwimmen gegangen sind und diese dann erst kurz vor unserer nächsten Stunde wieder trocken wurden.

Ich hatte in einem Baum auf dem Schulgelände eine Wasserpfeife und in meiner Schultasche Zigaretten und Marihuana versteckt. Einmal, als meine Mutter diese in meiner Tasche fand, behauptete ich, sie gehörten meiner Freundin *Fiona*, und ich würde sie nur für sie verwahren, damit ihre Eltern sie nicht fänden. Zu meinem Erstaunen glaubte meine Mutter mir.

Außerhalb der Schulzeit war ich genauso schlimm. Meine Freundin *Leanne* und ich fuhren regelmäßig per Anhalter die »Nördliche Halbinsel« auf und ab, kauften Alkohol und Zigaretten und haben dann am Strand getrunken und geraucht. Ich war ziemlich groß – mit 14 Jahren bereits 1,78 Meter – und fand schnell heraus, dass ich mit Stöckelschuhen, passender Kleidung und Make-up keine gefälschten Papiere brauchte, um Eintritt in Nachtklubs zu bekommen. Mit hochhackigen Schuhen war ich meist größer als die Türsteher, die mich sowieso nie nach meinem Alter fragten. Wenn meine Eltern mir das Ausgehen verboten, verabredete ich mit meinen Freunden, dass sie durch den Hintereingang auf unser Grundstück kommen und leise an mein Fenster klopfen sollten, woraufhin ich dann aus meinen Fenster sprang und so trotzdem mit ihnen ausging.

Einige Abenteuer, an die ich mich besonders erinnere
Wir stellten damals einige Dummheiten an. Da war das Rennen zwischen einem ausrangierten Kleinlaster eines Eisverkäufers und

einem Pkw. Wir haben den Laster auf 140 km/h beschleunigt, was ziemlich gut war für so eine alte ausrangierte »Klapperkiste«. Als wir dann um ein Uhr nachts den »Palm Beach Golf Club« erreichten, blieb das Ding stehen und wollte auch nach einigen Stunden nicht wieder anspringen. Schließlich klappte es dann doch – ich war nur etwas besorgt, weil ich zu Hause aus dem Fenster gesprungen war und niemand wusste, dass ich ausgegangen war.

Dann habe ich mir, als ich 14 Jahre alt war, den Kopf kahl geschoren, nachdem meine Mutter nicht erlaubt hatte, mir die Haare schneiden zu lassen. Das sah nicht gerade gut aus. Nachdem meine Haare dann mit etwa 15 Jahren wieder nachgewachsen waren, ließ ich mir einen Unterschnitt schneiden, also das Deckhaar blieb lang, und darunter wurde alles kahl rasiert. Und dann ließ ich es färben. Zur Schule trug ich schwarz. Ich erinnere mich ganz besonders an einen schrecklichen schwarzen Pullover. Ich zog ihn über meinen Knien in die Länge, bis er um die Knie nur so schlotterte. Er war zerschlissen und voller Löcher. Unser Nachbar meinte, er würde ihn herunterreißen und verbrennen, wenn er ihn jemals auf der Wäscheleine hängen sehen würde, weil er so unmöglich aussah.

Etwa sechs Wochen vor Ende meiner Schulzeit sollte nach Ansicht meiner Mutter alles versucht werden, dass ich wenigstens in einem Fach erfolgreich abschloss, und sie entschied sich für Mathe. So bekam ich Nachhilfe-Unterricht in Mathematik und bewältigte ein zweijähriges Lernprogramm in sechs Wochen. Mindestens einmal erschien ich so betrunken zur Nachhilfe, dass ich nicht mehr wusste, wie ich mit dem Auto dorthin gekommen war. Mein Lehrer brauchte den größten Teil der Stunde, um mich nüchtern zu machen, und ich meine, ich war zumindest bei einer Prüfung betrunken. Ich erinnere mich, dass

ich auch bei meiner Abschlussprüfung in Wirtschaft hoffnungs-
los betrunken war, denn ich fand die ganze Situation unglaublich komisch!

Erster Job nach der Schule

Meine Mutti erklärte mir, dass ich sofort nach Schulabschluss
einen Job suchen und bei ihr Unterhalt bezahlen müsste, da sie
wusste, wie faul ich war. So fand ich Anfang November 1989
mit 17 Jahren und weniger als eine Woche nach meinem ab-
schließenden Schulexamen einen Job bei »K-Mart«[56] in der
Buch- und Kofferabteilung. Es dauerte nur zwei Wochen, bis ich
mir Ende November einen neuen Job suchte. »K-Mart« machte
mich wahnsinnig. In meinem ganzen Leben hatte ich mich noch
nie so gelangweilt. Aber Gott hatte Erbarmen mit mir, und ich
bekam einen Job als Azubi im Fachbereich Chemie, mit dem ich
Anfang Dezember 1989 begann.

Hinsichtlich dieser neuen Stelle musste ich nebenher vier Jahre
lang das »TAFE« (Technical and Further Education) besuchen
(oder einen zweijährigen Vollzeitkurs absolvieren). Zum
Glück reichten meine Schulabschlussnoten aus, um für ein
»Associate Diploma in Chemical Technology«[57] am »TAFE«
in Sydney akzeptiert zu werden. Damit begann ich Anfang
Dezember 1989. Nun arbeitete ich den ganzen Tag im Labor
und studierte nebenher immer gerade genug, um durch die Prüfungen zu kommen. Alles in allem brauchte ich dreieinhalb
Jahre, um den Kurs zu beenden – bis Mitte 1993. Zweieinhalb
Jahre Teilzeit- und ein Jahr Vollzeitstudium. Ich kündigte meine
Ausbildungsstelle Ende Januar 1992, also zwei Jahre vor Ver-
tragsende, da die Bezahlung miserabel war. Ich bekam nicht viel
mehr als eine Arbeitslosenunterstützung. Daraufhin sicherte

---

56 Name einer großen Einzelhandelskette (es ist auch die Variante »Kmart« üblich).
57 Svw. »Vordiplom in Chemietechnik«.

ich mir einen Job am »Royal North Shore Hospital« als Mitarbeiterin in der Datenerfassung der Abteilung für Hämatologie. Dort arbeitete ich an Wochenenden und an allen gesetzlichen Feiertagen, sodass ich meinen Kurs in Vollzeit belegen konnte. Ich hatte mich für diesen Beruf nur entschieden, weil ich nicht wusste, was ich sonst machen sollte und weil ich keinen Plan für mein Leben hatte. Die Seminarinhalte interessierten mich eigentlich überhaupt nicht.

Im Januar 1990, nicht lange nach Beginn meiner neuen Ausbildung, zog ich eines Nachts von zu Hause aus. Meine Eltern hatten beide Nachtschicht und waren nicht im Haus. Ich räumte alle meine Sachen komplett aus, sodass sie sicher sein konnten: Ich war fort. Allerdings klappte das Zusammenwohnen mit meiner neuen WG-Partnerin nicht. Außerdem verdiente ich nicht viel Geld und musste noch mein Auto abzahlen. So zog ich nach wenigen Monaten (ungefähr im März 1990) wieder nach Hause zurück. Später, im Mai 1990, folgte dann der Rauswurf. Das kam so: Ich hatte es mir angewöhnt, ganze Nächte wegzubleiben, ohne jemandem Bescheid zu sagen. So stellte meine Mutti die Regel auf, dass ich wenigstens ein paar Stunden jede Nacht in meinem Bett verbringen und ihr auch sagen müsste, wo ich hinging. Als ich diese Regel brach, hatte ich das Fass zum Überlaufen gebracht. Ich ging nämlich eines Abends aus und war um 22 Uhr wieder zu Hause. Dann ging ich aber zwei Stunden später, also um Mitternacht, noch einmal aus und kam in der Nacht nicht mehr zurück. Stattdessen rief ich am nächsten Tag um 11 Uhr an mit der Bemerkung: »Ich wollte euch nur Bescheid sagen, dass ich noch lebe.« Mutti meinte: »Das ist gut zu wissen. Du solltest jetzt lieber nach Hause kommen und deine Sachen holen. Wenn du in einer Stunde nicht da bist, kannst du deine Sachen vom Rasen im Vorgarten aufsammeln.«

Zwielichtige Kontakte

So zog ich also zu meinem damaligen Freund. Wir wohnten in einer schäbigen kleinen Zweizimmer-Wohneinheit zusammen mit einem Alkoholiker und vielen, vielen sechsbeinigen Untermietern, den Kakerlaken. Die Behausung war entsetzlich! Ich stand nachts auf, um die Kakerlaken mit dem Staubsauger aufzusaugen, und anschließend stopfte ich das Ende des Rohres mit einem Geschirrhandtuch zu. Während der verbleibenden Nachtstunden krabbelten sie zurück in das Staubsaugerrohr, und ich kippte sie dann am nächsten Morgen in das Aquarium unserer Nachbarin – die brauchte kein Fischfutter mehr zu kaufen.

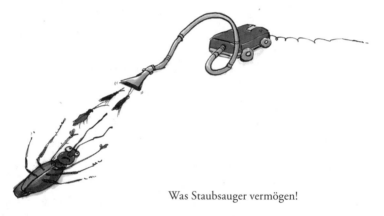

Was Staubsauger vermögen!

Diese Nachbarin handelte mit Drogen. Sie hatte drei Kinder, von denen das älteste 15 war (sie selbst war erst 30). Sie lebte mit ihrem Freund zusammen, der sie regelmäßig schlug. Er war Vater keines ihrer Kinder – die ersten beiden Kinder hatten denselben Vater, das dritte war von einem anderen Mann. Manchmal kam sie in unsere Wohnung, um sich vor ihrem Freund zu verstecken, wenn er wieder einmal gewalttätig geworden war.

Unser alkoholsüchtiger Mitbewohner sah aus wie 65, wir fanden aber später heraus, dass er erst Ende dreißig oder höchstens

Anfang vierzig war. Er saß meistens betrunken auf einem Sessel, während die Kakerlaken die Wand hochliefen zu einem Bild, das hinter ihm oberhalb seines Kopfes hing. Ich saß dann ihm gegenüber auf dem Sofa und sagte ihm, mit welcher Hand er hinter sich schlagen müsste, um die herannahenden Kakerlaken zu erwischen. Das war ein allabendliches Spiel. Ich erinnere mich, dass er eines Abends betrunken mit einem Freund nach Hause kam. Ich ging um zwei Uhr nachts ins Bett, wachte dann um fünf Uhr wieder auf und stellte fest, dass die beiden in der Zwischenzeit einen ganzen Krug Sherry geleert hatten! Einmal verschwand er für sechs Wochen, und wir hatten keine Ahnung, wo er war.

Das sind nur einige Beispiele, um aufzuzeigen, mit welchen Menschen ich Kontakt hatte. Mein Freund handelte auch mit Marihuana, wobei die meisten Bewohner unseres Wohnblocks scheinbar keine Arbeit hatten und von Sozialhilfe lebten.

Zur Einsicht gekommen

Eines Tages (etwa im März 1991 – kurz vor meinem 19. Geburtstag) sagte meine Mutti mir, dass ich wieder nach Hause kommen könnte, wenn ich mich ordentlich benehmen würde. Mir wurde inzwischen klar, dass ich genauso enden würde wie unser alkoholsüchtiger Mitbewohner, wenn ich mein Leben so weiterführte wie bisher. Ich sah mich um und begriff, dass ich, auch wenn dieses Leben sinnlos war, trotzdem etwas Ordentliches daraus machen könnte, solange ich auf dieser Welt war. Ich hatte endgültig genug davon, in dieser Armseligkeit und in diesem Schmutz zu leben. So gab ich meinen schlampigen Lebensstil auf und begann, mich um meine Karriere zu kümmern. Ich hatte so viel Traurigkeit, Gewalt und Hoffnungslosigkeit bei den Menschen gesehen, mit denen ich mich umgab, dass mir klar wurde: Ohne eine entscheidende Änderung würde ich in zehn Jahren auch so ein Leben führen wie sie.

Christen, die keine waren

In dem nun folgenden Abschnitt meines Lebens hatte ich tatsächlich auch ein oder zwei »christliche« Freunde. Von meinem Kirchen- und Schulhintergrund her wusste ich, wie man sich als Christ benehmen sollte, aber für diese Freunde war die Gnade Christi eine Selbstverständlichkeit. Sie betranken sich regelmäßig, trugen provozierende Kleidung und taten anderes mehr. Sie predigten, aber lebten nicht, was sie predigten!

Zurückblickend bin ich der Meinung, dass diese Freunde gar keine Christen waren, sondern nur gern als solche bezeichnet werden wollten und gern mit den Freunden aus der Jugendgruppe unterwegs waren. Sie hatten nicht begriffen, was es bedeutet, sich zu denen zu zählen, die zu Christus gehören. Ihr Verhalten war kein gutes Zeugnis für mich. Ich nahm an, dass sich alle Christen wie diese Heuchler benehmen würden.

Darren und *Fabian*

Ich musste meine Meinung allerdings gründlich revidieren, als ich im Mai 1994 auf meiner neuen Arbeitsstelle in einem Testlabor einen Christen namens *Darren* kennenlernte. Zunächst wusste ich gar nicht, dass er Christ war, aber das wurde mir bald bei einer Begebenheit während der Arbeit klar. Ich ging an diesem Tag gerade durch die Abteilung des Labors, in dem Pestizide analysiert wurden, als ich mitbekam, wie ein fanatischer Christ namens *Fabian* einem Kollegen die Bibel und den Glauben an Jesus förmlich aufzuzwingen versuchte (wir nennen das einen »Bible basher«).

Man stelle sich nur vor, mit welch einer Verachtung ich auf diesen *Fabian* herabsah. Für mich gab es gar keinen Zweifel, dass es mit seiner Intelligenz nicht weit her sein konnte, wenn er diesen Unsinn glaubte. »Jesus«, fuhr ich ihn an, »was für ein

Schwachsinn ...« Was ich nicht wusste, war, dass allein meine Reaktion auf das mit angehörte Gespräch für ihn wie eine Einladung war, auch mich vom Glauben zu überzeugen! Ich sagte zu *Darren*: »Dieser Typ hat einen Dachschaden. Halt ihn mir bloß vom Leib.« *Darren* hingegen meinte, dass *Fabian* die Dinge nur anders sähe als ich.

Darren begann daraufhin, mit mir über Tiere zu sprechen, über Pflanzen, das Universum und Ähnliches. Er lernte Artikel aus dem »Creation Magazine«[58] für mich auswendig oder kopierte sie, wenn sie zu lang waren, und brachte sie mir am darauffolgenden Tag mit. Er sprach mit mir über all seine Informationen und erklärte mir dann, dass diese Dinge nur durch einen Schöpfer entstanden sein konnten. *Darren* bezeugte mir auf diese Weise zwei Jahre und vier Monate lang seinen Glauben, bis ich mich schließlich im September 1996 bekehrte! In dieser Zeit stellte ich ihm manche Frage, die er nicht beantworten konnte, und er sagte dann, er würde versuchen, die Antwort herauszufinden. Jedes Mal hatte er sie dann auch am nächsten Tag für mich parat.

Irgendwann kaufte ich mir dann eine Bibel. Als *Darren* meine Bibel sah, musste er lachen, denn ich hatte mir die »Gute Nachricht« in der katholischen Ausgabe gekauft – ich wusste noch nicht einmal, dass es verschiedene Versionen der Bibel gab. So bin ich dann losgezogen und habe mir die »New International Version« gekauft (bin seitdem aber zu der »New King James Version« gewechselt, weil das eine viel genauere Übersetzung ist).

---

58 Die Zeitschrift »Creation Magazine« wird von dem international bekannten Glaubenswerk »Creation Ministries International« (http://creation.com [abgerufen am 27. 11. 2013]) mit Sitz in Brisbane/Australien herausgegeben. Ihr Gründer ist der Leiter des seit 1978 bestehenden Werkes, Dr. Carl Wieland. Die Zeitschrift hat derzeit eine Auflage von 50 000, sie nimmt keine Handelsreklamen an und wird an Abonnenten in mehr als 110 Ländern der Welt versandt.

Sonia Foley bei ihrer Labortätigkeit.

Einige Zeit vor meiner Bekehrung hatte ich begonnen, die Kirche meiner Mutter zu besuchen. Weil ich unbedingt verhindern wollte, dass jemand mit mir ein Gespräch über den Glauben anfängt, bin ich dem Kirchenchor beigetreten. Es war schon komisch, dass keiner dieser Leute gemerkt hat, dass ich gar nicht gläubig war. Bemerken möchte ich noch, dass das, was ich dort in der Kirche hörte, nicht zu meiner Bekehrung beigetragen hat.

Die Hinkehr zur Bibel

Der Prozess meiner Bekehrung war ein logisch konsequenter Schritt. In dem Moment, als ich erkannte, dass eine Schöpfung stattgefunden hatte und von allen biblischen und sonstigen Beweisen her sogar die wahrscheinlichere Erklärung für unser Dasein ist als die Evolutionstheorie, fiel es mir auch leicht, die gesamte Botschaft des Evangeliums zu akzeptieren. Fortan verlegte ich somit mein Fundament von der Evolution auf die Bibel. Die Annahme des Evangeliums geschah nun nicht über Nacht, da ich sehr gründlich in der Evolutionslehre unterwiesen worden war und die Bibel bereits abgelehnt hatte. Sobald ich nun erkannte, dass nicht die Bibel, sondern die Evolutionstheorie in ihrem Kern reine Fiktion ist, wusste ich auch, dass Gott existieren musste.

Als ich erst einmal Gottes Existenz akzeptiert hatte, wurde mir klar, dass das Schlimmste, was ich hatte tun können, darin bestand, ihn zu ignorieren – ja, ihm sogar offen entgegenzutreten. Denn obwohl es mir nicht bewusst war, so spürte ich instinktiv (mein Gewissen bezeugte mir, dass ich das Gesetz übertreten hatte [Röm 2,15]), dass ich das erste und wichtigste Gebot verletzt hatte: »Ich bin der HERR, dein Gott. ... Du sollst keine anderen Götter haben neben mir. ... Und du sollst den HERRN, deinen Gott, lieb haben von ganzem Herzen, von ganzer Seele und mit all deiner Kraft« (2Mo 20,2-3 und 5Mo 6,5). Ich sah mich vor einem großen Problem. Weil mir meine Situation vor Gott in all meiner Verlorenheit klar geworden war, wurde ich von der wunderbaren Botschaft des Evangeliums, dass Gott mir einen Weg der Errettung anbot, umso mehr angezogen. Daraufhin tat ich Buße über meine Sünden und wandte mich Christus zu (2Kor 7,10 und Lk 15,7.10).

Viele Christen vertreten die Auffassung, beim Evangelium handle es sich nur um Jesu Tod und Auferstehung und um weiter nichts. Das aber ist grundfalsch. Die Botschaft ist viel umfassender und beginnt schon gleich mit den ersten Kapiteln der Genesis, so wie Paulus es in 1. Korinther 15,21-22 deutlich macht.

Wenn man nur den Tod und die Auferstehung Jesu predigt, dann ist das einem Kinofilm vergleichbar, bei dem man sich nur den Höhepunkt ansieht, den Anfang der Handlung aber gar nicht kennt. Damit fehlt die Grundlage für das Verständnis des Ganzen, und wenn man dann auch noch das Ende verpasst, bleibt einem die eigentliche Geschichte völlig verborgen. Man kann dann nur noch Mutmaßungen anstellen oder die Ansicht eines anderen akzeptieren. Man kennt die Wahrheit dann nicht. Wenn man auch nur irgendetwas als nebensächlich oder irreführend abtut, dann folgt man nicht dem Gebot in 1. Petrus 3,15: »Seid allezeit bereit zur Verantwortung vor jedermann, der von euch Rechenschaft fordert über die Hoffnung, die in euch ist.«

Es war Gottes Gnade, die mir durch die Informationen von *Darren* meinen Glauben an die Evolution zunichtemachte und mich zum ersten Mal die Kraft des Schöpfergottes in der Genesis sehen ließ, und das führte mich in die Nachfolge Christi. Was mich dann aber schockierte, war die Beobachtung, dass die Kirche voll von Menschen ist, die behaupten, die Bibel als das Wort Gottes zu akzeptieren, die aber den Schöpfungsbericht ablehnten. Sie ziehen die Theorien von Menschen vor, die nicht alles wissen können, die sich ständig irren und die auch gar nicht bei der Entstehung des Lebens dabei waren. Das ist etwas, was mir bis zum heutigen Tag großen Kummer bereitet.

Die Bibel ist für mich ein ganz und gar erstaunliches Buch. Die wissenschaftlichen und apologetischen Erkenntnisse sowie die erfüllten Prophetien lassen keinen Zweifel daran, dass es sich um ein übernatürliches Buch handelt. Viele, die sich die Mühe gemacht haben, die Bibel zu studieren, sind zu dieser Erkenntnis gekommen. Es gibt auf diesem Gebiet einige sehr gute Bücher (z. B. »Scientific Facts in the Bible« sowie »101 Last Days Prophecies« von *Ray Comfort* und »New Evidence That Demands A Verdict«[59] von *Josh McDowell*).

Wenn wir das Fundament des Wortes Gottes antasten, indem wir einen Teil der Bibel bezweifeln, können wir nicht standhalten, wenn wir Zeugnis geben (Ps 11,3). Wir stellen uns gegen die Autorität des Wortes Gottes, wenn wir die Bibel, wie die Welt es tut, als ein veraltetes Buch ablehnen. Leider befinden sich auch viele Gemeinden in diesem Irrtum, weil sie den gefährlichen Abhang des Zweifels hinabgerutscht sind.

Nehmen wir dazu noch die Tatsache hinzu, dass die meisten Gemeinden unser fähigstes Hilfsmittel zur Sündenerkenntnis – Gottes Gesetz – vernachlässigen oder gar bewusst unter den Tisch kehren (Paulus sagt in Röm 7,7: »Die Sünde erkannte ich nicht außer durchs Gesetz.«), wenn es darum geht, Sünder zu Christus hinzuführen. Wir sollten uns dann nicht wundern, wenn so viele nur allsonntäglich die Kirchenbänke warm halten.

---

59 A. d. H.: Der Vorgängerband dieses Werkes, »Evidence That Demands A Verdict«, ist im Deutschen unter dem Titel »Die Bibel im Test« erschienen. Ein PDF-Download ist abrufbar unter: http://www.clv.de.

Was mir dann ganz eindeutig die Augen für die Notwendigkeit der Buße und den Glauben an den Herrn Jesus öffnete, war eine Botschaft von *Ray Comfort* mit dem Titel »Hell's Best Kept Secret«[60] (HBKS – auf Deutsch »Das bestgehütete Geheimnis der Hölle«). Diese Botschaft erklärt das Evangelium auf wunderbar einfache und direkte Weise. Ich kann sagen, dass dadurch mein ganzes Leben umgekrempelt wurde.

Indem sie sich auf Gottes Zehn Gebote berief, zeigte mir diese Botschaft, dass ich ein Lügner war, wenn ich auch nur einmal gelogen hätte (9. Gebot), dass ich ein Dieb war, wenn ich auch nur einen Kaugummi gestohlen oder im Büro etwas Persönliches kopiert hätte, ohne vorher den Chef gefragt zu haben, oder einen Bleistift von der Arbeit mitgenommen hätte (8. Gebot), und dass ich ferner ein Gotteslästerer war, wenn ich den Namen Gottes missbrauchte (3. Gebot). Die Botschaft wies außerdem darauf hin, dass ich im Herzen Ehebruch beging, wenn ich auch nur einmal lustvolle Blicke warf (7. Gebot), und dass ich ein Mörder war, wenn ich einen anderen Menschen hasste (6. Gebot). Außerdem zeigte *Ray Comfort*, dass alles, was ich wichtiger nahm als Gott, ein anderer Gott für mich war (2. Gebot). Die schlimmste Erkenntnis hinsichtlich der Botschaft war, dass ich Gott nicht von ganzem Herzen, mit meinem ganzen Verstand, von ganzer Seele und mit all meiner Kraft geliebt hatte (1. Gebot). Er war der Herr, der mir mein Leben, meine Familie, meine Nahrung, meine Kleidung, ein Dach über dem Kopf, Freunde und so viel Segen geschenkt hatte.

---

60 Der bemerkenswerte Vortrag von Ray Comfort kann als PDF-Download von Werner Gitts Homepage sowohl in Englisch (Beiträge → Englisch) als auch in Deutsch (Beiträge → Deutsch) heruntergeladen werden: http://www.wernergitt.de (abgerufen am 27. II. 2013).

Ich hatte mir niemals die Zeit genommen, Gott zu danken oder ihm die Ehre zu geben (4. Gebot). Im Gegenteil, ich hatte ihn unverhohlen abgelehnt. Wie ich bereits ausführlich geschrieben habe, hatte ich meine Eltern nicht geehrt (5. Gebot), und wer kann behaupten, dass er nie etwas gern gehabt hätte, was einem anderen Menschen gehört (10. Gebot)? Ich jedenfalls kann das von mir aus meiner Jugendzeit nicht sagen.

Man mag jetzt denken – wow, geht sie aber hart mit sich ins Gericht, das war doch alles in ihrer Vergangenheit, und sie hat doch nun ihr Leben bereinigt! Tatsache ist, dass ich in der Vergangenheit wie auch heute recht nachsichtig mit mir selbst bin – die meisten von uns sind nachsichtig mit sich selbst und nur hart gegenüber anderen Menschen. Endlich sah ich mich in dem wahren Licht Gottes, nämlich so, wie Gott mich sieht. Die Bibel sagt: »Wir [sind] alle wie die Unreinen, und alle unsre Gerechtigkeit ist wie ein beflecktes Kleid« (Jes 64,5). Gott ist so heilig, so gerecht, dass nichts Schmutziges sich ihm nahen kann. Gott hat den Maßstab vorgegeben, und wir können uns nicht zu ihm hinaufarbeiten, denn wir sind nicht in der Lage, begangene Sünden aus unserer Vergangenheit wiedergutzumachen. Ich hätte mich nicht mit der Erklärung entschuldigen können, dass all diese Dinge Vergangenheit seien und dass ich jetzt meinen Lebensstil verbessert habe. Die Zeit vergibt keine Sünden. Ein Mörder kann 20 Jahre nach seiner Tat gefasst werden – er bleibt auch dann noch ein Mörder und muss sich vor dem Gericht verantworten.

Es war für mich, als wenn ich im Gerichtssaal stünde und zu einer Gefängnisstrafe verurteilt werden sollte, weil ich die Strafe von 100 000 Dollar nicht bezahlen konnte, die jemand über mich verhängt hatte. Und dann war es, als wenn jemand den Saal betrat, den ich noch nicht einmal kannte, und diese Strafe für mich bezahlte. Jesus hat das für mich vor 2000 Jahren getan, indem er die Strafe für meine Verbrechen gegen Gott auf sich nahm, von denen ich hier nur einige wenige zu schildern versucht habe. Wir alle müssen das Werk Jesu annehmen, der für uns schon bezahlt hat. Der EINZIGE Weg, auf dem für Sünde bezahlt werden kann, ist der Herr Jesus Christus – wir können unsere Rettung NICHT selbst erarbeiten. Gott kehrt uns nicht den Rücken zu, sodass wir ewig in Sünde weiterleben, sondern er zeigt uns einen Ausweg – wenn wir ihn nur gehen wollen. Die Bibel sagt uns auch: Selbst wenn wir alle Gebote halten und nur an einem Punkt stolpern, so hätten wir doch gegen das ganze Gesetz verstoßen.

Die meisten denken, sie seien gute Menschen: »Viele Menschen rühmen ihre Güte« (Spr 20,6). »Gut sein« bedeutet allerdings nach der Bibel, »moralisch perfekt« zu sein, und das trifft auf niemanden zu: »Da ist keiner, der Gutes tut, auch nicht einer« (Ps 53,4). Das zeigte mir, dass es egal ist, wie gut man über sich denkt. Es gibt in der Tat keinen einzigen Menschen, der gut genug ist, um in den Himmel zu kommen. Es gab und gibt für alle Zeit nur eine Ausnahme – das war Gottes Sohn Jesus Christus, er war und ist wirklich ohne Fehl und Tadel.

Als ich das erste Mal diese Botschaft von dem »bestgehüteten Geheimnis der Hölle« hörte, war ich auf einem Bibelseminar. Einer der jungen Mitarbeiter sollte an dem Tag die Bibellehre übernehmen, hatte sich aber nicht vorbereitet und brachte stattdessen eine Kassette mit, die im Wesentlichen die Botschaft des erwähnten Vortrags von *Ray Comfort* enthielt, der wir dann alle zuhörten. Mir fielen die Kinnladen herunter – die Botschaft verschlug mir den Atem! Als derselbe Mitschüler das nächste Mal mit der Bibellehre an der Reihe war, hatte er sich wieder nicht vorbereitet und brachte eine Fortsetzung seiner ersten HBKS-

Kassette mit. Wieder war ich total sprachlos und fragte ihn anschließend, ob es noch mehr davon gäbe. Es gab eine ganze Serie von 16 Vorträgen. Auf mein Bitten hin lieh er sie mir aus, und ich hörte jede Kassette mehrmals. Was ich da vernahm, verschlug mir immer wieder aufs Neue den Atem!

Der Ruf zum Missionieren
Mein Leben wurde durch diese großartige Botschaft total umgekrempelt! Sie verwandelte mich: Bisher war ich ein Christ, der den Herrn liebte und wollte, dass andere ihn kennenlernten, aber nicht sicher war, wie er das anstellen sollte. Fortan wurde ich zu einem Christen voller Feuer – jemand, der den Herrn umso mehr liebte und nun das Werkzeug hatte, das Evangelium wirksam weiterzugeben, so wie Jesus es tat! Mir wurden plötzlich die Augen geöffnet für die Tatsache, dass Nichtchristen ohne Jesus in die Hölle gehen und dass WIR diejenigen sind, die sie warnen und ihnen sagen müssen, dass Jesus sich für sie geopfert hat – dafür sind NICHT andere Personen, sondern WIR VERANTWORTLICH.

Die Lehre der erwähnten Botschaften, die auch in Buchform erschienen sind, gab mir Eifer und Leidenschaft, die Verlorenen so zu sehen, als wären sie bereits gerettet. Über die folgenden drei bis vier Jahre hörte ich die meisten von *Ray Comforts* Audiokassetten an. Ich sah mir auch die meisten seiner Videokassetten an, las die meisten seiner Bücher und besuchte die »Schule Biblischer Evangelisation«. Ich begann außerdem, mit einigen christlichen Freunden auf die Straße zu gehen, Evangeliumstraktate zu verteilen und in Einzelgesprächen zu missionieren.

Dann erfuhr ich durch den Rundbrief von »Living Waters Publications« (LWP) von einer Evangeliums-Ausbildungsstätte (EBC), die von dem »Great News Network« (GNN) eingerichtet wurde und früher ein Arbeitszweig von »Living Waters« in Los Angeles in den USA war. Ich bewarb mich um einen Platz, und Gott hat ihn mir aus lauter Gnade geschenkt. Ich habe an dem EBC 1 und dem EBC 3 teilgenommen, und beide Kurse wurden eindrucksvolle Zeiten in meinem Leben.

Nach der Ausbildung wurde ich gefragt, ob ich ein GNN-Leiter für Sydney (New South Wales) sein wollte, und allmählich lernte ich immer mehr Leute kennen, die auch die Verlorenen suchen und retten wollen.

Zurzeit sind wir ein kleines Evangelisationsteam, das am Samstagmorgen auf der Straße unterwegs ist. Meine Aufgabe ist es, Jünger Jesu, die den Samen des Evangeliums säen wollen und denen es ein Herzensanliegen ist, den Verlorenen die Frohe Botschaft zu bringen, auszubilden und sie zu ermutigen! Unsere Straßenevangelisationen am Samstagmorgen sind ein wichtiger Schritt, um in der Nachfolge zu wachsen und als Jünger Jesu jederzeit anderen Menschen das Evangelium bringen zu können.

Außerdem helfe ich, zwei Websites zu koordinieren. Die eine (»Evangelism Resources«[61]) ist für Christen, denen damit Material (zumeist in ihrer eigenen Sprache) zur Verfügung gestellt wird, um weltweit evangelisieren zu können. Die andere Website (»Answers to Christianity«[62]) ist für Nichtchristen bestimmt, die in den meisten Fällen die Frohe Botschaft in ihrer eigenen Sprache lesen und eventuelle Fragen beantwortet bekommen können.

Der Hauptgrund, warum Menschen ihren Glauben anderen nicht mitteilen wollen, ist die Sorge, abgelehnt zu werden. Wenn

---

61 Quelle: http://www.resourcesforevangelism.com (abgerufen am 27.11.2013).
62 Quelle: http://www.answerstochristianity.com und http://www.forlifesanswers.com (jeweils abgerufen am 27.11.2013).

es Ihnen auch so geht, möchte ich Sie mit allem Nachdruck ermutigen, es trotzdem zu tun. Wenn Sie in einem der Rettungsboote der *Titanic* sitzen würden und all die Menschen auf dem sinkenden Schiff sehen könnten, kurz nachdem es den Eisberg gerammt hat, würde Furcht Sie ergreifen, weil Sie wüssten, dass sie alle ertrinken würden, und Sie hätten den sehnlichen Wunsch, dass sie gerettet würden. Sie würden all Ihre Kraft aufbringen, um sie, soweit es Ihnen möglich ist, vor dem Untergang des Schiffes zu warnen. Vielleicht werden da einige sein, die Sie auslachen, weil sie das Schiff für unsinkbar halten, aber vielleicht werden auch einige auf Ihre Warnung hören, das Schiff verlassen und gerettet werden. Genauso sterben auch Tausende von Menschen jeden Tag und gehen in die Hölle. Einige machen sich vielleicht über Sie lustig und glauben Ihnen nicht, aber einige hören auf Sie und werden gerettet. Lassen Sie das Mitleid Ihre Furcht verdrängen.

Jesus sagt: »Gehet hin in alle Welt und predigt das Evangelium aller Kreatur« (Mk 16,15).

»Und das Evangelium muss zuvor gepredigt werden unter allen Völkern« (Mk 13,10).

Paulus sagt: »Wehe mir, wenn ich das Evangelium nicht predigte« (1Kor 9,16).

Sonia Foley, Elanora Heights (NSW 2101, Australien)

TEIL V

5. Nachwort

5.1 Wie finde ich selbst den kostbaren Schatz?

Im zweiten Teil des Buches haben wir einige Aspekte des Himmels geschildert und dabei erkannt, wie wertvoll es ist, einmal eine ganze Ewigkeit an jenem Ort zu verbringen. Die zehn Zeugnisse im vierten Teil des Buches haben Ihnen vor Augen geführt, wie Menschen aus unterschiedlichen Ländern und verschiedenen Lebenslagen auf den Schatz gestoßen sind. Vielleicht haben Sie Sehnsucht empfunden, auch einmal an jenem herrlichen Ort der Ewigkeit mit dabei zu sein. Dann stellen sich die Fragen: Wie begebe ich mich auf diesen Weg? Wie mache ich das? Wie erlange ich hier schon die Gewissheit, das Ziel zu erreichen? Die folgenden Seiten wollen das nun sehr detailliert erklären.

Warum lohnt es sich, die Ewigkeit im Himmel zu verbringen? Zum Himmel gibt es nur eine einzige Alternative, und das ist die Hölle. In vielen Kirchen ist leider der Zeitgeist eingezogen, und die Hölle wird weitgehend ignoriert. Jesus aber hat in seinen Predigten nicht nur die Existenz der Hölle bezeugt, sondern auch sehr eindringlich davor gewarnt: »Wenn dich aber dein rechtes Auge zum Abfall verführt, so reiß es aus und wirf's von dir. Es ist besser für dich, dass eins deiner Glieder verderbe und nicht der ganze Leib in die Hölle geworfen werde« (Mt 5,29). Jesus aber kam in diese Welt mit dem ausdrücklichen Ziel: »Denn der Menschensohn ist gekommen, selig zu machen (= für den Himmel zu erretten), was verloren ist«[63] (Mt 18,11). Das bedeutet, durch die Hinwendung zu Christus werden wir die Ewigkeit mit ihm im Himmel verbringen. Dieser Aufenthaltsort wird in 1. Korinther 2,9 als unvorstellbar schön beschrieben:»Was kein Auge gesehen hat und kein Ohr gehört hat und in keines Menschen Herz gekommen ist, was Gott bereitet hat denen, die ihn lieben.« Die Einladung gilt! Wenn Sie darauf eingehen, werden Sie von Gott sehr reich beschenkt.

5.2 Wie komme ich in den Himmel?

Wir kommen nun zu der wichtigsten Frage unseres Lebens überhaupt: Wie kann ich gewiss werden, dass ich in den Himmel komme? Jesus hat es uns sehr deutlich gesagt:»Ich bin die Tür (zum Himmel)« (Joh 10,9), und:»Ich gebe ihnen das ewige Leben« (Joh 10,28). Er hat weiterhin gesagt:»Ich bin der Weg und die Wahrheit und das Leben; niemand kommt zum Vater denn durch mich« (Joh 14,6). Jesus hat mit diesem wegweisenden Wort alle menschlich ersonnenen Wege in den verschiedenen Religionen als Irrwege markiert. Nur er allein – keine Kirche, kein Fundus an menschlichen Taten, keine Religion – kann uns in den Himmel bringen. Schritt um Schritt wird dieser Weg nun in Form eines Dialogs erläutert. Wenn Sie diesen Weg beschreiten wollen, können Sie dies jetzt wie bei einer Gebrauchsanweisung tun.

Erkennen Sie sich im Licht der Bibel: Wir lesen Römer 3,22-23: »Denn es ist hier kein Unterschied: Sie sind allesamt Sünder und

---

63 In der hier zitierten Bibelübersetzung (Luther 1984) findet sich dieser Vers nur in einer Fußnote, weil er nach den entsprechenden Informationen erst in der späteren Überlieferung vorkommt. Trotzdem stimmt er mit anderen neutestamentlichen Aussagen in jeder Beziehung überein (vgl. z. B. Lk 19,10).

ermangeln des Ruhmes, den sie bei Gott haben sollten.« Diese Bibelstelle zeigt uns die eigene Verlorenheit vor dem lebendigen Gott. Wir haben durch unsere Sünde, die uns von Gott trennt, keinen Zugang zu ihm und auch nichts vorzuweisen, was uns vor ihm angenehm erscheinen lässt. Kurz gesagt: Wir haben keine Verdienste vor Gott und besitzen auch nichts, wodurch wir mit ihm ausgesöhnt werden könnten. Seit dem Sündenfall besteht eine tiefe Kluft zwischen dem Gott der Bibel und der sündigen Menschheit. Stimmen Sie Gottes Einschätzung zu, dass alle Menschen gefallene Sünder sind?

Der einzige Ausweg: Es gibt nur *einen einzigen* Weg, der uns aus diesem Dilemma herausführt, und dieser Ausweg wurde von Gott selbst geschaffen. Sein Sohn Jesus Christus nahm willig die Strafe für unsere Sünden am Kreuz auf sich. Er litt stellvertretend für uns. Jesus kam, um zu retten, was verloren ist (Mt 18,11). Rettung ist in niemand anderem und auf keine andere Weise zu finden (Apg 4,12). Können Sie dieser Tatsache ebenfalls zustimmen?

Bekennen Sie Ihre Sünden: In 1. Johannes 1,8-9 lesen wir: »Wenn wir sagen, wir haben keine Sünde, so betrügen wir uns selbst, und die Wahrheit ist nicht in uns. Wenn wir aber unsre Sünden bekennen, so ist er treu und gerecht, dass er uns die Sünden vergibt und reinigt uns von aller Ungerechtigkeit.« Jesus hat aufgrund seines Erlösungswerkes auf Golgatha die Vollmacht, Sünden zu vergeben. Wenn wir uns auf seine Zusagen berufen, ihm unsere Schuld bekennen und ihn um Vergebung bitten, können wir sicher sein, dass er sein Versprechen hält. Wir können uns darauf verlassen, dass er uns ganz sicher von unseren Belastungen und deren ewigen Folgen befreit. Nachdem wir diese grundlegenden Dinge bedacht haben, kommt es nun auf das Handeln an. Sind Sie dazu bereit? Wenn Sie das bejahen, dann können wir das jetzt alles dem Herrn Jesus im Gebet sagen (was nun folgt, ist der Vorschlag für ein frei formuliertes Gebet):

»Herr Jesus Christus, ich habe mein bisheriges Leben so zugebracht, als gäbe es dich überhaupt nicht. Jetzt habe ich dich erkannt und wende mich im Gebet zu dir. Ich weiß jetzt, dass es einen Himmel gibt, aber genauso auch eine Hölle. Bitte rette mich vor der Hölle, vor diesem Ort, an den ich als Folge aller meiner Sünden, vor allem wegen meines Unglaubens, zu Recht hätte kommen müssen. Ich möchte dich bitten, bei dir für alle Ewigkeit im Himmel sein zu dürfen. Ich begreife, dass ich nicht durch eigene Verdienste in den Himmel kommen kann, sondern allein durch den Glauben an dich. Weil du mich liebst, bist du für mich am Kreuz gestorben, hast meine Schulden auf dich genommen und für sie an meiner statt bezahlt. Ich danke dir dafür. Du siehst alle meine Übertretungen, sogar die aus meiner Jugendzeit. Du kennst alle Sünden, die ich begangen habe, nicht nur diejenigen, an die ich mich erinnere, sondern auch all jene, die ich längst vergessen habe. Du weißt alles über mich. Jede Regung meines Herzens ist dir bekannt, sei es Freude, Traurigkeit, Glück oder Verzweiflung. Ich bin vor dir wie ein aufgeschlagenes Buch. Weil ich mit meiner schuldhaften Vergangenheit vor dir und vor Gott dem Vater nicht bestehen kann, ist mir der Zugang zum Himmel verschlossen. Darum bitte ich dich, mir alle meine Sünden zu vergeben, die ich alle von Herzen bereue. Amen.«

Sie haben dem Herrn alles gesagt, was jetzt nötig ist (1Jo 1,8-9). Gott selbst hat sich mit seiner Zusage verbürgt. Was meinen Sie wohl, wie viel von Ihrer Schuld ist jetzt getilgt? 80 Prozent? 90 Prozent? 10 Prozent? Es steht geschrieben: »[Er] reinigt uns von **aller** Ungerechtigkeit« (1Jo 1,9). Ihnen ist somit **voll-**

ständig vergeben worden! Ja, wirklich alles, und das sind volle 100 Prozent! Das ist nun für Sie Tatsache (wenn Sie das Gebet aufrichtig gemeint haben). Die Bibel legt Wert darauf, dass wir das von Gott Zugesagte nicht etwa als Einbildung empfinden, auch nicht als eine denkbare Möglichkeit oder vage Hoffnung! Es soll uns eine feste Gewissheit sein, und darum lesen wir in 1. Petrus 1,18-19:

> »Denn **ihr wisst**, dass ihr nicht mit vergänglichem Silber oder Gold erlöst seid ..., sondern mit dem teuren Blut Christi als eines unschuldigen und unbefleckten Lammes.«

Und in 1. Johannes 5,13 finden wir die nochmalige Bestätigung:

> »Das habe ich euch geschrieben, damit **ihr wisst**, dass ihr das ewige Leben habt, die ihr glaubt an den Namen des Sohnes Gottes.«

Lebensübergabe: Der Herr Jesus hat Ihnen soeben alle Sünden vergeben. Nun können Sie ihm Ihr ganzes Leben anvertrauen. In Johannes 1,12 lesen wir: »So viele ihn aber aufnahmen, denen gab er das Recht, Kinder Gottes zu werden, denen, die an seinen Namen glauben« (Elb 2003). Alle, die den Herrn Jesus einladen, die Herrschaft in ihrem Leben zu übernehmen, denen gibt er das Recht, Kinder Gottes zu werden. Kinder Gottes werden wir nicht als Belohnung für irgendwelche guten Taten, weil wir so fromm sind oder weil wir zu einer bestimmten Kirche gehören. Wir werden Kinder Gottes, indem wir unser Leben dem Sohn Gottes anvertrauen und willens sind, ihm in der Kraft des Heiligen Geistes gehorsam nachzufolgen. Auch das wollen wir im Gebet festmachen:

»Ich nehme dich nun als meinen Herrn und Retter an. Regiere du über mein Leben. Ich möchte ein Leben führen, das dir gefällt. Gib, dass ich all das aufgeben kann, was in deinen Augen nicht richtig ist, und schenke mir neue Verhaltensweisen. Hilf mir, dein Wort, die Bibel, zu verstehen. Hilf, dass ich begreife, was du mir sagst, und dass ich immer wieder neue Freude in deinem Wort finde. Zeige mir bitte den Weg, den ich jetzt gehen soll, und gib mir ein gehorsames Herz, um dir zu folgen. Ich danke dir, dass du mich erhörst. Ich glaube deiner Verheißung, dass ich nun durch meine Umkehr zu dir ein Kind Gottes bin, das eines Tages und dann für alle Ewigkeit in den Himmel kommen wird. Ich erkenne in dieser unverdienten Gnade einen großen Gewinn und ich freue mich in der Gewissheit, dass du in jeder Situation des Lebens an meiner Seite sein wirst, auch jetzt. Bitte hilf mir, Menschen zu finden, die auch an dich glauben, und hilf mir, eine Gemeinde zu finden, wo dein Wort in Wahrhaftigkeit verkündigt wird. Amen.«

Angenommen: Der Herr hat Sie angenommen! Er hat Sie um einen hohen Preis für sich erworben, er hat Sie errettet. Sie sind nun ein Kind Gottes geworden. Wer Kind ist, der ist auch ein Erbe: ein Erbe Gottes, ein Erbe der himmlischen Welt. Können Sie sich vorstellen, was im Himmel jetzt vor sich geht? In Lukas 15,10 lesen wir: »Ebenso, sage ich euch, ist Freude vor den Engeln Gottes über einen Sünder, der Buße tut« (Elb 2003). Der ganze Himmel gerät in Bewegung, wenn ein Mensch die Botschaft des Evangeliums ernst nimmt und sie in seinem Leben umsetzt. Die Bibel nennt den Prozess der Hinwendung zu Jesus *Bekehrung*; dabei übergeben wir ihm unsere Schuld, und er nimmt sie weg. Gleichzeitig geschieht von Gott aus die *Wiedergeburt* an uns: Er gibt uns das neue Leben der Kindschaft – wir sind von Neuem geboren! Nun ist uns neues Leben geschenkt (mit einem neuen Geist). Wir sind Gottes Kinder. *Bekehrung* und *Wiedergeburt* gehören somit zusammen – sie sind die beiden Seiten einer Medaille.

Danksagung: Die Errettung ist Gottes Gabe an uns. Nur wegen seiner Liebe ist dies überhaupt möglich geworden. Wir können überhaupt nichts zu diesem Werk der Erlösung hinzufügen. Jeder, der etwas geschenkt bekommt, sagt: »Danke!« Sagen Sie dem Herrn Jesus Dank mit Ihren eigenen Worten!

Was kommt jetzt? Die Bibel vergleicht Ihren jetzigen Zustand mit dem eines neugeborenen Kindes. Es gehört selbstverständlich zu seiner Familie, und so gehören Sie von nun an zu der Familie Gottes. Neugeborene befinden sich in einer kritischen Lebensphase. Das gilt auch für unser Glaubensleben. Der Übergang in das neue Leben durch Bekehrung und Wiedergeburt ist gut verlaufen. Echtes, neues Leben ist da. Nun sind Nahrung (Milch) und gute Pflege unbedingt erforderlich. Natürlich hat auch hier Gott vorgesorgt und alles getan, damit Sie eine gute Entwicklung nehmen können. Schäden für unseren kindlichen Glauben können vermieden werden, wenn wir Gottes Gebote beachten.

Die gewaltigste Predigt, die je auf dieser Erde gehalten wurde, ist die Bergpredigt von Jesus (Mt 5–7). Sie beginnt mit dem Satz: »Selig sind, die da geistlich arm sind; denn ihrer ist das Himmelreich« (Mt 5,3). Diese Aussage gilt jetzt auch für Sie, denn Sie wissen noch nicht viel aus dem großen Schatz der Bibel und fühlen sich »geistlich arm« im Vergleich mit anderen, die schon jahrelang die Bibel lesen. Aber Sie sind gerettet und haben das ganze Himmelreich gewonnen. Seien Sie sich dieses großen Reichtums bewusst! Achten Sie beim Suchen einer Gemeinde darauf, dass Sie nicht in die Fänge einer Sekte (z.B. Zeugen Jehovas, Mormonen usw.) gelangen! Am ehesten werden Sie eine bibeltreue Lehre in einer der evangelischen Freikirchen finden.

Die folgenden fünf Aspekte (5 Gs, weil alle mit einem G beginnen) sind nicht nur bedeutsam für Anfänger im Glauben, sondern beinhalten auch unverzichtbare Voraussetzungen für das tägliche Leben eines Gläubigen mit Jesus. Beherzigen wir diese fünf Punkte, dann haben wir Gottes Garantie-Erklärung, dass wir das Ziel unserer Bestimmung auch wirklich erreichen:

1. Gottes Wort

Sie haben Ihre Entscheidung auf Gottes Wort, die Bibel, gegründet. Die Bibel ist das einzige Buch, dessen Autor Gott ist und das von ihm beglaubigt wurde. Alle Bücher der Welt zusammen können der Bibel nicht das Wasser reichen in Bezug auf Wahrheit und Menge lebenswichtiger Information. Das Wort Gottes zu lesen und zu begreifen, ist absolut nötig. In 1. Petrus 2,2 wird auf diesen Aspekt Wert gelegt und deutlich erklärt:»Wie neugeborene Kinder seid begierig nach der vernünftigen, unverfälschten Milch« (Elb 2003). Machen Sie es sich zur Angewohnheit, täglich die Bibel zu lesen, um Gottes Willen zu erfahren. Es ist ratsam, mit dem Lesen der Evangelien zu beginnen (z. B. mit dem Evangelium nach Johannes). An jedem Morgen erledigen wir gewisse Tätigkeiten in einer bestimmten Reihenfolge. Das Frühstücken und Zähneputzen vergessen Sie an keinem Tag. Nehmen Sie das Bibellesen als neuen Punkt Ihres Tagesablaufs ab jetzt hinzu.

2. Gebet

Sprechen Sie von nun an jeden Tag mit Ihrem Herrn. Durch sein Wort redet Gott zu uns. Er möchte, dass wir auch mit **ihm** reden. Es ist ein großes Vorrecht, ihm alles sagen zu dürfen. Der Bibel zufolge dürfen die Gebete nur an Gott gerichtet werden, der nun Ihr Vater ist, und an Jesus, Ihren Retter, Ihren Guten Hirten, Ihren Freund. Die Bibel fordert ausdrücklich, zu niemand und nichts anderem zu beten. Alle Gebete, die Menschen nicht an Gott richten, sind Götzendienst und dem Herrn ein Gräuel. Die Bibel bezeugt das Gebet an Gott den Vater und an seinen Sohn Jesus Christus; für ein Gebet an den Heiligen Geist gibt es in der Bibel kein Beispiel. Das Gebet wird Ihnen Kraft verleihen. Es wird Sie in positiver Weise verändern. Alles in Ihrem täglichen Leben kann zum Gegenstand des Gebets werden: Ihre Sorgen, Freuden und Pläne. Danken Sie dem Herrn für alles, wovon Sie bewegt sind. Beten Sie für andere Leute und deren Schwierigkeiten. Beten Sie zu dem Herrn, dass die Leute in Ihrer Umgebung auch zum Glauben finden. Gebet und das Lesen des göttlichen Wortes sind die Pumpen für die »geistliche Blutzirkulation«, die für die Gesundheit des geistlichen Lebens unerlässlich ist.

3. Gehorsam

Wenn Sie die Bibel lesen, werden Sie viele hilfreiche Anweisungen für alle Bereiche Ihres Lebens finden, einschließlich Ihres Lebens in der Gemeinschaft mit Gott. Setzen Sie all das, was Sie verstanden haben, in die Tat um, und Sie werden einen großen Segen erfahren. Gott hat Wohlgefallen an gehorsamen Kindern, die nach seinem Wort leben und seine Gebote halten. Die beste Weise, Gott unsere Liebe zu zeigen, ist, ihm zu gehorchen: »Das ist die Liebe zu Gott, dass wir seine Gebote halten« (1Jo 5,3). Die Welt bietet manche Lebenskonzepte an, die dem Zeitgeist entlehnt sind und sich in der Praxis nicht bewähren. Die Bibel hingegen legt eine Messlatte fest, die unser Leben gelingen lässt, sodass es unter dem Segen des Herrn steht. Bei solchen Wahlmöglichkeiten entscheiden wir uns für Gottes Ratschläge: »Man muss Gott mehr gehorchen als den Menschen« (Apg 5,29). Wir müssen bei unserem Gehorsam aufpassen, dass wir nicht die Wünsche der alten Natur befriedigen, die im folgenden Bibelvers »das Fleisch« genannt wird: »Lebt im Geist, so werdet ihr die Begierden des Fleisches nicht vollbringen. Denn das Fleisch begehrt auf gegen den Geist und der Geist gegen das Fleisch;

die sind gegeneinander, sodass ihr nicht tut, was ihr wollt«
(Gal 5,16-17). Daher müssen wir absolut sicher sein, dass unser
Gehorsam gegenüber Gott biblisch begründet ist und unter der
Kraft und Leitung des Heiligen Geistes steht.

4. Gemeinschaft

Gott schuf die Menschheit mit einem Bedürfnis nach Gemeinschaft. Darum sollten Sie nach anderen Christen Ausschau halten, die ihr Leben ebenfalls Gott unterworfen haben. Das sind
Leute, mit denen Sie beten und über Ihren Glauben reden können. Bleiben Sie mit solchen Menschen in Verbindung. Nimmt
man eine glühende Kohle aus dem Feuer, so wird sie bald er-
kalten. Genauso gilt die Regel, dass unsere Liebe zu Jesus erkaltet,
wenn sie nicht durch die Gemeinschaft mit anderen Gläubigen
»am Glühen gehalten« wird. Schließen Sie sich einer bibel-
gläubigen Gemeinde an und nehmen Sie aktiv am Leben dieser Gemeinschaft teil. Eine gute evangelikale Gemeinde, in der
man der ganzen Bibel glaubt, ist äußerst wichtig für ein Chris-
tenleben. Versäumen Sie nicht das Zusammenkommen mit den
Gläubigen, denen es darum geht, das Wort Gottes richtig zu verstehen!

5. Glauben

Nach unserer Bekehrung und Wiedergeburt ist es lebenswichtig,
dass unser geistliches Wachstum anhält. Paulus schrieb an Timo-
theus: »Du aber bleibe in dem, was du gelernt hast« (2Tim 3,14;
Elb 2003). Lesen Sie sorgfältig, was in Epheser 4,17-32 steht,
wo praktische Wahrheiten über die lebenslange Heiligung des
Lebens im Geist aufgelistet werden. Am Ende seines Lebens
konnte Paulus sagen: »Ich habe den guten Kampf gekämpft,
ich habe den Lauf vollendet, ich habe den Glauben bewahrt«
(2Tim 4,7; Elb 2003). Lassen Sie uns diesem Beispiel nacheifern
und ebenfalls treu bleiben!

Die Bekehrung ist nicht ein Endpunkt, sondern vielmehr der Anfang eines neuen Lebens. Sie sind nun in der Lage, Gottes Mitarbeiter zu sein (vgl. 1Kor 3,9). Bemühen Sie sich ernsthaft darum, dass auch andere die Erfahrung der Errettung in Jesus machen! Die Bekehrung hat zwei erstaunliche Folgen: 1) Unser irdisches Leben wird sinnvoll und erhält eine völlig neue Bedeutung. 2) Wir werden Gottes Kinder und Erben des ewigen Lebens.

ABKÜRZUNGEN

A. d. H.   Anmerkung des Herausgebers

Elb 2003   *Elberfelder Übersetzung,*
Hückeswagen: CSV, 2003.

griech.   griechisch

lat.   lateinisch

Luther 1912   *Die Heilige Schrift nach der deutschen
Übersetzung Martin Luthers,* Stuttgart, 1912.

Luther 1984   *Die Bibel nach der Übersetzung Martin Luthers,*
Deutsche Bibelgesellschaft, Stuttgart
(Bibeltext in der revidierten Fassung von 1984).

RELB   *Elberfelder Übersetzung,* revidierte Fassung,
Wuppertal: R. Brockhaus Verlag.

Schlachter 1951   *Die Heilige Schrift des Alten und Neuen
Testaments,* übersetzt von F. E. Schlachter,
Genf, 1990.

Schlachter 2000   *Die Bibel,* übersetzt von F. E. Schlachter
(Version 2000), Genf.

svw.   so viel wie

Das CLV-Lesebuch

cLV

Das Gesamtverzeichnis

aller CLV-Produkte –

komplett vierfarbig,

viele Leseproben.

Bibeln · Kommentare & biblische Lehre
Nachfolge & Jüngerschaft · Evangelistische Bücher
Biografien & Erzählungen · Sachbücher & Zeitkritisches
Kinder- & Jugendbücher
Andachtsbücher · Bildbände
CDs, DVDs und Bibelsoftware · fremdsprachige Bücher

BÜCHER, DIE WEITERHELFEN

Dieses Buch erhalten Sie in Ihrer Buchhandlung
oder bei CLV · Postfach 11 01 35 · 33661 Bielefeld

Werner Gitt
Schatzsucher

clv

... eine verblüffende Entdeckung

352 Seiten, Paperback
ISBN 978-3-86699-245-0

Die Wissenschaft kann überwältigende Erfolge vorweisen. Und immer wieder gibt es neue, erstaunliche Durchbrüche. Kann man in solch aufgeklärten Zeiten noch an einen Himmel glauben?

Der sowjetische Staats- und Parteichef Nikita Chruschtschow höhnte während seiner Amtszeit: »Die Sowjetmenschen streben nicht nach einem himmlischen Paradies. Sie wollen ein Paradies auf Erden haben. Wir wollten selbst überprüfen, wie es mit dem himmlischen Paradies bestellt ist, und haben unseren Kundschafter Juri Gagarin rausgeschickt. Er hat die ganze Erdkugel umflogen, doch nichts im Kosmos gefunden. Stockfinster ist es dort, sagt er. Kein Garten, nichts, was einem Paradies ähnlich wäre.«

Dagegen sagt der, der es wissen muss: »Denn was sichtbar ist, das ist zeitlich; was aber unsichtbar ist, das ist ewig!« Das Ewige ist verborgen. Es liegt nicht greifbar auf der Straße und kann auch nicht mit dem Hubble-Teleskop im Universum entdeckt werden. Doch der über das Ewige verfügt, fordert uns heraus: »Es gibt einen unendlich kostbaren Schatz! Greif unbedingt zu, wenn du ihn findest. Denn dann hast du den Himmel, das ewige Leben gefunden ...«

In diesem Buch berichten zehn Personen, wie sie diesen »Schatz« fanden und wie ihr Leben dadurch für immer verändert wurde.